活物理教学
实践探索

文久江◎著

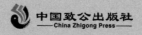
中国致公出版社
China Zhigong Press

图书在版编目（CIP）数据

活物理教学实践探索／文久江著 . —北京：中国
致公出版社，2019
ISBN 978-7-5145-1375-2

Ⅰ.①活… Ⅱ.①文… Ⅲ.①中学物理课–教学研究
–文集 Ⅳ.①G633.72-53

中国版本图书馆 CIP 数据核字（2019）第 020883 号

活物理教学实践探索

文久江　著

责任编辑：张洪雪

责任印制：岳　珍

出版发行：中国致公出版社
China Zhigong Press

地　　址：北京市海淀区翠微路 2 号院科贸楼
邮　　编：100036
电　　话：010-85869872（发行部）
经　　销：全国新华书店
印　　刷：天津雅泽印刷有限公司
开　　本：710 毫米×1000 毫米　　1/16
印　　张：17.5
字　　数：296 千字
版　　次：2019 年 9 月第 1 版　　2019 年 9 月第 1 次印刷

定　　价：68.00 元

序言

　　教育教学主张是教师把自己的教育教学思想和信念加以提炼，形成教育教学观点的过程，是教师原有的教育教学经验从零散走向系统、从肤浅走向深刻、从科学走向艺术的过程，是教师形成鲜明教育教学风格的过程，也是教师给自己的教育定位、给自己树立一面旗帜、打造自我教育品牌的一个过程。教育教学主张之于教师，犹如说到电器，人们会自然而然想到松下、海尔；提到汽车，人们会自然而然想到奔驰、丰田；提到手机，人们会自然而然地想到苹果。

　　当今中国中小学语文教育界甚是热闹，各种教学流派如新语文、真语文、美语文、诗意语文、青春语文等层出不穷，各流派的代表名师如魏书生、李镇西、韩军、黄厚江、王崧舟、余映潮等风起云涌，真的是百花齐放惹人爱，让我这样一个中学物理教师羡慕不已。

　　笔者任教的是物理学科，从教二十余年。"临渊羡鱼，不如退而结网"，笔者在学习和借鉴老一辈物理教育工作者如朱正元、刘炳升、黄恕伯、张大昌等大家的研究成果，并经过一段相当长时间的梳理，细细地回味自己二十多年的初中物理教学实践之后，也总结出了一个教育教学主张，请大家一起评判。

　　本书第一章，通过一系列文章反映出笔者的教育教学主张以及在该主张下的部分实践、思考和一些有益的探索；第二章，笔者站在一线教学实际的角度审视教育部制定的初中物理课程标准，试图让读者了解一线物理教师对课程标准的解读；第三章，笔者站在教学主张的角度谈论如何利用和整合多方课程资源开展有效教学；第四章收录了笔者阐明自己教学主张的部分教学设计和导学案等；第五章收录了笔者阐明自己教学主张的部分经典课例，其中一节课例是笔者参加 2014 年"一师一优课、一课一名师"活动的一节优课，这节课最终斩获教育部部级优课大奖；最后一章，书写了一名二十多年来从未离开过讲台的中学物理教师在物理教育教学过程中领悟到的教育教学道理及人生感悟，这也符合笔者"用学科知识教人"的思想。

为了求证"活物理"的教育教学主张是否成立，笔者曾抱着试一试的心态，冒昧给福建师范大学的余文森教授写去一份咨询该主张是否适宜的求教信，没想到第三天就收到了余教授的回信。余教授对笔者的教育教学主张给予了充分的肯定，并希望笔者在"活物理"的教育教学主张下继续努力。笔者还多次和湖北省、市、区教研员进行沟通，并得到了他们的支持。因此，笔者正式对外响亮地提出"活物理"的教育教学主张。

教师的人生就像一段段的旅途，送走了一批又一批的旅客（学生），走得久了，尤其在没有同道人陪伴的道路上走久了，笔者也有身累心累的感觉。若干年前，英国的《泰晤士报》曾经刊登过一个谜题，并公开征求答案。题目是："从伦敦到罗马，最短的道路是什么？"很多人拿着地图进行研究，试着从地理位置上找到答案，结果最终公布的获奖答案是："一个好朋友。"

笔者希望能够在"活物理"的教育教学主张之下，引来同行者，一起组成事业的共同体，那就可以由"孤军奋战"变为"群英会"了！这样，沿途有说有笑，我们就不会感到寂寞孤独，也能够在初中物理教学的道路上愉快地行走，走得更远。

书中文章其实早已发表在《中国教育报》《中国教师报》《中小学教材教学》《中学物理》等诸多教育媒体上，现将其收集整理起来，正好比较完整地反映了笔者的"活物理"教育教学思想，也希望能给中国的初中物理教学提供有一定建设性的意见。

"活物理"教育教学主张也算是对初中物理课程建设的一种有益探索，希望对初中物理课程建设和物理教师的实际教育教学有所启发，让有思想的我们有机会一起走在初中"活物理"教育发展的康庄大道上，让我们的物理科学启蒙教育教起来有趣，学起来也有趣。

这也是本书出版的目的！

目录

教学主张

第一章 『活物理』教育之

初中物理教学应教给学生什么

2017年8月11日，中科院院士杨玉良教授在《文汇报》撰文指出："当前的科学教育，尤其是物理教学情况不容乐观。"[①] 杨院士提出了"中学物理教学应该教给学生什么"的问题。作为一名物理教师，笔者阅读后思绪良久。

八年级是学生进入物理学科学习的第一年，他们大都饱含着求知的热情，扬起理想的风帆，希望乘着"有用而有趣的物理"小舟，开始充满乐趣又不乏艰辛的科学之旅。但是随着不断深入的学习，许多学生慢慢地丧失了对物理学科的兴趣与热情，学习成绩每况愈下，对物理学科的认识也越来越"雾里看花"。是什么将求知欲强烈的少年对学习物理科学的兴趣扼杀在启蒙阶段呢？为什么本来有用、有趣的物理学，学不了多久就变成了无趣、无用的，只剩下考试功能的学科了呢？作为起始学段的物理教师，我们究竟应该教给学生什么呢？

因为习惯，寒暑假时笔者都会将课标、教材有声地阅读一遍。一次阅读时，受杨院士的文章启发，对上面的问题笔者猛然顿悟，认为物理教师在教学中应该做到以下三点。

一、通过教学让学生觉得物理知识"有用"

我们每一个人每一天从醒来的一瞬间就开始和物理学的力、热、声、光、电等打交道。其实，即便睡着了，我们也无时无刻不与物理学打着交道。不仅在生活中，在工农业生产和国防高科技等领域，物理知识也都与我们息息相关。

大家都知道物理学是有用的，而如何通过教学让学生感觉到物理知识对他有用是物理教育的关键。

如前所述，物理知识来源于生活，我们的教学工作只有贴近学生的生

[①] 杨玉良. 中学物理教学应该教给学生什么[N]. 文汇报，2017-08-11 (6).

活，学生才乐意接受。不接地气的教学，会让学生感觉物理知识离他非常遥远，从而产生知识无用、读此书无用的想法。因此作为教师，我们要将学生的日常生活融入物理教学之中，让学生的学习充满生活的气息。这也符合课程标准倡导的"从生活走向物理，从物理走向社会"的课程理念。既然物理知识来源于我们的生活，那么对学生来说，其生活就应该是最重要的学习资源，没有将自身生活融入学习之中的学习是无任何意义的。

在物理教学中，教师除教授基础知识外，还要引导学生运用物理知识解释和解决生活中可能遇到的一些问题。学习知识的目的是应用，如果所学的知识对自己的生活没有任何帮助，这样的学习有什么用呢？有些物理知识是我们可以亲身经历和感受的，还有更多的物理现象和知识是我们不能亲身经历和感受的，我们都要学会利用所学物理知识对其进行解释。

以人教版八年级物理下册"大气压强"一节的教学为例（下同），笔者是这样展开教学的。

在"自主学习"环节，笔者先让学生阅读教材并结合生活实际，回答两个问题：①结合生活实际说明大气压是存在的；②结合生活实际谈谈大气压对人类生活的影响，之后再让学生展示自主学习的成果。

在"合作探究"和"展示质疑"环节，笔者设置了两个问题：①探究气压和生活的关系；②举出两三例大气压影响或应用生活、生产的实例，并做出一定的解释。

这些来源于生活的大气压强现象、知识及应用，学生都能够亲身感受，因此可以激发其学习兴趣。

二、通过教学让学生觉得物理知识"有趣"

很多学生都知道学习物理知识是有用的，但花花世界有用的东西太多，哪里有时间和精力学得过来呢？因此部分学生尽管心中明白学习知识对其有用，但还是不喜欢学物理，认为学习物理就是背公式、做习题，枯燥无味且难懂难学。

其实物理学是有趣的，因为物理学是研究生活中各种自然现象的科学。许许多多的物理现象和规律甚至与我们日常生活的认知是相矛盾的，好多我们认为不可思议的现象大多数是出于物理学的"神奇之手"，它给人们的思维带来了巨大的冲击。现实应用中将简简单单的几个东西与物理学结合起来会有意想不到的效果，物理知识成为帮助人们了解自然、探索未知世界的"利器"。① 这些都会让人觉得物理知识很神奇而且还很有趣。

怎样让学生觉得物理知识的学习"有趣"呢？笔者认为关键在于观察和实验。实验本来是物理学科的优势，虽然有不少学校由于硬件条件的缺乏难以开展实验教学，但是在一些条件较好的学校的实际教学中，却也往往出现这样一种现象：为了所谓的抓时间、赶进度，教师常常在黑板上讲实验，把物理学变成了一门纸上谈兵的背公式、做习题的学科。人类的物理知识首先来源于生活、生产中人们对自然界的观察，然后逐渐发展为来源于物理实验和实验观察。实验和观察是检验物理知识真理性的标准。

因此在"大气压强"的教学中，笔者让学生在"合作探究"及"展示质疑"两个环节中做了4个实验：一是覆杯实验，即让学生利用桌上的器材来证实大气压强的存在并做出合理的解释；二是瓶吞鸡蛋实验；三是模拟马德堡半球实验；四是托里拆利替代实验。学生通过自己动手实验和观察，发现某些现象与自己的经验或想象不符，而这些与学生经验或想象不符的实验现象引起了学生的注意，激发了其学习兴趣，让学生在实验中认识到物理学原来真的好玩有趣。

"有用""有趣"这两点契合课程标准的"情感、态度与价值观"目标，解决了学生为什么要学习的问题，因为对生活有用，又因为真的有趣，所以学生想要学习。

三、通过教学培养学生基本的"科学思维"能力和习惯

学生要学习、想学习，是否就能学得好呢？这还与学习方法有关。正确的方法才能够对学生的学习有所帮助。"好的开头是成功的一半"，初中物理是科学之旅的起点，如何开好这个头呢？

杨玉良院士认为，中学教育培养学生的目标应该是：今后他不管干什么，或者不管学什么，都必须具备基本思维方式和知识要求。观察、实验和科学思维相结合是物理学科的基本特征，杨玉良说："而基本的推导能力，是物理科学研究最基本的逻辑思维要求，如果学生在这方面能力很差，那就意味着他在从事物理科学研究时，逻辑思维和思辨能力比较差，在学科基本问题的研究上就难以有所建树"。

《义务教育物理课程标准》要求初中阶段的"物理课程应注意让学生经

---

① 苏明义. 新版课程标准解析与教学指导（初中物理）[M]. 北京：北京师范大学出版社，2012：188-190.

历实验探究过程，学习科学知识和科学探究方法，提高分析问题和解决问题的能力"，这显然给我们的教学指明了方向。

教师如何在课堂上对学生进行基本的"科学思维"能力和习惯的教学呢？笔者认为要将"科学探究"落在实处。对于初中物理教学而言，就是教师是否真正把空间和时间留出来让学生进行"真探究"，而不是给予答案的"假探究"。真正的"科学探究"需要学生动眼（看看）、动嘴（议议）、动耳（听听）、动手（做做）、动脑（想想）。

在"大气压强"的教学中，笔者在"合作探究"和"展示质疑"环节设计了五个探究问题：①通过实验探究大气压强的存在；②通过观看视频探究大气压的测量（即托里拆利实验的过程及分析）；③探究大气压产生的原因；④探究大气压的特点；⑤探究气压计的改进。通过这些探究性的小课题，学生可以动手实验、动眼观察，并参与小组讨论、同伴交流、他组质疑、班级展示等活动。在全方位开放的课堂中，学生通过显性器官的"动嘴""动手""动眼""动耳"等获取感性认识并反馈感性认识。事实上，学生在上述所有的活动过程中都在"动脑"，同时又验证了在"动脑"过程中形成的概念、掌握的规律、内化的知识是否正确，并通过与教师和同学的反复磋商，不断调整和修正，从而获得真正的知识。这个过程使学生的理性思维、批判质疑、勇于探究等能力得到了锻炼和发展。长此以往，相信这样的课堂教学必能把学生培养成思维活跃、理性而顺畅的人。

这正是新课程标准提倡的"过程与方法"目标！

笔者认为如果教师在课堂教学中真正达成了"情感、态度与价值观"和"过程与方法"两个目标，那"知识与技能"目标想不达成都困难。古人云"授之以鱼不如授之以渔"，学生掌握了"捕鱼"的方法，也有了"捕鱼"的兴趣，还担心捕不到"知识与技能"的"鱼"吗？

曾任耶鲁大学校长20年之久的理查德·莱文说过："真正的教育不传授任何知识和技能，却能令人胜任任何学科和职业，这才是真正的教育。"

本文所述以上三点主张来自人民教育出版社2012年出版的义务教育《物理教科书》八年级上册的引言"科学之旅"。"科学之旅"正文分为两个主题：第一部分是让学生了解物理学科的特点——有趣有用；第二部分是让学生明白"怎样学习物理"，并从三个方面提出了学习建议——其实也是教学建议。

教材已经给我们的初中物理教学指明了路径，然而不少教师在学生进入初中学习的第一课"科学之旅"的教学中，虽然想方设法让学生感觉

"物理是有用的、有趣的",也给学生提出了明确的学习建议,但在后续的教学中,却只注意了"知识与技能"的传授,而把"序言"的要求抛在了脑后。究其原因,是因为这些教师没有真正理解教材,没有真正地使用好教材。

这里重新提出初中物理教学教师应该做到的"三点"要求,其实是初中物理教学的"返璞归真"。说起来容易做起来难,如果每一个物理教师的每一节课都能够"从生活走向物理、从物理走向社会",都能够让学生自己动手做三两个有趣的物理实验,都能够积极主动地引导学生进行"真探究"式的学习,学生有什么理由不喜欢学习物理呢?教师哪里还愁物理学科的三维目标不能达成?哪里还担心物理学科核心素养不能落地呢?

活学活用"活物理"

2015 年初,《中国教育报》和《人民教育》刊登了一组余文森教授关于"教学主张"的文章,使笔者的内心受到了巨大的震撼。余文森教授说,一个教师即使著作等身,荣誉无数,如果缺乏自己的教学主张,从专业上讲,他依然还是一个无"家"可归的"流浪汉""门外汉"。①

一句话点醒梦中人,让笔者有了一种强烈地建立专业上"家"的冲动。在此后一个多月的时间里,笔者每天早、中、晚各读一遍余先生的文章,然后沉思,又在网络上搜寻有关"教学主张"的文章,反复阅读和思索。仔细梳理 20 多年来的物理教育教学实践之后,笔者也总结出了一个教育教学主张。笔者不能确定自己提炼的教育教学主张是否成立,于是抱着试一试的心态冒昧给余文森先生写去一份咨询笔者的教育教学主张是否适宜的求教信,没想到第三天就收到了余教授的回信。余教授对笔者的教学主张给予了充分的肯定,并希望笔者在"活物理"的教学主张下继续努力。笔者感觉到在构建"活物理"的教学之中,一定要真正让科学的思想、科学的方法和科学的精神走进学生的心坎,让科学不再那么神秘,而是变得更加有趣、有用。

从正式提出"活物理"的教学主张到现在,差不多有五年多的时间,笔者努力在实践和理论层面不断进行完善,然而才疏学浅,于是把自己的想法和做法写出来,请大家给予评判和指教。

一、"活物理"教学主张的三大理念

"活物理"的教学主张是相对于过去死气沉沉的、教师满堂灌的课堂提出来的,突出强调学生的学习过程,关注学生科学素养的培养和形成,主张在课堂教学中将学生的日常生活融入物理学科的学习之中,把学生学习的活动空间和时间还给他们,全方位调动学生的各种器官参与学习活动,

---

① 余文森. 教学主张:打开专业成长的"天眼"[J]. 人民教育,2015(3).

实现"生活课堂""活动课堂"和"活力课堂",做到以"活"激"趣",以"活"促"学"。

(一)"活学"是学生学习过程的主线和明线

学生的物理学科学习过程,是在物理教师的指导下,通过一系列的活动来掌握相关的物理学科知识、发展其认识能力、逐步认识客观世界的过程。认知发展理论认为,个体从出生到成熟的发展过程中,其认知结构在与环境的相互作用中不断重构,从而表现出按不变顺序相继出现的四个阶段:感知运动阶段、前运算阶段、具体运算阶段、形式运算阶段(11~16岁)。初中物理教师所面对的正是第四阶段的"小大人",这一阶段,他们逐渐像成人那样使用成年人的语言,但他们还不是真正的成年人,他们认识的基础、认知的习惯、思维能力和思维习惯还具有不成熟的儿童性。基于这一阶段学生的认知和发展习惯与成人所具有的"质"[1] 的差异,为了使学科教育符合儿童的心理、生理发展规律,"活物理"教学主张在物理学习过程中调动学生的一切感觉器官参与到学习中来。

第一,让学生的嘴巴"活"起来,让学生在"说中学"。

动嘴的方式有很多种,例如小声阅读、大声朗读、回答别人的提问、学习过程产生的质疑询问、同学间的小讨论、全班同学参与的大讨论、帮助同学解答问题、班级中"小老师"式的讲解、背诵(知识点)、辩论等。学生通过动嘴来暴露问题、发现问题,最终达到解决问题的目的。

让学生的嘴巴"活"起来是培养学生表达能力的一个方面,首先要让学生敢动嘴说话,然后逐步培养学生会说话,最后培养学生能说话,能用科学的语言顺畅地表达对客观世界的认识。因此,教师要注意培养学生表达的明晰性、逻辑性、严谨性。在课堂教学的实践中,笔者开展过"有问人人答""三分钟我来讲""学生对抗质疑"等活动,让班上的每个学生都有发言的机会。

第二,让学生的手"活"起来,身"动"起来,让学生在"做中学"。[2]

物理是一门以实验为基础的学科,教师应尽可能创造条件设计一些学生能够独立操作的实验,增加学生的动手机会。为此笔者开展了"生活化实验"探究,尽可能从学生身边的物品(如教室里的课桌、矿泉水瓶、文

---

① 林崇德. 教育的智慧 [M]. 北京:北京师范大学出版社,2007:80-83.

② 周洪宇. 陶行知教育名论精要 [M]. 福州:福建教育出版社,2016:66-68.

具盒、黑板等）取材开展实验。除了让学生动手实验外，也可以让学生上台板书，让学生批阅作业和试卷，还可设计一定的游戏让学生活动起来。要让学生敢动手、能动手，最后达到会动手的目的，让学生能够通过科学的行动创造一个属于自己的未来！

第三，让学生的眼"活"起来，让学生在"看中学"。

人类接受外界信息的主要途径是"耳闻目睹"，耳闻就是听声音，目睹就是用眼睛看。学生不仅要在课内观察实验现象，发现课堂之美、课堂之趣，教师之美、教师之趣，同学之美、同学之趣；还要做生活的有心人，用科学的眼光去寻找课堂之外的生活中的科学和科学之美，发现自然中的物理之美、生活之趣。

第四，让学生的耳"活"起来，让学生在"听中学"。

传统的课堂都是学生听教师讲解，活物理教学则主张教师少讲精讲；而要让学生多讲。讲课的学生讲得也许并不精彩、准确，其余学生如何听呢？如何从众多话语中寻找对自己有用的话就成了一门学问。

第五，让学生思维"活"起来，让学生在"思中学"。

多元智能理论告诉我们，在解决问题时，任何一个人（非正常人除外）的智能运作都不是孤立的，而是以组合方式综合运用的。经过一定的训练，学生通过显性感觉器官的"动嘴""动手""动眼""动耳"等获取感性认识并反馈感性认识。事实上，学生在所有的上述活动过程中都在"动脑"，最后又通过这些形式反映出自己在"动脑"过程中形成的概念、掌握的规律、内化的知识正确与否，并通过教师和同学的帮助，反复和他人磋商，不断调整和修正，从而获得真正的知识并使思维能力得到发展。只有这样，才能把学生培养成思维活跃、思维理性的人。

2012 年人教版初中物理课本上许多栏目的设计都是基于这些目的，比如在每一节的后面都设有"动手动脑学物理"栏目，还设有"探究""想想做做""想想议议""STS"等栏目，大都是希望学生动眼（看看）、动嘴（议议）、动耳（听听）、动手（做做）、动脑（想想）。这也是"活学"的一种要求。

陶行知先生曾说过，解放头脑，让学生能想；解放眼睛，让学生能看；解放双手，让学生能干；解放嘴，让学生能谈；解放空间，让学生能接触自然；解放时间，让学生能学自己想的东西。[1]

---

① 周洪宇．陶行知教育名论精要［M］．福州：福建教育出版社，2016：123．

2017年3月，世界闻名的纽约大学三个校区专家齐聚上海。在讨论"通识教育有哪些机遇与挑战"时，上海纽约大学美方校长杰弗里·莱曼指出："通识教育的意义是让学生激活自己的语言、视觉、听觉等感官，接触广泛而有意义的学科经验，最终把这些长期记忆转换为创造力和解决问题的能力"。①

由此可见，"活学"是学习物理学科最主要的手段和最基本的方法。只有"活学"了才能做到趣学；通过趣学物理学，让学生在学习中成长，学生的学习才有可能走得更远。

（二）"活用"是物理学习的最终目标，也是最佳的学习方式

"活物理"教学主张将学生的日常生活融入物理教学之中，让学生的学习充满生活的气息。这也符合课程标准倡导的"从生活走向物理，从物理走向社会"课程理念，因为物理知识来源于我们的生活，学生的生活实际是最重要的学习资源，没有将自身生活融入学习之中的学习是无任何意义的。

今天中小学教育的一个重大问题是：未能在学习过程中刺激学习者将所学知识运用到实际生活中。被《西方教育史》称为20世纪赢得欧洲和世界承认的最伟大的科学与进步的教育家马丽亚·蒙特梭利提出的设计教学活动的三原则是：我听见，我会忘记；我看见，我会记得；我做了，我会明了，更会改变。② 笔者认为这个原则应该适合所有的未成年儿童的教育，这里的"做"就是"活用"。

首先，要让学生在生活实际中应用所学的物理知识。

学习知识的目的就是应用，如果所学的知识对自己的生活没有任何帮助，这样的知识学习有什么用呢？正如课本告诉我们的，物理是一门"有用"的学科，日常生活、工农业生产、高科技领域等诸多方面都包含有物理学的知识，因此学习物理知识时，一定要联系生活实际，学以致用，这样的学习才有价值、有意义。

其次，能够运用物理知识解释和解决生活中可能遇到的一些问题。

我们要学会利用所学物理知识解释日常生活中的一些现象。一个成功的学习过程，不仅仅要掌握学科知识，还要在掌握知识的同时，获取探索

---

① 朱颖婕．通识教育面临哪些机遇与挑战［N］．文汇报，2017-03-14（6）.

② 马利亚·蒙台梭利．蒙台梭利的儿童教育法［M］．黄丽平，译．哈尔滨：哈尔滨出版社，2009：74-106.

未知知识的能力和方法，养成正确的思维习惯，从而有所发现、有所创造。在我们的学习和生活中，必然会遇到这样那样的问题，如何利用所学物理知识解决学习和生活中遇到的问题，这也是笔者所认为的物理学科的核心素养——创新精神、创新意识、创新能力的培养问题。教师要注意培养学生有意识地改进和创新学习方式，利用所学知识提出创意并能够将创意和方案转化为有形物品，或者培养学生对已有物品进行改进与优化的意识和方法。上述两点正好契合中国学生发展核心素养的六大素养中最高层次的素养——"实践创新"素养的要求。

当然，"活物理"教学主张的"活用"知识也不排斥利用所学物理知识进行解题方面的训练。

解题训练并非一无是处。解答习题是学生学习自主解决问题的一种方式，对巩固所学知识、提升分析和解决问题的能力、养成良好的思维习惯等都是有好处的。但在现阶段，解答习题成了学生解决问题的唯一方式，本末倒置的学习，并不利于学生的学习。

（三）"活教"是学生学习的辅线和暗线

学生是否能够"活学活用"物理知识，关键取决于教师的"活教"。因此，教师应做到以下几点。

一是要创造性地"活"用教学资源。

课本是学生学习物理知识最主要的资源，里面的内容是人类几千年物理知识的积淀，但并不是唯一的教学资源。

如前所述，教学资源的一个重要来源是学生的生活。建构主义理论告诉我们，学习活动不是由教师向学生传递知识的过程，而是学生根据外在信息，通过自己的背景知识，建构自己知识的过程，在这个过程中，学生不是被动的信息吸收者和刺激接受者，他要对外界的信息进行选择和加工。学生生活的地区不同、活动的社区不同、就读的学校不同、家庭环境不同，这些都决定了学生学习资源的不同，其建构知识的背景也是不一样的。

教学资源还包括教师。教师的生活体验和经验远多于学生，思考的深度和思维的流畅性也远优于学生。教学本来就是一种传承，是教师把自己的个人经验和体验传授给学生的过程。教师可以精心选择一些与生活经验联系紧密的事例，让学生在课堂上分析探究，学以致用；也可以在编制的每一份试卷中加入大量的来自生活的实例，让学生从生活走进物理。

教学素材还有网络、电视、报纸、课外书籍等，比如新闻中的最新科技成果、最新娱乐节目中的科技因素以及中央电视台科教频道中的"我爱发明""科学向未来"、浙江卫视的"最强大脑"等科技节目。

二是要采用多样化的教学方式。

课程标准的基本理念之一是"提倡教学方式多样化，注重科学探究"。笔者理解，"教学方式多样化"就是"活教"。

教师要站在孩子的角度看待学生的物理学习，在教学之中，要根据教学目标、教学内容及学生实际灵活地采取教学方式。因为初中学生说到底还是孩子，孩子的天性就是玩耍，所以，教师应尝试开发一些适合课堂的游戏或者落实物理学科的最大优势——实验教学，或者采取一些出其不意的方式进行教学，来提高学生的学习兴趣。

三是"活"用信息技术。

先进的教学设备体现着物理学进步的成果，也是一个诠释"物理学有趣有用"的最好时机，对一些直观的、不能进行课堂实验的内容，可以运用微课视频、投影、图片等方式进行展示讲解。总之，教师应恰当地"活"用信息技术有效地显示学习内容和调动学生的学习情绪，达到激发学生的学习兴趣的目的。

四是要让学生走出课堂学习物理。

落实"从生活走进物理，从物理走向社会"比较好的方式就是适当地开设"物理活动课"，让学生回到家庭生活，行进在校园里，走上田间地头，走进农家小院，走向企业学习物理知识。为了让学生体验生活，笔者开展过室外物理课堂的尝试，所实施的实验和实践在笔者撰写的文章中都有体现，如《走出教室天地宽》《测平均速度实验的改进》《新课程下初中物理教学策略》《社会实践课在物理教学中的应用》《谈谈物理活动课的教学》《走进农家学物理》等文章。

五是要尽力创设"活"的课堂，让学生绽放生命的活力。

真正的教学并非简单地传授知识，而是激励学生内心有所向往。身为一位教师，最重要的不是你做了什么，而是因着你所做的，让学习者做了些什么。学生学习的主阵地是课堂，为了让学生有时间、有空间动手动口动眼动耳动脑学物理，教师不妨在课堂上把学生的学习还给学生，引导学生自主学习、合作探究、展示质疑，通过学生的独立思考、动手动脑、自由表达、对话对抗等方式，让学生在心理上处于兴奋和抑制的最佳学习状态，最大限度地激发学生的主体意识和主体精神，让课堂充满欢乐、微笑、轻松与和谐，让课堂中有平等的对话与协商，有爱的交流与合作，让学生在弥漫着求知的愉悦感的课堂上彰显青春活力，使学生成为课堂学习的主人。

二、"活物理"教学主张中要处理的五个关系

(一)"活"与生的关系

这里的"生"是指学生。"活物理"教学是指在学习过程中让学生"活"起来。① 义务教育物理课程的基本理念是"面向全体学生,提高学生科学素养",课程目标是"提高学生的科学素养"。在实际教学中,教师往往把科学素养放在学科教学的首位,其实是忘记了科学素养之前有"学生"两个字。也就是说科学素养是建立在学习的人的基础上的,所以任何教学,首先必须把学生放在第一位。做到这一点,需要教师转变教育观念,建立正确的学习观、学生观、人才观。否则,纵使课讲得天花乱坠,学生不学习,一切都是白搭。

(二)"活"与乱的关系

"活"的教学环境要求课堂是真实的、开放的、有缺憾的。在实际的教学过程中,不排除有的教师课堂活起来了,但也有让人感觉乱的时候,因为过于开放就不好把控,所以教师必须处理好课堂的活与乱的关系,做好引导工作,让课堂学习活而不乱。与课堂有关的插嘴随时都可以,与课堂无关的话语是不允许的,这就需要建立必要的课堂规则,一定要让遵守规则者得到奖励,让不守规矩者受到惩罚。此外,还需要教师不断提升自身修养和素质,具有教育机智,能够妥善处理课堂开放过程中遇到的种种问题。

(三)"活"与实的关系

不少教师犹豫,观摩过的不少课堂上,学生确实"活"了起来,但是对学生是否掌握了知识打了一个大的问号。要让学生确实掌握知识,就需要教师及时地督促、检查与反馈,笔者设计的"四三三"课堂模式中的"三查三校"的目标就是督促学生落实、改错的。

(四)"活"与错的关系

有人说,你在课堂上这也让学生说,那也让学生做,学生犯了错怎么办?"人非圣贤,孰能无过",人生就是一个成长的过程,就是一个不断地与错误做斗争的过程,学生的学习和生活经验毕竟不如教师,在"活"的学习过程中,不可避免地会发生这样那样的错误,发生错误不可怕,说明学生在思考。笔者常常告诫学生,学习和生活中不犯错误的学生不是好学

① 周洪宇.陶行知教育名论精要〔M〕.福州:福建教育出版社,2016:17-20.

生，犯了错误不改的学生更不是好学生，所以笔者鼓励学生在学习过程中犯错误。由此笔者要求学生建立错题本，让学生改错。但这个"改错"不是简单地修正错误，而是要进行错题改编，比如将填空题改编为选择题，将计算型选择题、填空题改编为计算题等。

（五）"活"与深的关系

不可否认，不少学生的学习、发言仅仅停留在表面，浮光掠影地看看课本。对于物理学科，有些学习和探究是必须深入下去的，一方面需要教师做好预设，另一方面教师也可以适时生成。这正是体现教师价值的时候，教师该点拨的时候点拨，才能达到"四两拨千斤"的效果。相反，你什么都讲了，等于什么也没有讲，学生根本抓不住重点，解决不了疑难。

2005年，时任国务院总理温家宝在看望一代科学大师钱学森先生时，钱老感慨地说："这么多年培养的学生，还没有哪一个的学术成就，能够跟民国时期培养的大师相比。"钱老又接着发问："为什么我们的学校总是培养不出杰出的人才？""钱学森之问"是关于中国教育事业发展的一道有难度的命题，需要整个教育界乃至社会各界共同破解。

为什么培养不出大师级的人才？笔者认为有一个很大的因素，那就是现阶段的中小学过早的文理分科，一些理工科的优秀学生尽管学科知识十分扎实，但是鲜有人文背景，缺乏人文情怀，造成认识世界的某些缺憾。

希望"活物理"教学主张能够打造出最具人文情怀的科学课堂，这也许是在现实的条件下破解"钱学森之问"的一种积极的探索之路。

创设"活"的教学环境
促进"人"的终身发展

"活物理"的教学主张是相对于过去死气沉沉的、教师满堂灌的课堂提出来的。"活物理"教学主张在课堂教学中应将学生的日常生活融入学科学习之中，并将学生学习的活动空间和时间还给学生，以"活"激"趣"，以"活"促"学"，突出强调学生的学习过程，关注学生核心素养的培养和形成，让学生能够全身心参与到课堂学习中来，其核心教育思想是"活学""活用"和"活教"。

任何教学主张都离不开课堂教学实践，学生学习的主阵地毕竟在课堂，"活物理"教学主张要尽力地创设活的课堂，让学生在课堂之中绽放生命的"活"力。为了让学生有时间、有空间"动手、动口、动眼、动耳、动脑学物理"，"把学生的学习还给学生"，让学生成为课堂的主人，"活物理"教学主张的实践者们创设了一种"活"的课堂模式。

一、"活物理"课堂教学模式的基本结构及设计意图

（一）"活物理"课堂教学模式的基本结构

"活物理"课堂教学模式也被称为"四三三"课堂模式。

四即"四步"，即课堂环节中学生活动的四个基本步骤。

第一步：自主学习，形式为学生个体独学，教师巡回指导。

第二步：合作交流，形式为对学和群学、组内小展示，教师参与讨论等。

第三步：展示质疑，形式为班级大展示，学生质疑和补充，教师点评、追问、点拨。

第四步：检查反馈，形式为完成达标测评，整理导学案。

第一个"三"为三查，即课堂上的三次学情调查和检查。

第一查：在学生独学时，检查学生预习情况。

第二查：在班级大展示后，检查学生合作交流情况。

第三查：在课堂反馈阶段，完成检测练习的反馈，整理导学案。

第二个"三"为三校,即课堂上的三次校正。

第一校:在一查后,督查学生及时校正。

第二校:在二查后,督查学生及时校正。

第三校:在三查后,督查学生及时校正。

(二)"活物理"课堂教学模式各环节的设计意图

1. "自主学习"旨在培养学生独立获取知识的自主发展能力

每个人最终都要离开学校走向社会。一个人离开学校之后,需要根据实际工作和自身发展的需求进行再学习,此时的学习不会再有专业人员(教师)对其进行指导,这种状态下的学习就是自主学习。建构主义认为,人与人之间的知识结构以及知识的形成过程是不同的,学习应该是一个积极主动的建构过程,学习者根据先前认知结构主动地、有选择性地觉知外在信息,从这个角度看,自主学习就是一个自我教育、自我建构并独立获取知识和能力的过程。让学生把对知识的被动接受转变为主动探究,使学生在课堂内获得的学习方法和经验能够成为日后自主学习的有效法则,逐步形成自主学习的能力和习惯,是教学的升华。

教育的本质是实现自我教育,课堂教学的本质是要让学生学会学习。有人云:"善学者教师安逸而功倍,不善学者教师辛苦而功半。"[①] 也就是说,学生有了自主学习的能力,就可以积极主动地学习,独立地思考。学生的自学能力一旦形成,将有助于学生牢固掌握知识和技能,有助于培养学生思维的逻辑性、缜密性,有助于培养学生认真负责的学习品质和积极主动的自主意识。从这个方面看,培养自主学习的能力就是培养学生的终身学习能力。

2. "合作探究"旨在培养学生合作参与解决问题的能力

通过第一环节的自主学习,学生知道和了解了需要学习的有关知识。这种层次的知道和了解是浅层次的。"知其然"还要"知其所以然",知识的建构不是任意和随心所欲的,必须不断地与他人磋商并达成一致,并不断加以调整和修正。个人知识的形成最终取决于个体通过与他人的交流和合作而形成的理解,故本环节主要通过小组内的合作开展探究式学习,通过对教材和所学知识进行更深层次的探究,来完成学习任务中的重点、难点和疑点,以便更深层次地理解相关知识。

---

① 孔子《礼记·学记》原文为:善学者,师逸而功倍,又从而庸之;不善学者,师勤而功半,又从而怨之。

小组合作的过程其实就是学生之间相互交往、相互倾听，实现生命能量相互转化的过程，有助于培养学生倾听他人的意识、能力和习惯，提升捕捉、提炼资源的能力，同时也能让学生感知团队意识，更加适应社会发展的需求，培养合作、参与的能力。经历过小组合作学习的学生，更容易养成尊重他人、会交往、会合作和开朗的性格，为成人后的社会化能力奠定社会和心理基础。

在合作学习的过程中，教师应极力创设合作交流的空间和时间。为实现小组学习目标，教师应帮助学生建立对话关系，让学生进行同伴互助式的学习。学生在组内自由交流、大胆对话，不仅可以解决学习上的问题，而且也可以把自己情绪的变化、交往的困难以及师生之间难以沟通的事情与其他同学进行交流。

3. "展示质疑"旨在利用学生的表现欲培养学生的自信心和学生初步的发展创新能力

建构主义理论告诉我们，学习者的知识建构过程是多元化的。因此，科学的学习必须通过对话、沟通的方式，让大家提出不同看法以刺激个体不断反省思考。在交互质疑辩证的过程中，学生通过各种方式解决问题，澄清疑虑，逐渐完成知识的建构，形成正式的科学知识。在小组合作学习的基础上进行的展示，第一个目的是提升，因此绝不能重复性讲解或统一答案，展示内容应是组内或全班带有共性的、易出错的问题，简单易懂的内容没必要展示；第二个目的就是要暴露学习中存在的问题，因此鼓励学生敢于展示、不怕犯错，这有利于同伴或教师帮助其解决问题。当学生展示停留在浅层次、偏离主题时，教师要适时追问、点拨、启发、引导、评价，使学生始终处于最佳学习状态，以实现"兵练兵""兵教兵""兵带兵""兵强兵""兵教官""官教兵"[1]的良性循环。只有这样，学生的表达能力、沟通能力、思考能力、思辨能力等"多元智能"才会得到提高，不同层次的学生都得到发展。

质疑的目的是让真理越辩越明。爱因斯坦说过："提出一个问题，往往比解决一个问题更重要。"在学习过程中，除了来自学生内部的质疑之外，教师要引导学生不放过任何一个疑点，主动设疑并解答，让学生从"无疑"到"有疑"，从"不会提问题"到"会提问题"，让学生想问、敢问、好问、会问、会答，培养学生积极思考、主动学习的习惯。

---

[1] 崔其升，邱学华，谢金国. 崔其升与杜郎口经验 [M]. 北京：首都师范大学出版社，2010：70.

展示质疑中的师生、生生交流，可以是疑难求助、对话交流、质疑对抗等多种形式，教师要敢于"利用"学生，对学生的独特思考、独到见解，包括学习方法总结、新发现、新感悟等，要及时表扬和肯定，更要有意识地为一些平时学习并不怎么好的学生创设展示的机会，让他们克服恐惧、胆怯心理，增强展示的信心，体验成功的喜悦。

4. "反馈检测"的目的是培养师生的实践反思能力

学习的目的是"让所学为我所用"，这是每个学习者学习的一个基本目标。建构主义认为学习者必须进行自我监控、自我测试、自我检查等活动，以诊断和判断他们在学习中所追求的是否是自己设置的目标。本环节是利用导学案设计的针对性问题对学生知识、能力的运用情况进行有效检测和反馈，它一方面能促使学生将刚刚学习的知识加以应用，在应用中加深对新知识的理解；另一方面，暴露了学生在新知识应用能力上的不足，让学生在检测中逐步认识自我，培养剖析自我的能力。

教学过程是一项师生的共同活动，对学生来说，及时了解学习的结果，可以很快地获得矫正性信息，进一步调整自己的学习方案。教师对学生的学习进行及时的、恰当的评价，是一种很重要的反馈形式，是推动学生学习、提高学习效果的有利因素。

反馈检测也可以很好地反馈教师"教"的情况。教师备课时，往往将主要精力放在研究教材和教法上，对学生的接受能力大多预计不足，只有进行了课堂检测之后，教师才能发现备课中的不足，才能及时地调整方法，改变策略，从而达到理想的教学目标。

二、活物理"四三三"教学的课例解读

课堂按照"教学引入—自主学习—合作交流—展示质疑—检查反馈"程序进行。下面以人教版九年级物理中"电流的测量"一课为例进行说明。

在课堂导入后进入学生学习阶段。

（一）学生学习第一阶段——（个体）自主学习

在这个阶段的学习中，要求学生通过独立自主地阅读教材、利用已有的知识体系和生活经验，对教材内容进行自主探究性的学习，预先感知教材内容，自行理解知识，独立自主地构建属于自己的知识体系。

要求学生完成导学案中相应部分的内容（方框内为导学案部分内容，下同）。

【学习任务1】请同学们先阅读课本45~47页的内容，把你认为是重点的地方做上记号。

【学习任务2】结合生活实际和自己的理解完成导学案中本阶段的知识点填空和问答。

1. 怎么表示电流的强弱

(1) 电流是一个表示什么的物理量，它的符号怎么写？

(2) 电流之间的单位如何换算？常见用电器正常工作的电流有多大？举出2~3例。

①通过一个灯泡的电流为0.2A，等于_____mA；

②某半导体收音机的工作电流为50mA，等于_____A；

③小明的计算器工作时的电流为80μA，等于_____A。

2. 怎么测量电流的大小

(1) 你是怎么认识电流表的？它有什么作用？有几个接线柱？几个量程？

(2) 电流表的使用规则是怎样的？

①_____；

②_____；

③_____；

④_____。

3. 电流表读数三部曲

①_____；

②_____；

③_____。

【学习任务3】完成上述学习的同学举手示意；老师检查每个组前两名举手者的学习情况，前两名同学负责检查本组其他同学的学习情况。

【学习任务4】请同学进行班级展示，把自主学习的情况向大家展示，要求说出上述空格处的答案，并告诉大家是在课本什么地方找到的答案。

自主学习的时间为10~12分钟，要求如下。

第一，全部学生能够通过自主学习解决导学案上自主学习阶段百分之百的内容。

第二,教师提示学生以导学案为抓手,以发现问题、解决问题为主线,并运用双色笔就独学过程中存在的问题做标注,带入第二阶段"小组合作探究"中解决。

第三,完成第一次学情调查和校正。自主学习阶段教师的主导作用体现在巡视调查上,应了解学生学习进度、知识掌握情况,并督促学生及时校正存在的问题。

(二)学生学习第二阶段——(小组)合作探究

合作探究的问题如下,本阶段学习时间为 8~10 分钟。

1. 怎样将电流表接入最简单电路中,请画出电路图,并连好实物或实物图,要求读出电流表的示数。

2. 怎样将电流表接入串联电路中,要求测量通过灯 L_1 的电流,请画出电路图,并连好实物或实物图,要求读出电流表的示数。

3. 怎样将电流表接入并联电路中,要求测量通过灯 L_2 的电流,请画出电路图,并连好实物或实物图,要求读出电流表的示数。

在此阶段,首先要求学生自我解决问题,通过同质学生的对学,力求解决独立学习过程中存在的问题；然后以学习小组为单位，由学习组长组织成员对照问题开展有效的合作、探究、对子帮扶，实现兵教兵、兵练兵、兵强兵。

合作学习第一步：小组抽签决定本组展示的问题，小组长告诉组员学习任务。

合作学习第二步：对于本组的问题，各组同学个人先独立思考，形成自己的思路，每个人都要画出自己的电路图，画好对应的实物图。

合作学习第三步：对桌之间相互交流讨论所画的电路图和实物图是否正确，要说清楚自己画图的思路。

合作学习第四步：在上面的基础上各组同学再独立思考，修正自己的电路图和实物图。

合作学习第五步：同组的同学讨论、选择最优的电路图和实物图，然后一起连接电路实物，做到分工明确，有动手的、有观察的、有记录的。

合作学习第六步：本组准备展示的同学在小组内进行展示，其他同学进行补充和质疑，尽可能使本组展示（讲解）的问题思路更清晰、更透彻、更流畅。

合作学习第七步：每组派出一名同学到黑板上进行板书（可以与第五步同时进行）。

合作学习第八步：本组问题讨论清楚后，可以讨论其他组的问题。

此阶段教师参与各小组的讨论交流，检查各小组的电路连接是否正确，如有错误，则让学生讨论错在什么地方，错了会出现什么后果，以"生生合作交流"为主，以"师生合作交流"为辅，要求学生形成完整、准确的知识点，重点解决知识形成的"为什么"，并进行小组内的小展示，为下一步的班级展示打好基础。学生未能解决的问题，可带入班级大展示。

（三）学生学习第三阶段——（班级）展示质疑

展示质疑分为展示组"班级大展示"和对抗组"对抗质疑"两个小环节，时间大约15分钟。展示形式有口头表达、黑板板书、肢体语言演示、实验（实物）展示等。

按照抽签的顺序进行，第1题展示组先展示，对抗组质疑，第1题完成之后，依次进行第2题、第3题。每一题的展示过程如下。

第一步是"讲一讲"：展示组派出一名成员到本组黑板前当"小老师"，讲解本组合作探究的问题，要求说清楚解答思路，本组其他同学可以进行补充完善；因为本次课涉及电路实物，学生要边讲边连接电路实物进行展示。

第二步是"挑一挑"：对抗组的同学在前一组同学展示完成之后，挑一挑该组同学发言中的"刺",挑战该组同学,提出自己或本组对此问题的不同见解和看法。

第三步是"补一补":其他四组的同学继续提出不同的见解和看法,不断将本题解决思路和解题过程补充完整。

第四步是"拨一拨":教师根据同学们的回答,通过适时追问、点拨、启发、引导,让学生"跳一跳就能摘到桃子",最终形成本问题最优化的解决方案和策略,找出解题的规律,达到举一反三的目的;同时,教师要及时评价学生展示情况,创设学习情境,激发学生的学习内驱力,重点强调各组学生电路连接或读数过程中出现的问题,可以让学生讨论,也可以自己讲解,达到"传道授业解惑"的目的。

第五步是"校一校":教师就展示暴露出来的问题,灵活调整预设的时间安排,督促学生及时校正存在的问题,完成第二次学情调查和校正。

(四)学生学习第四阶段——检查反馈

通过针对性小试题对本课进行检测,对学生出现的问题通过师生、生生互动矫正,并督促学生整理导学案。

【练一练】独立完成下列几道习题,看谁完成得又对又快。

1. 已知 $I_1=0.018A$、$I_2=25mA$、$I_3=1.9×10^4μA$,则 I_1、I_2、I_3 的大小关系为_____>_____>_____。

2. 要用电流表测量通过灯 L_1 的电流,下列符合要求的电路是 (   )

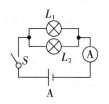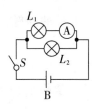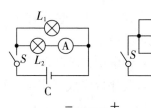

3. 如图所示的电路,开关闭合后,L_1 和 L_2 两只灯泡是_____(选填"串联"或"并联")工作的;电流表(甲)测量的是通过_____的电流(选填"L_1""L_2"或"L_1 和 L_2"),电流表(乙)测量的是通过_____的电流(选填"L_1""L_2"或"L_1 和 L_2")。

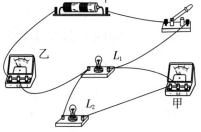

4. 如图所示，在练习使用电流表的实验中，某同学发现电流表（0~3A）的量程刻度值标示不清，根据你对电流表的了解，电流表的正确读数是（　　）

A. 0.42A　　　　　B. 0.44A

C. 2.2A　　　　　D. 2.4A

5. 如图所示为九（1）班同学"测量电路中电流的强弱"实验时所出现的情况。

（1）闭合开关 S 后，蜜蜜同学发现指针偏转如上图所示，产生这种情况的原因是＿＿＿＿＿＿＿＿＿

＿＿＿＿＿＿＿＿＿＿＿＿＿＿＿＿＿＿＿；

（2）依睿同学测量时，则发现指针偏转如下图所示，产生这种情况的原因是＿＿＿＿＿＿＿＿＿

＿＿＿＿＿＿＿＿＿＿＿＿＿＿＿＿。

第一步：让学生独立完成"练一练"的内容，每组最先完成的两个同学交给教师检查，然后这两个同学检查本组其他同学的完成情况教师提出学生所犯的共性错误问题，在班级进行讨论并讲解。

第二步：让学生思考一下通过这节课掌握了哪些知识，把关键词写在导学案的横线上或者空白处。

第三步：让学生想一想还有哪些想弄清楚的问题，把问题写在导学案的横线上或者空白处。

第四步：让学生完成自我评价，分"优""良""一般"评价导学案完成的情况；自我评价完成后交给学科组长，学科组长检查评价后，交给教师检查并评价。

三、"活物理"教学主张的课堂模式实施后的几点思考

（一）要处理好模式和模式化的问题

"活物理"教学主张设计的四个课堂环节，每个环节的时间并不是固定不变的，教师应该根据教学内容适当增减某一阶段的时间，也可以适当增加或者减少认为需要或不需要的环节，或者改变课堂环节的顺序。如果模式化了，一成不变地按照课堂模式操作，也不符合"活物理"的教学思想。

这也是"教学有法，教无定法"的具体体现。

（二）如何发挥教师的主导作用的问题

课堂是师生共处的地方，课堂的最高境界是师生和谐相处、教学相长。学生的"活学"需要教师来"活教"，"活学"是主线，是前台的学生演员在"演戏"，"活教"是暗线，是后台的教师导演在"引导"。当然，在演戏过程中，导演要允许演员有创造性发挥，但不可完全让演员胡乱演戏。

教师作为课堂的组织者、参与者、合作者、促进者，对课堂民主平等氛围的营造，引导学生自主学习、合作学习、探究学习，引导学生积极参与、独立思考、自由表达、愉快合作等方面起着极大的作用。比如在自主学习环节，巡视学生的学习情况，了解学情；在合作探究阶段参与学生的交流讨论；在展示质疑环节适时追问、点拨启发；在课堂反馈环节督促检查、点化等。教师在整个学生学习环节的"穿针引线"，尤其是在课下的剧本准备（备课预设）中，需要花费大量心血。教师的作用不仅仅是教知识、教方法，最重要的是给学生带来心灵的慰藉和思想的解放，让学生在心理上处于兴奋和抑制的最佳学习状态，让学生充满求知的愉悦感，最大限度地激发学生的主题意识和主题精神。

不求完美　但求实效

　　时下，很多学校都在紧锣密鼓地进行新一轮"一师一优课、一课一名师"的优质课录制活动。如何认定某位教师是优秀的？或者说某节课属于优质课呢？在笔者看来，课堂是否尽善尽美并不是最重要的，因为课堂本来就是一门有缺憾的艺术，有缺憾的课才是真实的课，评课时，对于教师的课堂表现不必吹毛求疵，要求十全十美，但求学生和教师在课堂上都有一些实实在在的收益，学生和教师在课堂之中都能够成长。具体而言，笔者认为应当坚持三个原则。

一、注意突出学科特点

　　不同的学科，其教学内容、教学目标和教学途径是不同的，各有侧重点。比如，英语学科的听、说、读、写能力的训练与科学学科的实验探究能力的锻炼就有一定的差异。

　　以笔者任教的初中物理学科为例，物理是一门以实验和观察为基础的学科，课程标准明确提出了"通过实验"来实现相关教学要求，要求教师引导学生在实验中观察、比较、概括、分析、归纳、总结，从而获取新知识。初中生尚属未成年人，还不具备完善的理性思维能力，一方面，合适的实验可以有效地激发学生的学习兴趣，另一方面，合适的实验也是培养学生动手实践等学科能力的重要途径。更重要的是，实验可以帮助学生在感性认识和理性思维之间搭起沟通的桥梁，帮助他们有效地突破学习的重点和难点。因此，观摩有较多实验探究内容的物理课堂，可以使学生学得轻松愉快，获得较好的知识深度和广度。

二、能恰当运用信息技术

　　今天的教师面对的是一群在互联网信息技术环境中长大的孩子，传统的"一支粉笔打天下"的课堂显然已无法满足学生的求知欲望。笔者赞成课堂合理应用信息技术为学生服务，但反对一节课为了技术而技术，课堂上过多地运用信息技术无疑是舍本逐末。信息技术恰当地融入课堂，一方面可以帮助学生有效地突破知识的重点难点，感受知识的深度，另一方面也可以让学生及时了解外界信息，加强与外界的沟通，增加知识的广度。

笔者曾观摩过人教版八年级下册"浮力"一课的录制过程，这节课的难点是浮力产生的原因。在教学中，教师先用实验演示让学生感受产生浮力的条件是物体下方必须有液体，接着让学生观看课前录制的一个微课视频，让学生清晰、直观地发现液体对浸入其中的长方体前、后、左、右、上、下六个面产生的压强和压力的变化，从而有效地突破难点，实现了信息技术与课堂教学的有机融合。同时授课者还通过直接上网搜索的形式，让学生阅读了我国第一艘航母的有关资料，这样既开阔了学生的视野，也增强了学生的国家荣誉感和自豪感。

三、注重引导学生学会学习

在学生的学习过程中，教师的作用应是努力创造一个适宜的学习环境，为学生发现问题、分析问题、解决问题和创造性思维能力的培养提供条件，促使学生在学习过程中开动脑筋，积极主动地建构自己的知识，进而实现新旧知识的有机整合和对接。教师的职责在于提供学生自主学习、合作探究、展示质疑的机会、空间和时间，提供学生"做中学"的器材，提醒学生注意学习过程中出现的新问题，提醒学生注意实验过程中发生的新变化，提示学生学习的方法和方式是否恰当，提示学生实验是否科学、合理、可行，有没有需要修正的地方，等等。

学生的"学"是受教师的"教"引导的，因此在课堂中，教师必须提升对学生的引领能力，把学习主动权还给学生，给学生提供活学活用知识的空间、时间和条件，让学生有足够的时间、空间和物质条件，在"做中学""说中学""问中学""看中学"和"听中学"，最终达成"思中学"。只有当学生自己积极主动地投入新知的建构活动之时，才能有效地培养学科素养。

因地制宜地开展教学活动

在新一轮教育改革中，许多教师一谈到课堂教学改革，言必"多媒体"，谈必"网络技术"，好像没有计算机就不能上好课，离开了现代技术就不算是教学改革了，一些教师还因此自怨自艾，说学校实验条件差，跟不上形势，不能进行教学改革。其实这是对教学改革认识的一个误区，是为不愿意放弃旧的教学习惯和思维而找的借口。笔者在物理教学的实践中就多次把家用电器搬到教室里进行物理实验教学活动，且效果颇好。

如初中物理"蒸发"一课，重点是帮助学生理解影响蒸发快慢的因素。教材、教参都认为学生在生活中有一些实际经验，故没有设计任何实验。如果不做实验，单凭学生的印象，通过问答也可以完成教学任务，但学生理解起来会很困难，而且参与不够，可能只会引起部分"尖子学生"的注意。为此，笔者在课堂上借用电暖器和电风扇等家用电器设备设计了下面的实验。

【实验1】将两块完全相同的手帕打湿后，分别晾晒在教室的阴凉处和打开的电暖器旁。

比较在其他条件相同时，液体温度对蒸发的影响。

【实验2】将两块完全相同的手帕打湿后，分别晾晒在无风处和工作状态下的电风扇旁。

比较在其他条件相同时，空气的流动对蒸发的影响。

【实验3】将两块相同的手帕打湿后，将其中一块手帕折叠，另一块手帕完全晾开，放置在打开的电暖器旁。

比较在其他条件相同时，液体表面积大小对蒸发的影响。

在上述实验中，通过让学生参与，并让学生有目的地观察、触摸、对比、分析、讨论，引导学生最后得出了影响蒸发快慢的因素的结论。然后教师提出"若要加快（或者减慢）蒸发，应该如何办""在生活中有哪些具体应用"等问题，让学生思考，分组讨论，教师也加入讨论的行列中。

在教学中，笔者还引入了台灯、"热得快"、电吹风、电冰箱、收音机等家用电器。由于这些家用电器较为常见，而且其中也包含着许多学生感兴趣的物理知识，容易引起学生高度的注意和兴趣。学生在高度的兴趣中直观地感受物理现象，通过观察、讨论、归纳，很容易获取物理知识。

物理教学的基础就是实验，作为物理教师，任何时候都不能放弃这个法宝。有条件最好，没有条件，教师也要根据实际情况创造条件，让学生在实验和观察中探索、研究，获得物理科学的真知。

在校本课程中加强学科教学的尝试

校本课程是国家"三级课程"体系中的重要组成部分，是以学校、教师为主体，在具体实施国家课程和地方课程的前提下，通过对本校学生的需求进行科学评估，充分利用当地社区和学校的课程资源，根据学校的办学思想而开发的多样的、可供学生选择的课程。但是笔者在调查中发现，许多学校在编写和教学校本课程时，将其完全和学科教学对立起来，一味地强调学生的兴趣和爱好，忽视了学科知识的延伸和发展，也忽视了学生的生活环境。根据对学生的调查和研究，在校本课程的开发过程中，我们向学校提出了加强学科教学的建议，并得到了学校的大力支持。下面以笔者任教的物理学科来说明我们在校本课程中开发出来的与学生有密切联系的物理知识。

一、为什么要在校本课程中加强物理教学

（一）符合《基础教育课程改革纲要》的精神

校本课程设置的目的是为了弥补国家课程和地方课程的不足，强调以学校为主体和基地，充分尊重和满足学校师生的独特性和差异性，特别是使学生在国家课程和地方课程中难以满足的那部分发展需要得到了更好的满足。在校本课程开发中，结合学校的传统和优势，根据学生的兴趣和需要，针对性地加强物理教学，不但是对作为国家课程的物理学科的有益补充，而且是对校本课程素材的丰富与完善。

（二）符合校本课程开发的要求

校本课程的开发主要依据国家的教育方针、国家或地方课程计划、学校教育哲学、学生需求评估以及学校课程资源，其内容应该是与学生在本地的社会生活相联系的日常经验和社区经验，围绕一些实际的社会生活和生产而展开，旨在帮助学生理解知识的多样性，更好地获得生活经验，建立学习和发展的信心。物理知识与生活息息相关，符合这样的特点。

（三） 符合物理课程标准的要求

义务教育阶段物理课程的内容都是一些贴近学生生活、符合学生认知特点且能激发和保持学生学习兴趣的知识。由于物理学科的特点，物理知识与社会生活、生产有着极为紧密和广泛的联系；又由于课堂的时间有限，不可能包罗万象，应该在物理课堂之外，开发出跟社会生活密切相关的物理知识来补充课堂物理教学的不足，让学生体会到物理就在身边，扩大学生的眼界，满足学生的好奇心和求知欲及其兴趣和需要。

二、在校本课程中开发与学生密切联系的物理知识

（一） 与人体相关的物理知识

与人体相关的物理知识可以分为十类：人体的测量包括身高、体重、体温、血压、握力等；人的机械运动；人说话、唱歌发出的声音现象；人类的视觉器官——一个相当复杂的天然光学仪器；一年四季的人体热现象；在呼吸过程中的大气压强；力的基础知识；人身体上的杠杆；人身体电学知识；左右手定则。

（二） 日常用品的物理道理

吃饭时的筷子、勺子，平时骑的自行车，穿的鞋子，等等。

（三） 生活、学习和生产中的物理知识

教室里的物理知识、家庭中的物理知识、家庭电路、走进农家学物理、丈量农村农民承包的土地、校园中的斜面寻找、在公路上寻找噪声，等等。

（四） 常见现象的科学解释

介绍衣食住行中的物理知识，如洗脸时光的折射和反射现象、冬天穿衣时的摩擦起电、走路时的摩擦、乘车时遇到的惯性现象等。

（五） 家用电器中的物理知识

介绍各种家用电器的基本原理及使用方法，如收音机、洗衣机、录音机、电视机、电冰箱、空调机、VCD、照相机等。

（六） 自然现象中的物理知识

介绍风、雷、雨、电、雾、霜、露、雪的形成过程、益处、危害及预防方法；根据我校地处农村的特点，讲解农业谚语中的物理道理。

（七） 文学作品中的物理知识

如《三国演义》"草船借箭"中的诸葛亮是怎样知道江面会有大雾的，曹冲称象的道理是什么，孔明灯上升的原理是什么等。此外还介绍了古典诗词中的物理知识，将语文与物理联系起来。

(八) 体育活动中的物理知识

通过体育活动让学生感受到物理知识就在身边。

(九) 小发明、小制作实例及方法介绍

人教版初中物理第一册"大气压强"介绍了气压计和高度计。"如果无液气压计的刻度盘上标的不是大气压的值，而是高度，就成了航空、登山用的高度计"，其实是告诉了学生可以且能够进行发明创造。提到发明创造，很多学生都认为其高深莫测，认为这是科学家、发明家的事。其实人人都具有创造力，人人都可以搞发明。于是我们还进行了这方面的训练，向学生介绍发明的基本原理和知识，提出发明的基本创造方法是：加一加，减一减、扩一扩、缩一缩、变一变、改一改、仿一仿、换一换等，并向学生讲述了中小学生的发明实例。

三、在校本课程中加强学科教学时要防止出现的问题

在校本课程中加强物理教学要防止将其变成"物理"课翻版，既要与物理知识相联系，又要区别于物理教学活动，其内容应该更多地采用活动（讲座、调查、访问、社会实践等）的形式出现，让学生出去走一走，到处看一看，经常问一问，随时查一查，动手做一做，让学生在活动中增长见识，体会物理科学的魅力。

只有紧密地结合身边的实际情况、学生的爱好以及学科教学，开发出来的校本课程才有价值，一味地为了"校本"而"校本"，将使校本课程走入误区。

新课程下初中物理教学的探索

一、尝试进行"物理室外课堂"的教学

以"什么是力"的教学为例。教师将学生带出教室，以篮球场为场地，将教学用具（小黑板、学生课桌、手推车、篮球、足球、铅球、装有水的桶、磁铁、铁钉、气球、弹簧、溜冰鞋、绳子等）摆放好，小黑板置于篮球架方向，学生分成三组分别在篮球场其余三方坐好，建立一个类似教室的课堂。教师提出问题引入课题，演示、讲解；学生推车、提水桶、拉篮球架、举铅球等，感觉什么是用力并观察肌肉的状态。进行讨论后，由学生板书"力的概念"；教师适时提出除了人之外，还有没有需要用力的地方，学生讨论修正，得出力的较准确的概念。教师引出施力物体和受力物体，学生讨论。教师演示、讲解后，学生可以玩吸铁石、溜旱冰、拔河，通过实验、观察、讨论、修正，得出"力的作用是相互的"结论。再通过踢足球、打篮球、捏气球、拉弹簧等活动，让学生观察、分析、讨论，得出"力的作用效果"。

整个过程以学生的观察、实验、讨论为主，教师起铺垫、引导作用，主要目的是实现教学方式的转换，适时提醒学生实验、观察的目的。这样一改传统教学的沉闷，通过"变"，让学生感到"新"，"新"则生"奇"，"奇"则引人入胜。

二、建立学校"实验器材借用制度"

有的学生对教师的演示实验、课后小实验或者实验性习题等很感兴趣，但由于没有亲手做，心中难免会有些失落。对此，教师应该想办法来满足他们的愿望。比如开放学校实验室，建立类似"图书阅览室借阅制度"的"实验器材借用制度"；每周利用一个课外活动的时间或者每月拿出一到两个课时，让学生拿着自己想做的实验的清单，找实验教师借出实验仪器，自己到实验室去完成感兴趣的实验。

这样让学生在实验室里自由徜徉，让实验室成为学生物理学习的家园，让学生自主动脑、自己动手来完成实验"自助餐"，有助于学生动手能力的培养，有利于学生的自由发展。

三、让学生看到成功，让成功永远在

成功是对学生最大的奖赏和激励。每一个学生都有闪光点，通过肯定其优秀的一面，让每一个学生都感到"原来我也有美丽的地方""我要成功，我要努力"，增强其学习的信心和决心。

教师应该尽可能地让每一个学生都看到自己优秀的一面。比如，经常展示学生学习和劳动中的得意作品：小制作、小发明、小实验、小论文、小猜想、自办黑板报、自办物理学报、物理笔记，还可以是试卷、作业、拍摄的照片、绘画，等等。

小制作、小发明、小实验、小论文、小猜想，这些活动需要学生进行创造性的工作，富有挑战性，能够激发学生"争强好胜"的竞争意识。这种竞争意识一旦被正确的引导，将化作学生学习的动力。

报纸是一种学生喜闻乐见的载体，教师可以鼓励和指导学生利用节假日或者寒暑假自办物理黑板报和物理学报，并将之展览。学生如果能够交出一份像样的试卷，说明这个学生已经学得相当好了。这样，既有利于学生增长物理方面的知识，又有助于学生其他能力的发展。

学生可以用实验记录下生活中的所见、所得等。每一个意外的发现都会让学生兴奋不已，每一点进步都会成为学生前进的动力。

每年不同类型的节日晚会，正是物理学大显身手的好时机。学生通过灯谜、魔术、杂技等节目展示物理现象，讲解物理原理，会激发他们的好奇心。

四、让学生感受现代科学技术的发展

学生历来对高科技产品充满好奇，通过对其进行运用，展示物理现象、物理过程生动的直观的形象，提高学生的学习兴趣，集中学生的注意力，让学生获得生动、鲜明、清晰的感性认识，活跃思维。如教学活动中多媒体的使用；在学习温度计时，让学生认识"非典"期间用过的红外线测温仪等。

走出教室天地宽

——物理室外课堂教学的探索

传统的物理课堂教学是以教室和实验室为阵地进行的，由于某些条件的限制，在许多方面不能使学生获得具体形象的认识，从而造成学生对物理知识概念模糊，知识应用能力低下的问题。为了改善这种状况，为了让学生多观察，多动手实验，多动脑，根据物理学科的特点，我们在物理教学活动中开展了物理室外课堂教学尝试，并收到了一些积极的效果。

一、物理室外课堂教学的主要做法

（一）准备阶段

包括课题的选择，教学目标的拟定、教学过程的设计、教案的写作、各种因素的考虑、教具的准备等。以"什么是力"为例，课题选好后，需要拟定教学目标，设计教学过程，撰写教案以及综合考虑其他因素。需要准备的器材有小黑板、学生课桌、手推车、皮球、装有水的桶、磁铁、铁钉、气球、弹簧、溜冰鞋、绳子等。

（二）课堂组织

将学生带出教室，以球场、跑道或操场为场地，将教学用具摆放好，放置好小黑板，学生分两排或圆弧形坐着，建立类似教室的课堂。

（三）课堂教学

以问题的提出引入课题后，教师演示、讲解，学生观察后动手实验、再观察；学生进行讨论，并由学生板书"力的概念"；学生通过讨论修正，得出"力"的较准确的概念。教师引出施力物体和受力物体，学生讨论。然后，通过教师演示、讲解，学生观察、实验、再观察、讨论、修正，得出"力的作用是相互的"；最后，得出"力的作用效果"。整个过程均以学生的观察、实验、讨论为主，教师起铺垫、引导作用。

（四）消疑排难

通过学生自己提出、实验、观察、讨论，消除教师和学生在日常生活中遇到的疑难问题。

（五）教学反馈

通过个别询问、问卷调查和作业等形式，及时收集信息，以便在日后的教学活动中不断改进。

二、物理室外课堂教学的优势

第一，学生的切实参与、亲手实验、观察和讨论，能帮助学生建立比较牢固的概念，容易理解物理知识。

第二，能增强学生学习物理的兴趣。室外教学一改传统的课堂形式，"变"则"新"，"新"生"奇"，使学生更主动、更积极地投入到物理学科的学习中来。

第三，有利于学生应用知识能力的培养。通过室外实验、观察，有利于学生将物理知识应用到生活中去。

三、物理室外课堂教学应注意的问题

第一，要注意课题的选择。并不是所有课题都可以拿到室外进行，目前，我们选择的课题有："实验：用刻度尺测长度""实验：测平均速度""什么是力""二力平衡""压力与压强""大气压的变化""家庭电路"等。只有选择合适的课题并精心准备后才能进行室外课堂教学。

第二，充分发挥教师的主导作用。教师既要注意有效地调动、指挥，使学生尽量放得开，尽可能活跃，又要防止一放即乱，同时还应注意把握教学进度和教学重、难点。

第三，充分调动学生的主动性。要想方设法让学生积极地参与，防止一管就"死"。

四、物理室外课堂教学对教师的要求

第一，严肃认真的科学态度。物理室外课堂教学要求教师在课前充分准备，包括课题、教案、器材以及心理的准备；应深钻教材、课程标准，拟定合理的教学目标，完成详细的、恰到好处的教学计划，对各种意外情况应周全考虑。

第二，极强的组织能力。教学是在教室外进行的，课堂组织难度大，这就要求教师能有效地管理、控制、指挥学生。

第三，教师要多才多艺。室外教学要求教师具备各方面的才能，这样学生才会佩服、配合教师，教学活动才能顺利进行。

第四，教师要具有教育机智。室外教学活动的干扰因素多，教学活动中可能会不断出现新问题，教师要及时准确地予以排除。

物理室外课堂教学是我们在物理教学改革实践中进行的一种有益的尝试，也收到了比较好的效果，有一种走出教室天地宽的感觉。在今后的教学改革活动中，我们将不断地对其进行探索、完善，对于不足之处也恳请大家指正。

谈谈物理活动课的教学

一、要有明确的活动目的

一次活动课要达到什么目的、什么要求，教师要做到心中有数，并在活动进行之前告诉学生，让学生明确活动的目的。活动课的目的一定要符合实际情况，要根据学生的具体情况和当地的实际条件来决定，要让学生通过一定的努力才能够达到。

二、要有详细的活动计划

为了保证学生能够顺利地进行活动，达到预期的效果，教师要精心制订活动计划，各步骤要做到要领准确、有条不紊，具有可操作性；要注意活动的组织形式，做到既要有利于教师的指导，又要有利于学生的独立操作。如在活动前，要将活动的目的、内容、详细的活动步骤以及活动要点以实验报告的形式分发给学生，并组成活动小组，指定责任心强的学生担任小组长，在活动前还要专门召集小组长开会，强调有关事宜。

教师要注意将实验报告反馈的信息进行归纳、综合分析，然后加以评价，要肯定成功之处，指出不足的地方，以便改进。

三、活动要有连续性

培养学生某方面的能力不是一两次活动就能培养起来的，它是一个系统的过程。因此教师在准备活动课时，要做到长远规划，循序渐进。要注意把学生要达到的能力和目的分成多次活动来完成，使学生完成一次活动就有一点收获，多次活动就有更多收获，从而完成学生能力的培养。将一个大问题分成若干小问题，这样既丰富了活动课的内容，也有利于教师的指导。

四、活动课课题的选择

（一）因校制宜

在活动课中，不可避免地会用到一些实验器材或日常生活用品、标本等，有条件的学校要充分利用条件，没有条件的学校，教师要努力创造条件，尽可能为学生提供更多动手操作的机会。在活动课前，教师要对活动中涉及的活动实际操作一遍，做到心中有数。

（二）因地制宜

活动课的内容要与学生所学知识以及具有的能力相适应，注意与学生的生活实际相联系，与学生所在地区的经济发展水平、工农业生产以及环境保护等实际情况相结合。

（三）因生制宜

学生对活动课的兴趣是保证活动课顺利进行的前提条件，是活动成功的动力。因此在选择活动内容时，一定要考虑学生的兴趣，不能由教师的兴趣或者是教师凭空想象来决定活动的内容。教师可以提出几个备选内容，通过广泛征求意见或者民主讨论等来决定。在活动过程中教师应根据实际情况对内容适时地进行修正、完善，让学生在饱满的热情中完成活动。

（四）活动课题宜小不宜大

要让学生在短期内完成活动并看到成绩，活动要尽可能一次完成或者学生在学校期间就可以完成。如果完成一次活动需要的时间太长，学生的兴趣不易保持；一个活动如果在一两年内都不能完成，活动就失去了意义。

在选择活动课题时要注意活动宜小不宜大。如果太大，学生会觉得漫无边际，从而失去兴趣。

此外，活动不宜太难。如果活动的内容太深奥，学生的知识水平、活动能力都不够，会导致学生参与面狭窄，不利于活动的完成，也达不到培养学生能力的目的。

五、注意活动成果的收集和展示

人们常说，成功是对自己能力的证明，是对学习和劳动的最好奖赏。活动成果的收集、展示，可以让学生看到他们的成绩。成功的学习和活动会让学生产生自我满足的心理体验和自信心理；连续的成功能引起各种与学习有关的因素整体的积累性变化，使学生形成比较稳固的归因，使成功的积累性效应长期化、稳定化。

学生的学习和劳动成果主要包括以下内容。

第一，记录或者是反映活动过程和内容的文字材料或者图片。

第二，学生撰写的关于活动的小论文、小报告、小发现、小建议、小设想等。

第三，学生在活动中完成的小制作、小发明的实物等。

第四，学生和教师摄影作品（学生和教师在活动中拍摄的美妙的瞬间）展览。

上述只是笔者在教学工作中的一点尝试，恳请大家指正。相信通过物理教师的共同努力，我们的物理教学活动一定能达到培养学生能力、提高学生素质的目的。

在物理教学中也要进行劳动教育

　　劳动是人类赖以生存和发展的基础，是人类最基本的社会实践活动。在社会主义国家里，劳动是每一个公民的神圣义务，也是个人幸福生活的源泉，每个公民都应该以辛勤的劳动为祖国的建设做贡献。

　　劳动教育是学校教育的重要组成部分，是培养学生劳动意识和劳动技能的重要途径，也是学生了解社会、融入社会、服务社会不可缺少的步骤。然而，受多种因素的影响，劳动教育在许多地方已经名存实亡。"物理教学""物理学习"和"劳动教育"，有人认为风马牛不相及。其实这种观点大错特错，教师的教学活动和学生的学习活动，本身就是一种劳动。笔者认为，在物理教学中也要进行劳动教育。

一、在物理教学中进行劳动教育的意义

　　第一，在物理教学活动中加强劳动教育是国家的教育方针，也是中学物理课程标准的要求。

　　1993 年，国家颁布的《中国教育改革和发展纲要》提出，各级各类学校都要认真贯彻"教育必须为社会主义现代化建设服务，必须与生产劳动相结合，培养德、智、体全面发展的建设者和接班人"的方针。这里指出的"必须与生产劳动相结合"、培养"全面发展的建设者和接班人"，明确了教师作为劳动者的角色。中学物理课程标准中要求，教师应引导学生学习物理学的初步知识及其实际应用。而将所学的物理知识应用到实际的一条重要途径就是劳动。我国的教育方针之所以规定"（教育）必须与生产劳动相结合"，根本目的是为了让学生做到理论与实践相结合、学与用相结合、脑力劳动与体力劳动相结合，以巩固知识、提高能力。

　　第二，从知识的起源、发展以及目的看，物理学科体系是在劳动人民的日常生活中，在改造自然的劳动中不断形成、丰富、发展起来的。如力学，就是从人们在体力劳动中因为肌肉紧张而感受到力发展而来的。可见，物理知识从劳动中来，最终又应用到生产生活实践中。

第三，物理教学的一个重要目的是对学生进行品德教育，而开展劳动教育是进行德育教育的一条重要途径。

二、在物理教学中如何进行和加强劳动教育

第一，让学生明白，教师的教学和同学们自身的学习活动本身就是一种劳动。学生在学校期间的学习就是劳动，如同教师的教学、工人的上班、农民的种地一样。劳动是生存的需要。

第二，加强劳动观念教育，使学生懂得劳动的伟大意义，培养他们热爱劳动人民的情感。通过物理知识的教学和物理学历史的介绍，让学生了解人类历史首先是劳动的历史，是生产发展的历史，是劳动人民创造了历史。

第三，结合物理知识传授劳动技能。比如，通过力学中杠杆知识的学习，我们纠正学生的错误做法；又如，学习了光学知识后，我们教学生摄影；学习了"质量"相关内容，我们教学生使用磅秤，传授给学生正确的劳动技能。

第四，提供劳动机会，培养劳动习惯。如要求学生自己整理实验仪器，打扫实验室；安排学生到校办工厂、校办农场实习；对于日常生活中需要应用学过的物理知识的劳动，尽量让学生独自完成。

第五，开展劳动竞赛，激励学生的劳动热情。如开展摄影比赛、小制作比赛等。

总之，在物理教学中，除了智力因素，还应充分调动学生的非智力因素，包括进行劳动教育，让学生通过自己的劳动领悟物理知识在生产生活中的实际应用，让学生感到"对我有用，我要学"，"在学中做，在做中学"，从而更加坚定学好物理学知识的信心和决心。

"真"的科学教育要关注创新教育

——与中学生谈发明与创造的方法

分数至上，是当前学校教育的一个颇有影响的观点，受其影响，初中物理教学未能完全走出"重科学知识传授、轻科学素养培养"的误区。笔者一向认为"真"的科学教育应立足于科学知识的传授、科学方法的训练以及科学精神的培养，特别是学生创新意识、创造能力的养成。因为一个人的创新精神和创造能力，大而言之对人类、对国家，小而言之对个人的发展都是极其重要的。那么，在物理学科的教学中如何体现和展现科学教育的精髓呢？

人教版初中物理"大气压强"介绍了气压计和高度计："如果无液气压计的刻度盘上标的不是大气压的值，而是高度，就成了航空、登山用的高度计。"这其实是发明创造中的一种思维方法，它告诉我们：发明创造并没有想象中那么困难，中学生也能够进行发明创造。只要我们平时多进行这方面的训练，掌握了基本的原理和知识，掌握了基本的发明、创造方法，就一定能开辟一片属于自己的天地。

一、发明创造是可以训练的

第一，阅读古今中外科学家、发明家的故事。阅读能够点燃我们心中的创新之火，能够激发灵感的火花。

第二，大胆质疑。面对平平常常的事物尤其要画问号，创造性的思维往往从疑问和惊奇中开始。

第三，掌握基本的理论知识。只有用理论武装起来的头脑才能捕捉到稍纵即逝的思维之光，才能发现别人不易察觉的细小问题。

二、几种适合中学生的发明方法

（一）加一加

把两个或者两个以上不同结构的产品巧妙地组合在一起，使之成为具有统一功能的一个新产品。基本思路就是在这件东西上可以添加什么，加了以后有什么新的用途。如，美国的一个小孩看到他的朋友用铅笔画画，铅笔的一端绑着一块橡皮，他得到启发，发明了带橡皮的铅笔。

（二）减一减

把一个大的产品进行分解，看看其中某一部分的功能能否独立使用，然后将其单独做成新产品。如 VCD 是前些年一种很时髦的产品，它其实就是从电脑上抽取的一个功能的独立应用。

（三）扩一扩

把一个产品放大尺寸，加宽、加厚，看它能否应用到其他地方。如现在街头的大遮阳伞，就是普通雨伞的扩大。

（四）缩一缩

把一个产品压缩、缩小，减小尺寸、简化结构。如袖珍收音机、微型电视机等。

（五）变一变

将产品的形状、颜色、味道、气味改变一下，或者改变其工作顺序。如电影、电视从黑白到彩色，再如从气压计到高度计，都是"变一变"的结果。

（六）改一改

看看产品存在什么样的缺点或者有哪些不足之处，然后将其改进或者去掉。如雨伞，有人觉得撑伞时不能拿东西，于是就有了伞上的弯把；有人觉得雨伞不易携带，于是有了折叠伞。

（七）仿一仿

事物是可以模仿、学习的，我们应该模仿它的形状、结构，学习它的原理或者技术。如鲁班发明锯子，就是模仿螳螂的手臂。

（八）换一换

把一件产品或事物的正反、左右、前后、里外颠倒，看看会是什么结果；或者对某一原理进行换位思考，从 A 到 B，反过来，从 B 到 A，又是什么样子呢？这就是我们常常说的逆向思维。如从气压计到高度计。

三、中小学学生发明实例

（一）倒钩的铁钉

在铁钉的尖上设计出两个小小的倒钩，可以将铁钉牢牢地留在木头里。（发明者：黎作卫，湖北通城一中，获湖北省第三届亿利达杯中小学生发明铜牌。）

（二）护士手中三用器

在医院工作的护士手中的工具较多，用时寻找很不方便，于是发明者发明了不仅能割瓶口，而且能撬药瓶，还能在药瓶盖上钻眼的三用器。（发明者：童洪波，江西某小学五年级学生，获全国中小学生发明金牌。）

（三）双尖绣花针

普通的针在绣花时，针上来以后又要反转方向向下，既浪费时间，也增加了劳动强度，于是发明者利用逆向思维法，把针的两头都磨成针尖。（发明者：王帆，武汉市义烈巷小学，获全国中小学生发明金牌。）

"一个不会创造的民族是没有希望的"，未来的国家间的竞争，最终是人才的竞争，是创造性人才的竞争。在提倡素质教育的今天，只要我们做有心人，成功一定会属于我们，世界会在我们手中变得更美丽。让我们在课堂上不断地、有意识地播撒"科学创新的思想、意识和方法"[1] 的种子，我想待到阳光充足、水分适宜时，总会有那么几粒种子生根、发芽、开花、结果的。

---

[1]　李海勇．研究性学习与创新思维培养研究 [M]．西安：西安交通大学出版社，2017：132-144.

利用身边物品进行实验教学举隅

物理是一门以实验和观察为基础的自然科学。提及实验，不少教师和学生认为必须是高大上的，必须是小组合作才能进行的，必须是进实验室才能进行的。其实并非全然如此只要教师设计合理，利用身边的物品就可以完成许多有体验感的实验。在这些实验中，学生通过独立操作，获得了丰富的感性材料，既有利于培养学生的动手能力，又能让学生加深对物理现象和原理的认识，可谓一举多得。

课桌是学生学习的必备工具，下面笔者介绍几个以课桌为主要实验器材的小实验。

一、声音的产生实验

实验目的：声音是由物体的振动产生的。

实验要点：先用合拢的书边敲打课桌面，学生会听到桌面发出的声音，但是桌面振动了吗？此时，将一瓶喝了一部分水的矿泉水瓶放在桌面上，用合拢的书边敲打矿泉水瓶旁边的桌面，让学生在听到桌面发出声音的同时观察矿泉水瓶内水的情况。这时可以清楚地看到瓶中的水在晃动，让学生分析矿泉水瓶内的水为什么晃动。

由此得出"桌面发出的声音是由桌面振动产生的"这样一个结论，同时还可以告诉学生转换的研究方法。

二、声音的传播实验

实验目的：固体能够传播声音。

实验要点：第一次，学生端正地坐在凳子上，握拢拳头，用中指多次敲击课桌面，听桌面发出的声音；第二次，学生将耳朵贴近桌面，同样握拢拳头，用和第一次同样大小的力，用中指多次敲击桌面。注意，两次耳朵到敲击点的距离要相同。很显然第二次听到的声音比第一次要大得多。

由此得出"不仅空气可以传播声音，固体也可以传播声音，而且固体的传声效果比气体好"的结论。

三、力的三要素影响力的作用效果实验

实验目的：力的三要素影响力的作用效果。

实验要点：第一次，学生端坐在课桌前，用小一点的力推桌子，课桌是否发生变化不明显；第二次，用大一点的力推刚才相同的地方，桌子被推翻或者被推倾斜。显然用力越大，课桌的变化就越明显，由此得出"力的作用效果跟力的大小有关"的结论。

同样，学生端坐在桌前，用力往前推桌子，桌子往前移动或者往前方倾倒；在刚才用力的地方，用力往里拉课桌，课桌往后移动或者往里倾倒，由此可以得出"力的作用效果跟力的方向有关"的结论。

让学生用一个较大的力推桌子的上部边沿，桌子可能往前边倾倒；让学生将手移动到桌子中部位置，用和刚才相同的力往相同的方向推桌子，桌子不会倾倒而是发生平移。由此可以说明"力的作用效果跟力的作用点有关"。

最终得出"力的大小、方向、作用点影响力的作用效果"的结论。

四、动力和重力谁大谁小实验

实验由来：人民教育出版社2012年出版的《义务教育教科书·物理·八年级下册》第八章第二节的"动手动脑学物理"中的第4题。

---

4. 在水平公路上匀速行驶的太阳能汽车受到几对平衡力的作用（图8.2-5）？为什么说它们是互相平衡的？请在图8.2-6上画出汽车受力的示意图。

图8.2-5 太阳能汽车

图8.2-6

学生很快就找出了两对平衡力，一对是汽车受到的重力和地面对汽车的支持力，另一对是汽车前进的动力和汽车在前进过程中受到的阻力。但是在画受力示意图时，学生基本都把牵引力和阻力画得比重力大得多。

为了让学生了解重力和动力的关系，笔者设计了下面的实验。

实验要点：第一步，将桌子抱起来，感受一下用力的大小；第二步，用两手抓住桌子边沿用力，看看能否拖动桌子；第三步，对前后两次实验进行对比。

由此得出拖动桌子时的拉力远远小于桌子的重力的结论，有效地帮助学生解决动力和重力谁小谁大的问题。

"纸上得来终觉浅，绝知此事要躬行"，利用身边随手可得的物品设计实验进行教学，让学生多做一些这样的小实验，一方面既能使学生加深对物理原理的认识和理解，另一方面也锻炼了学生的动手实践能力，让学生感觉科学就在身边，让学生切切实实地"从生活走向物理，从物理走向社会"。笔者认为，在教师潜移默化的引导中，学生的科学素养一定会逐步提高。

在习题教学中提高学习兴趣的尝试

干巴巴的试题容易引起学生反感，如能在试题中结合时事背景或者学生感兴趣的话题进行设计和训练，一定会激发学生的学习欲望。下面以网球比赛为例进行说明。

一、介绍试题背景

北京时间 2011 年 6 月 4 日，中国选手李娜在法国网球公开赛女单决赛中战胜了上届冠军、意大利老将斯齐亚沃尼，捧起了职业生涯的首座大满贯冠军奖杯，这也是中国乃至亚洲人的第一次。

和中国人所熟悉的大多数项目有所不同，网球是一项极端彰显个人魅力的体育竞技项目，是国际主流运动之一，在世界体坛拥有极高的地位。现代网球已经走过了 130 多年的历史，从 1877 年温网首次在全英俱乐部举行至今，大满贯也走过了 134 年，但在过去的一个多世纪中，网球一直都是被欧美选手垄断的项目。因为体质、力量的差异，中国乃至亚洲选手极少有人在网球比赛中夺冠，李娜在法网的胜利彻底颠覆了这个长达 100 多年的历史！

网球运动在国际体坛不仅地位高，也是所有竞技体育中职业化最彻底的项目。网球运动员大都是"个体户"，不管是训练、旅行、比赛还是奖金制度都很个性化，这与我们传统意义上的体育运动有所不同。近几年来，体育在中国也慢慢走向职业化，但是传统的举国体制依然占主导地位，这与网球运动职业化的环境有所不同。然而中国女网还是成功寻找到了职业化和举国体制的平衡点，李娜能在这个前提下拿到大满贯冠军，胜利可谓来之不易，具有划时代的意义。

二、解密网球知识和运动中的物理知识

网球是世界第二大运动，被冠以"贵族运动""高雅运动"的美誉。

任何一项体育运动都与运动力学相关，网球运动也不例外。运动员在打网球的过程中不可避免地要用球拍对球进行抽、拉、提、压、握、挡等，还要移动跑位、站位等，这些动作都与力有关。

发球和击球是网球运动的基本技术，是在手持球拍和球的相对碰撞中完成的。当球落到球拍上时，球拍网线接受了球的力，线向下凹陷；当线回弹到原来形状时，网球受到线的力的作用飞入空中，球拍线的工作原理如同一张小小的绷床。

网球的运动速度由击球的力量大小和球拍线的松紧决定；击球力量大小的外在表现形式是球向前飞行的速度快慢。

三、让学生小试身手进行训练

1. 在法国网球公开赛的半决赛上，李娜奋力挥拍，网球飞向上届冠军、意大利名将斯齐亚沃尼的半场，通过视频回放，球正好落在底线上。球拍接触网球时，_____是施力物体，_____是受力物体，它说明力是_____；当球接触球拍时，球拍线变形，球向内凹陷，这表明力能使物体的_____发生改变；球立即快速地飞向对方的半场，这说明力还能使物体的_____发生改变。

（参考答案：球拍　网球　物体对物体的作用　形状　运动状态）

2. 在球场上移动跑位是为了在正确的击球点上击球，只有移动到位才能正确地把球击出。在比赛中，李娜为了救起一个球，她用力蹬地，结果她的运动方向与她蹬地的方向相反，这说明_____。

（参考答案：力的作用是相互的）

3. 李娜是一名优秀的综合型网球运动员，她的技术比较全面，无论是发球、接发球，还是截击和高压球，都具有很高的水平。有时底线对抽，有时伺机上网截击；时而发力猛抽，时而稳抽稳拉；有时削放轻球，有时挑出上旋高球，充分发挥多样化技术，并结合敏捷步法，机智灵活地争取比赛的主动。通过这段话，你认为下列哪个因素不影响网球的运动效果？ （　　）

A. 力的大小　　　B. 力的方向　　　C. 力的作用点　　　D. 力的单位

（参考答案：D）

4. 在打网球过程中有下列现象：用力挥拍接触飞过来的网球时，网球改变运动路径回到对方半场，而运动员的手腕也有震动的感觉；在移动脚步时，运动员用力蹬地，运动员向相反的方向移动；网球在飞行过程中触地后，改变方向飞向空中。根据以上现象可以得出两个共同的结论：

（1）＿＿＿＿＿＿＿＿＿＿＿；　　（2）＿＿＿＿＿＿＿＿＿＿＿。

（参考答案：力是改变物体运动状态的原因　力的作用是相互的）

点评：相信只要教师做有心人，任何时候都是能够激发和保持学生学习兴趣的。

游秀美山河　学物理知识

"读万卷书不如行万里路"，祖国的山河分外美丽。近年来，在中考物理试题中出现了一类以祖国美丽风景为情景创设的试题，让学生在进行物理学习和考试的同时，在试卷上浏览祖国秀美的山河，以激发学生爱祖国、爱学习的热忱。这类题也可以看成是物理与地理学科的融合，让学生在学习物理知识的同时增长地理知识。

1. 自古长江三峡雄奇险秀，滔滔江水奔腾直下。北魏著名地理学家、散文家郦道元在其脍炙人口的《三峡》名篇中写道："或王命急宣，有时朝发白帝，暮到江陵，其间千二百里，虽乘奔御风，不以疾也。"文中所描写船的平均速度约为　　　　　　　　　　　　　（　　）

　　A. 5 km/h　　　B. 50 km/h　　　C. 100 km/h　　　D. 500 km/h

三峡简介：

长江全长 6300 余千米，流经四川盆地东缘时冲开崇山峻岭，夺路奔流形成了壮丽雄奇、举世无双的大峡谷——长江三峡，是我国十大风景名胜之一，40 佳旅游景观之首。三峡地跨两省，西起重庆奉节的白帝城，东到湖北宜昌的南津关，是瞿塘峡、巫峡和西陵峡三段峡谷的总称，全长 192 千米，两岸崇山峻岭，悬崖绝壁，风光奇绝。两岸陡峭连绵的山峰，一般高出江面 700~800 米，江面最狭处有 100 米左右，是长江上最为奇秀壮丽的山水画廊。随着三峡工程的兴建，这里更成了世界知名的旅游热线。

（参考答案：C）

2. 庐山以秀美的风景闻名于世，唐代大诗人李白在《望庐山瀑布》一诗中写道："日照香炉生紫烟，遥看瀑布挂前川。飞流直下三千尺，疑是银河落九天。"从物理学的角度来看，对这首诗的理解错误的是（　　）

　　A. 形成"烟"的过程是吸热过程

　　B. "烟"是液化形成的

　　C. "飞流直下"的水的动能在增加

　　D. "飞流直下"的水的重力势能在减小

庐山简介：

庐山位于中国第一大河长江中游南岸、中国第一大淡水湖鄱阳湖滨，大山、大江、大湖浑然一体，险峻与柔丽相济，素以"雄、奇、险、秀"闻名于世。1982 年国务院批准庐山为国家重点风景名胜区，1996 年联合国批准庐山为"世界文化景观"。

庐山最高峰为汉阳峰，山间经常云雾弥漫，故有"不识庐山真面目"之说，有名的还有仙人洞、五老峰、含鄱口等。

庐山脚下有创建于公元 940 年、居中国古代四大书院之首的"白鹿洞书院"；庐山还是中外闻名的避暑胜地，至今保存完好的国际别墅群落，现有 18 个国家建筑风格的别墅 600 余栋，著名的有美庐别墅、原歇尔曼别墅等。

（参考答案：A）

3. 西藏地区海拔高，关于西藏地区的气压与水的沸点，下列说法正确的是 （ ）

　　A. 气压低、水的沸点高　　B. 气压高、水的沸点高

　　C. 气压低、水的沸点低　　D. 气压高、水的沸点低

西藏简介：

西藏自治区位于祖国的西南边陲，平均海拔超过 4800 米，境内海拔超过 7000 米的高峰有 50 多座，8000 米以上的有 11 座，气候寒冷、气压低、空气稀薄，素有"世界屋脊"和"世界第三极"之称。

拉萨是西藏自治区的首府，政治、经济、文化及宗教活动的中心，坐落在雅鲁藏布江支流拉萨河北岸，海拔近 3700 米，是一座具有 1300 多年历史的文化名城。在藏语中拉萨是"圣地"的意思，平均年日照时间长达 3000 多小时，被称为日光城。市内和郊区名胜古迹众多，布达拉宫、大昭寺、哲蚌寺、色拉寺和甘丹寺驰名中外。

（参考答案：C）

4. 如图所示是晓明拍摄到的西湖大酒店的风景，照相机的镜头是_____镜；西湖大酒店在水中的倒影是光的_____形成的____像（选填"实"或"虚"）。

西湖简介：

杭州西湖又名西子湖，位于浙江杭州市西部。环绕西湖，西南有南山，北面有北山，像众星拱月一样，捧出西湖这颗明珠。

西湖十景形成于南宋时期，基本围绕西湖分布，有的则位于湖上：苏堤春晓、曲苑风荷、平湖秋月、断桥残雪、柳浪闻莺、花港观鱼、雷峰夕照、双峰插云、南屏晚钟、三潭印月，十景各擅其胜，组合在一起又能代表古代西湖胜景精华；新十景是 1985 年经过杭州市民评选并由专家评选委员会反复斟酌后确定的，它们是：云栖竹径、满陇桂雨、虎跑梦泉、龙井问茶、九溪烟树、吴山天风、阮墩环碧、黄龙吐翠、玉皇飞云、宝石流霞。

（参考答案：凸透　反射　虚）

5. 在历代诗人赞美桂林山水的诗篇中，有"群峰倒影山浮水，无山无水不入神"的著名诗句，诗中写的"倒影"是由于光的_____现象形成的。清澈见底的漓江看起来比实际浅，是由于光的_____现象形成的。

桂林简介：

桂林是世界著名的风景游览城市，有着举世无双的喀斯特地貌。这里的山，平地拔起，千姿百态；漓江的水，蜿蜒曲折，明洁如镜；山多有洞，洞幽景奇，瑰丽壮观；洞中怪石，鬼斧神工，琳琅满目，于是形成了"山清、水秀、洞奇、石美"的桂林"四绝"，而桂林自古就有"山水甲天下"的赞誉。

（参考答案：反射　折射）

"活物理"课堂建设三部曲

眼下，以"先学后教"为特点的"有效课堂"像一阵旋风，刮进了一所又一所中小学。在有效课堂的建设活动中，有的学校立竿见影地取得了成效，但是还有很多学校在实施过程中效果并不理想，甚至在推进之初阻力重重，怨声不断，更有讥讽在其中："你们不是在打造高效课堂吗？怎么还没有效果啊？"这是急功近利的思想在作祟，有效课堂的建设不可能一蹴而就，它需要逐步推进。以培育学生核心素养为目的的"活物理"课堂作为有效课堂建设的重要教育实践活动，是一个渐变的过程，至少要经历三个阶段才可能达到较好的实验效果。

一、构建生本课堂

这是最艰难的一个阶段。

陶行知先生指出："我认为好的先生不是教书，不是教学生，乃是教学生学。"而现实的课堂是怎样的呢？袁振国先生在《教育新理念》书中的第一章"课堂教育的革命"中如此阐述："传统课堂造就了传统的师生关系。在教学中，教师是主动的，是支配者，学生是被动的，是服从者。教师、学生、家长以至全社会都有一种潜意识：学生应该听从教师，听话的学生才是好学生；教师应该管住学生，不能管住学生的教师不是好教师。师生之间不能在平等的水平上交流意见，甚至不能在平等的水平上探讨科学知识。"[1] 传统的课堂是有序的，也是有效的，但其弊端显而易见，它忽略了学生的主体地位，忘记了学生是课堂学习的主人。

在"活物理"课堂建设活动中，第一步应该是从思想和行为方式上逐渐转变教师的教和学生的学，构建以学生为中心的教学模式，"把学生的学习还给学生"。学生才是学习的主人，课堂学习不围绕主人转，主次颠倒了，怎么会有好的效果呢？

---

[1] 袁振国. 教育新理念 [M]. 北京：教育科学出版社，2002.

此实施阶段中旧的课堂模式被打破，新的课堂模式未能建立，教学环境变了，教师对学生的要求不同了，学生的学习方式和以前不同了，学生动嘴了、动手了，课堂活了，但也乱了。此时学生还不具备独立学习和思考的习惯和能力，不会阅读，不会展示，面对新的课堂，想说、要说却不敢说，说也是胡言乱语不得要领。教师对新的课堂也是摸着石头过河，因为在有效课堂的实地观摩和学习活动中，教师们看见的是别人成功的课堂、别人课堂的核心技术，而学习型小组的建设、学生的培训等复杂的工作，是无法看见的。这是"活物理"课堂建设最困难的时期，教师在自己转变和摸索的同时还要指导学生转变学习方式，告诉学生怎么学、怎么说、怎么思考、怎么展示、怎么质疑，指导工作异常艰巨。这一阶段的教学可能是无序的、低效的，因此要求应该是低层次的，只要教师能够放弃传统的"以我为主"的教育思想，让学生开始积极主动地学习，就达到了目的。

此阶段，仍然有不少学生、教师处于怀疑和观望之中，学生观望教师，教师观望领导，毕竟要改变多年的习惯，教师、学生都不适应。不少教师表现为走两步退一步，课堂上唯恐自己讲得不够多、不够深入，不敢放手把时间交给学生自由支配。

此时最大的成效就是转变了师生的教与学的思想，并部分改变了教与学的方式。这是教师最吃苦受累的时期，教师要革自己熟悉的教学方式的命，还要承担指导学生改变课堂行为方式的任务；这是家长最反感的时期，家长可能会到学校提建议和意见；这也是学生最混乱的时期，原来的学困生亢奋了、身动了，心不一定动，只是认为课堂好玩了；原来的学优生反感了，认为打乱了他们的学习习惯和思维方式。

这一时期至少要花费将近1个月的时间。

二、建立生命课堂

此阶段新的课堂模式基本建立起来，通过一段时间的磨合，课堂逐渐有序了、有效了，学生能够按照教师的引导积极主动地投入学习活动中，并且敢说、能说、会说，课堂模式逐步进入正轨。

此时学生独立自主的预习和合作探究为其课堂上的精彩展示奠定了基础，课堂上学生之间交流合作，小组之间竞争，每位学生都有机会走向讲台把自己的探究成果展示给大家，也可以提出自己的疑惑让大家帮助解决。"我的课堂我做主"的学习主人翁意识已经树立，学生展示自我的舞台已经搭建，此过程中学生的学习热情和自豪感增强，学习的兴趣和信心也得到提升，一部分对学习没有兴趣的学生在教师和其他学生的带动下也能慢慢地进入学习状态。此时的学生身动了，心也动了，课堂中出现了生命的活力，不再是教师一言堂的舞台，而呈现出万紫千红、百花齐放、欣欣向荣的课堂氛围。

学生的青春在课堂上大放异彩，绽放出生命之花。此阶段的最大成效在于让"成长中的人"感受到生命的活力和精彩。

三、形成生态课堂

生态，顾名思义，代表生活、生长的状态。卢梭说过："教育的过程就是生长的过程。"新的"活物理"课堂建设中，经过相当长的时间的练习和引导后，课堂气氛活了，学生有事干了，不少教师却无所适从。在学生能够自主学习后，教师该怎样做呢？这就对教师提出了更高的要求。

课堂是师生共处的地方，只有学生的"活动"的课堂不是理想的课堂，课堂的最高境界是师生和谐相处、教与学相长。新的模式一旦建立，不少教师又成了新模式的守护者，将模式制度化，因此，如何破除模式化成为第三阶段的重要任务。

教师作为课堂的组织者、参与者、合作者、促进者，在课堂民主平等氛围的营造，引导学生自主学习、合作学习、探究学习，引导学生积极参与、独立思考、自由表达、愉快合作等方面起着极大的作用。教师的作用不仅仅是教知识、教方法，更重要的是给学生心灵的慰藉和思想的解放，让学生在心理上处于兴奋和抑制的最佳学习状态，让学生充满求知的愉悦感，最大限度激发学生的主体意识和主体精神。师生在一段双向激发的愉悦交往过程中，有愉快的情感沟通和智慧交流，课堂里充满欢乐、微笑、轻松、和谐、合作和互动；有平等的对话和协商以及爱的交流与合作，课堂始终洋溢着动人的真情。

如果说第一、二阶段，课堂更多的是关注学生，第三阶段则关注所有的人，让进入课堂的学生和教师共同成长，共同享受教育的快乐和幸福，也就是"我快乐着你的快乐，幸福着你的幸福"。这才是"活物理"课堂建设的最终目的。

第二章 『活物理』教育之

课标解读

新课程实施中教师要"五观端正"

新课程已经在全国各试验区陆续展开。新课程能否顺利、健康地实施，关键是教育观念的改变，特别是实验教师需要端正五种观念。

一、人才观

什么样的人才观决定着我们培养出什么样的学生来。过去我们一直认为学习成绩好的学生就是人才，认为能考上重点高中、大学的学生是人才。人才是智商较高、学识丰富、有特殊才能、对社会贡献较大的人物，如专家、学者、教授等。其实，人才是一定社会历史条件的产物，不同的时代，对人才有不同的要求。

随着社会的发展，工业化大生产日益推广和普及，人才的外延也越来越大，不能仅以社会贡献的大小来衡量人才，而应该从多样性和层次性上去考量。有优秀人才，也有一般人才；有高级人才，也有中级、初级人才；有全才，也有偏才、怪才。人才的本质是创造，即能够运用先天赋予和后天造就的各种才能进行创造性劳动。凡是具有一定专业知识和专门技能，能为社会进行创造性劳动，对社会发展和人类进步做出一定贡献的人都是人才。不仅科学家、政治家、艺术家、工程师、发明家是人才，技师、熟练的技术工人、生产能手、种田好手、能工巧匠也是人才。

二、学生观

怎样看待学生，把学生看成什么样的人，对学生采取什么态度，一直是教育界的重要问题。过去我们的教师一直把学生当作成年人，"一个接受知识的容器"，因而教学上"以学科为中心"，"目中无人"或者"一视同仁"地教育着我们的学生，教师想让学生怎样，学生就得怎样，教师将自己的意志强加在学生身上，同时也"侵犯"了学生的许多权利。

关注人是新课程的核心理念，"一切为了每一位学生的发展"是新课程的最高宗旨。它要求教师关注每一位学生的情绪和情感体验，关注每一位学生的道德生活和人格养成。因此教师要把学生看成"发展的人"，① 把学生看作"独特的人"，把学生看作"具有独立意义的人"。简单地说，就是不能把学生当作成年人，而应该把学生当"学生"。学生是正在发展中的人，他们和成年人之间存在着很大的差异，学生的观察、思考、选择和体验都不同于成年人，他们还需要不断地完善。同时，还要注意学生个体之间的差异，"人心不同，各如其面"，差异是教育的基础，也是学生发展的前提。

三、教材观

"用教材教"② 和"教教材"是两种不同的教材观。后者把教材当"圣经"，恪守教材，不敢越雷池半步。而过多地分析、讲解、灌输，会把一门充满生气和灵性的课程变得沉闷、单调、乏味。有的教师甚至认为，将教材讲深讲透就算完成了教学任务，因此，在教学中不知不觉地把自己束缚在教科书中，不是"用"教材，而是"讲"教材，教材中的每一篇文章，每一个知识点，都要掰开揉碎、繁说细讲，生怕有半点遗漏。

《课程标准》指出：教材要有开放性和弹性。教材的开放性，表现在教材要跟生活实践相结合，要课内外结合，要学用结合。新课改的理念使我们知道，只强调钻研教材是远远不够的，改变教学中烦琐分析、机械训练的现状，关键的一环是转变教材观，重新认识教材的特征，树立正确的、开放的教材观。教材是学生学习的材料，是传承文化的一种载体。因此，教师必须突破教材对学生教育的禁锢，创造性地使用教材，而不能成为教材的奴隶。教师应做教材的主人：既遵循于教材，又不囿于教材；既要凭借教材，又要跳出教材。值得一提的是，新教材的开放性极强，没有配备教师用的教学参考书，也没有准确的答案，这使每一个教师都面临着新的挑战。

过去我们强调"扣纲依本"，新课程则是"一纲多本"，即：①教师可以根据本地、本班级的情况，有选择地使用教材；②教师可以根据本地的资源和环境，对教学内容加以改造；③教师可以根据自己对《标准》的理解，设计新的活动方案。这样即使教学活动以教材为基础，又不囿于教材，让学生多角度、多渠道、全方位地从课内外丰富的课程资源中获得情感体

---

① 林崇德. 教育的智慧 [M]. 北京：北京师范大学出版社，2007：80-84.
② 叶圣陶. 叶圣陶教育文集（第三卷）[M]. 北京：人民教育出版社，1994：199-209.

验、生活经验，丰富生命的内涵，提高综合素质。

四、教法观

"教需有法，教无定法。大法必依，小法必活。"这是人们已达成的共识。

传统教学法由于片面强调知识传授，大多数教师都采用教师讲定义、推公式、讲例题，再由学生解题，教师评判的教学模式。这种以教师为中心、以课堂为中心，强调教师作为知识传播者向受教育者灌输知识，将学生视为接受知识的容器和工具的授课方式，势必禁锢学生的思维，扼杀学生主动发展的积极性。过去我们一直强调教法的研究，忽视对学生学习方法的研究；重视教学效果的研究，忽视学生学习过程的研究。人为地将教学法中教与学的统一活动割裂开来，使得教学活动变成教师的"独角戏"，成为教师的个人表演，致使教学活动既难以协调，也不能调动学生学习的积极性，大大挫伤了学生自主学习的兴趣，不利于教学目标的达成和教学效果的提高。

现代教学论强调，要确立学生在教学活动中的主体地位。在强调研究和改进教法的同时，通过多种途径对学生的学习方法进行有效的指导和培养，主张把"教"建立在"学"的基础上，提倡"教会学生学习"，树立"教是为了不教"[①] 的教学理念，注重培养学生的自学能力，让学生不只是被动接受知识和技能，还要掌握学习方法和培养自我学习、自我发展、自我提高的能力，以适应社会的急剧变化。这就需要改变过去以教师为中心的灌输式教学法，强调师生互动，使师生在平等的基础上公平对话、双向交流。教师首先要研究学生的学法，研究如何改善和提高学生的自我学习能力，理解、关爱学生，使师生在互动的平台上教学相长。当前如问题教学法、发现法、研究学习法、自学辅导法等，都体现了由传统的教师传授向师生互动发展，在教师指导下学生独立获取知识的特点。

五、学习观

教师怎样看待学生的学习，也决定了我们的教学方式。学生的学习方式一般有两种：接受式学习和发现式学习。前者认为，学生是知识的接受者，于是将学习的内容直接呈现在学生面前，它过分地突出和强调接受与

---

① 叶圣陶. 如果我当教师 [M]. 北京：教育科学出版社，2012：75.

掌握，冷落和忽视了发现与探究，使学生学习知识变成了仅仅是直接地、被动地接受和记忆，这种学习窒息了学生的思维和智力，摧残了学生的学习兴趣和热情。

转变学生的学习方式是本次课程改革的一个显著特征，新课标以培养创新精神和实践能力为主要目的。它要求转变学生他主性、被动性的学习状态，把人的主体性、能动性、独立性不断地生成、张扬、发展和提升。学习不是一种异己的外在控制力量，而是一种发自内在的精神解放运动。新课程标准倡导学生自主、合作、探究的学习方式。

同时，教师也必须树立终身学习的观念。终身学习是当今社会发展的必然趋势，也是每个人工作、生活以及今后发展的需要，是每个人的生存方式。"不会学习即不会生存，这是 21 世纪的主要特征。"① 人生就是一个不断学习的过程。教师教的过程也是自己学习的过程。向学生学，向书本学，向同志学，向社会学，向生活学，教师只有不断地充实自己，才能不被时代淘汰，才能让自己永立潮头。

---

① 联合国教科文组织国际教育发展委员会. 学会生存：教育世界的今天和明天 ［M］. 华东师范大学比较教育研究所，译. 北京：教育科学出版社，1996.

科学精神与人文精神的对接

——读新版《义务教育物理课程标准》(2011 年版)

"科学"与"人文"由分野到整合,已成为现代教育发展的趋势。物理教学不仅仅是知识的传授、能力的培养,更是一种课程文化的浸润与熏陶,倡导包括人文教育在内的物理教学,实现科学的人文价值,是新课程物理教学提出的新课题。

一、准确理解科学精神与人文精神

科学精神是理性的产物,它使用事实、规律、概念等揭示客观现象的内在联系、本质特征,以科学的知识、思想、方法、规范结成一体,相互交织、相互贯通,成为人类的力量。科学精神的核心是"追求真理、实事求是、开拓创新",本质是创新精神。创新是一个民族的灵魂,是一个国家兴旺发达的不竭动力。

人文精神是人类在对自身的认识、发展、完善过程中形成的一种独特的精神现象,主要指情感体验、生命追求、价值观念、实践准则和评价体系,反映人的世界观、人生观和价值观。弘扬人文精神,就是以人的全面发展为中心,努力挖掘人自身的力量,强调客观对象适合人的需求和满足,重视人的精神在社会实践过程中的能动作用。

二、在物理教学中体现人文精神的必要性

科学精神和人文精神恰如人类文化的双翼,前者是人类探索自然的条件和动力,后者则是人类一切活动的出发点和最终目标。在"以人为本"的理念下,人们越来越深刻地认识到:科学教育不只是让学生牢固掌握基础知识与基本技能,也不满足于发展学生的思维能力,而是要全方位关注科学对人的个性、品质、好奇心、求知欲、创造力、人生观等方面的影响;科学精神和人文精神的交叉、渗透与融合已成为科学教育的必然趋势。

物理学科作为基础科学的发轫学科，根本任务是培养中学生的科学素养，即"通过多种形式的教育教学活动，使学生具备必要的科学基本知识和技能，了解和掌握一些科学探究的过程和思维方法，发展科学的认识能力、思维能力和实践能力，逐步形成科学的自然观、世界观、价值观与审美观，养成良好的科学精神气质，正确认识与处理科学与技术、科学与社会、科学与人文的关系"。由此可见，从全面培养学生的科学素质角度看，必须在物理教育中体现人文精神。

三、在物理教学中体现人文价值的可行性

新一轮课程改革倡导学习方式的变革，提倡学生通过认真踏实的探究活动，实事求是地获得结论，养成严谨的科学态度和克服困难的意志品质，这为物理教学中人文精神的体现提供了广阔的平台。物理教学中教育者与受教育者在认识上、感情上和行动上的交流与探讨，使人与社会的关系、人与自身的关系得到反映。物理学发展至今，形成了宏伟的科学大厦的根基，它不仅是科学大厦的知识基础，也是科学研究方法的基础，如观察和实验、分析和综合、比较与分类、数学的方法等。在物理学的发展过程中，涌现出了大量的物理学家，他们坚韧不拔、刻苦勤奋、勇于创新、善于创新、为科学忘我献身的精神和思想和关心社会、热爱生活的品质，阐释了科学的人生观、价值观和世界观的内涵，体现了科学的人文精神。

四、在物理教育中实现人文教育的途径

（一）进行科学价值取向的指导

科学是一把双刃剑，要使科学真正造福人类，须用人文价值的视野来看待和理解科学。物理教学要加强价值观的教育，使人的思维能够从科学的层面扩展到社会的层面，关心他人，关心社会，用联系、发展的观点看待问题，使科学在人文的关照下，真正朝着对人类有利的方向发展，避免出现有悖于科学教育目的的负效应。如学习原子能知识，既要让学生了解核技术可以用作医疗、能源，同时也必须让学生了解核污染、核放射会杀伤人类甚至摧毁地球的问题。要鼓励学生将物理学习与生活实际以及社会问题（如能源、环境）相对接，在课堂与社会连接的氛围中吸吮人文思想的乳汁，学会与他人和谐共处，增强社会责任感，确立正确的科学价值观。

（二）发挥美育功能

潜移默化的美育陶冶，能激发学生饱满的学习热情。物理学中美育因

素客观存在,物理教学内容反映的是客观事物的规律,物理模型的简单明了,物理概念、规律表达上的简练准确,是物理学家对科学简洁美不断追求的体现。教师要善于发掘,用审美的眼光来感知美,将美育体现在自身的教学活动中,幽默风趣的妙语连珠,旁征博引的知识功底,新奇巧妙的实验设计,不断求新的教学风格,同样是一种美的意境。爱因斯坦说过:"在科学思维中,永远存在着诗歌的因素。"如在介绍天平的使用时,有教师写了一首打油诗:"测量用天平,先把天平放水平,后把游码拨到零,再调螺母指针中,左放物右放码,先行估量后加减,轻拿轻放镊子夹。"读来朗朗上口,学生感兴趣,也便于记忆。

(三)培养科学精神

物理学史上的许多发现都是经过了许多曲折,靠科学家实事求是的科学态度和坚韧不拔的精神,最终取得成功的。科学家尊重事实,坚持不懈,勇于探索,在致力于科研活动的同时,处处重视人的价值,孜孜不倦地追求社会的和谐发展,是科学精神和人文精神结合的楷模。牛顿说:"如果我看得更远,那是因为我站在巨人的肩上。"这句话既表现出对他人劳动成果的尊重,也体现了实事求是的态度。

(四)寓辩证唯物主义教育于物理教学中

物理知识中包含丰富的辩证唯物主义观点,如"电荷间、磁体间相互作用""作用与反作用""分子引力与斥力"等都是辩证唯物主义中"对立统一"的物理事实;"物质的三态""导体与绝缘体"体现了事物在相互作用与转化中的"量变引起质变",对培养学生科学世界观的作用不容置疑。

(五)弘扬爱国主义教育

科学是没有国界的,但科学家是有国籍的。《墨经》中杠杆平衡与小孔成像的观察研究、原子弹氢弹的爆炸、人造卫星的上天能激起学生的民族自豪感,科技落后必遭污辱的道理也能激起学生的历史责任意识。

(六)发展学生个性

物理教学要因材施教,充分注意发展学生的个性,培养学生的学习自主性,使学生学会主动地、有选择地学习;要重视学生的个体差异,营造宽松和谐、民主平等的有利于个性化学习的氛围,最大限度地发掘学生的潜能,发展学生的爱好、禀赋与特长;要为学生创设合适的物理教学环境,放手让学生在情境中自由探索,促进学生自得自悟,在实践中学习,在合作互动中发展。

在新课程物理教学过程中,多方位挖掘物理教学中涉及的人文因素,进行科学文化史的渗透，培养学生科学的世界观，形成良好的科学道德，实现科学的美育价值，发挥物理教学的育人功能，是时代赋予物理教师的神圣使命，也将是物理教育史的一次飞跃。

科学探究时机的生成

《义务教育物理课程标准》（2011 年版）（以下简称《课程标准》）提出"科学探究既是学生的学习目标，又是重要的教学方式之一"，目的在于让学生通过亲历科学探究活动，既学到科学知识，又培养科学探究能力，同时增加对科学探究的理解。

但是在该《课程标准》中却没有明确地提出什么时间探究，探究什么内容、什么课题。如果每一节课、每一个知识点都来探究，显然不切合实际，既没有那么多时间，也没有这个必要。因此，在教学中需要教师和学生一起把握科学探究的时机。这个时机，指的是教学过程中合适开展科学探究的机会，即什么课题、什么时候、什么情况下开展的探究活动能达到探究目的，它是实施探究的前提和必要条件。诸如学生在学习知识时遇到了解决不了的难点和疑点问题，在学习过程中出现了知识障碍、心理障碍和思维障碍，这些都提供了开展科学探究的良机。

一、激趣探究

初中学生年龄小、好奇心强，他们学习物理知识的动机往往是以满足好奇心和感兴趣为主。物理实验教学的首要任务是激发学生对学习物理的兴趣，并使这种"短暂"的兴趣能够稳定地保持并得以发展，从而提高学生学习物理的主动性和积极性。

激趣探究是引入新课时引发学生学习动机的一种小探究活动，它是上好一堂课的前奏曲。好的导入是激起学生学习动机的"第一个源泉，第一颗火星"。教师上新课前，若能通过某种精心设计设置各种问题情景，开展一定的探究活动，创设出与新课相适应的学习情境和氛围，就能调动起学生的学习兴趣，激起学生高涨的学习热情和强烈的求知欲望，并很快地把学生的注意力吸引到对新知的学习上来。教师平时要多收集和参考一些与生产、生活和社会有密切联系的生动素材，把探究内容与生产、生活实际相联系，在课堂教学中创设生动活泼的情景，以激发学生探究的兴趣和热情，开拓学生的思维。

二、重点、难点探究

人教版《物理》教材提出了"探究"活动，它希望"同学们自己动手动脑探究科学规律，体会科学研究的方法"。这部分探究是学习的重点和难点，是最好把握的。

任何事物都有主要和次要、重点和一般之分，物理知识也是如此。科学探究忌在处理知识点时不分主次，面面俱到。当我们对教材有了全面把握和整体认识后，就要针对知识的重点和难点，集中力量攻坚排难。

所谓重点，就是教材中具有关键性的知识内容，它在整个教材中及大量知识的相互关系中，处于主导地位，起着支配作用。在教学内容的关键之处顺势点拨，引导学生抓住关键知识点，当学生围绕着问题自主探究时，就会水到渠成。

所谓难点，即学生在学习中存在的知识障碍和心理、思维障碍。这时教师就要采用画龙点睛的办法，点重点，拨疑难，帮助学生化难为易，拨疑为悟，并以此带动学生学习。这样既能优化课堂教学过程，又能大大提高课堂教学的效率和质量。

三、错误探究

初中学生年龄不大，生活阅历、理解能力等比较欠缺，回答问题时往往发生这样那样的错误。此时，教师要及时引导学生在容易失误之处进行探究：该不该犯这样的错误？为什么会犯这样的错误？怎样避免发生类似的错误？这样来促使学生觉察谬误，重新思索，寻求正确的答案。通过这样的探究，使学生领悟到自己的回答或者想法是错误的，从而加深对知识的认识和理解。

四、应用探究

学习的目的在于将学到的知识运用到生活实践中去，知识来自生活，又运用于实践，也就是"从生活走向物理，从物理走向社会"。在学生学习新知识后开展的应用知识的探究活动，目的在于培养学生将获取的新知识运用于社会、生活的能力，并巩固知识。这样能极大地调动学生学习的积极性。

五、问题探究

学生在学习中不可避免地会遇到这样那样的问题，"学贵有疑"，学生提出问题是学生求知欲的起始，也是教师开展教学的最好的开端。当学生提出问题时，教师要抓住时机，充分肯定学生的积极性，并帮助学生认识问题的价值。对极具意义的问题，教师不要回避，也不要直接揭示答案，而是要诱发学生进行积极地探究，让学生更自觉、主动地在疑惑之处探究新知。带着问题去探究，会大大激发学生的求知欲望。对意义不大的问题，教师也要肯定其中正确的成分，做出有助于保持学生学习兴趣的评价。

六、发展探究

发展探究是通过课堂知识的辐射和延伸，让学生学会举一反三、触类旁通，从而达到开发智力、培养能力的目的的一种探究方式。教师教给学生的知识仅仅是个基础，教学的根本目的还在于要"教给学生借助已有的知识去获取新知识"的本领，并进一步培养学生的创新能力。

教师要善于创设问题情景，引导学生主动探求知识，从学科和生活中选择或设计具有实践性的研究课题，让学生采用类似于科学研究的方法，主动探究、发现、获取知识，解决问题，在实践中学会学习。课题来源可以是《物理课程标准》中的实践活动建议，也可以由教师设计一些课题或学生提出自己感兴趣的课题，例如，假期里，要求学生完成一个研究型课题和写一篇物理小论文。

由于《课程标准》的要求、教学内容的特点随知识点而变化，且学生的个性以及教师的教技巧等也因人而异，不存在标准化的科学探究模式，但并不是说探究活动没有规律可循。任何事物都是有规律的，何况科学探究是一种科学的教学法和学习法，自然更不会例外，只是有待我们去发现和掌握。

探究活动中教师善于正确"导"

《义务教育物理课程标准》（2011 年版）提出"科学探究既是学生的学习目标，又是重要的教学方式之一"，目的在于通过让学生像科学家们那样亲历科学探究活动，既学到科学知识，又培养科学探究能力，同时增加对科学学习过程的理解。也就是说，新课程要把本来就是学生自己的事情——学习活动还给学生。根据这样的理解，不少教师在物理教学中，特别是实验探究活动中，简单地把目的一说，把准备的实验仪器给学生一发，就把其他学习活动完全交给了学生，名曰"培养学生独立学习的能力"。笔者认为这种做法是不正确的。在科学探究活动中，教师要时刻起到主导作用，要善于"引导"。

"导"是一个过程，是教师想方设法引导学生积极思考、发现问题、分析问题、解决问题的过程。在这个过程中，教师要做到两点：一是要为学生提供足够的科学探究的时间，二是要生成科学探究最佳的时机。教师要根据学生的认知水平和思维特点，把需要掌握的知识设计成若干问题，并且在解决问题的过程中，不能把问题的答案直接告诉给学生，而要引导学生积极思考，自己探讨解决问题的方法，并形成能力。

一、导入

"好的开头等于成功的一半。"在讲授新课或者展开探究课题之前，教师应该考虑如何激发学生的学习兴趣和求知欲望，以便一开始就有一个明确的探索目标和正确的思维方向。这是一堂成功课的前提。

那么怎样提出课题、导入新课呢？在教学实践中，常规做法是将探究的内容与学生的生活实际联系起来：创设一个与探究课题相关的情境，并提出问题，如探究电热时，播放一段火灾事故的录像，探究产生这种现象的原因；讲述一个与探究课题有关的小故事，如在探究压力与压强时，讲述大力士捏鸡蛋的故事；出示一张与课题相关的图片，如探究融化时展示北方冬天的雪景和春天雪化时的景色；演示一个与课题有关的实验，让学生对现象进行探究，如探究滑动变阻器时，演示台灯的工作情况，等等。

二、导问

提问是教师最常用的课堂教学方法，是引导学生积极思考的最直接的手段。问什么，怎样问？课堂上问题的设置是一项创造性的劳动。讲授一个定理可设计若干不同的问题，可以有若干不同的问法，不同的问题、不同的问法会产生不同的效果。因此，准确掌握新课标的要求尺度，明确所提到的知识在教材中的地位和作用，确切地把握学生的认知能力和思维水平，才能问有所思，问有所答，活跃学生的思维，收到理想的教学效果。

课堂上的提问，一般应注意以下几点：①问题与教学目标、教学重点紧密相连；②问题明确、集中、有层次、有启发性，能引起学生有效思考；③问题之间有密切的逻辑关系；④问题难易适中，让学生能跳着"摘到果子"。

例如，在探究串联电路的总特点时，我们设计了一系列问题，一步步地"诱敌深入"：可调节的台灯的亮度与什么有关——与电流有关；改变电流大小有哪些方法——改变电压或者电阻；改变电阻有哪些途径——材料、长度、横截面积和温度；可以用什么仪器调节电阻大小——滑动变阻器；滑动变阻器如何接入电路——串联；滑动变阻器连入电路后，各部分如何分压？电流又如何？……

三、导思

导思的过程是充分体现教师的教学水平和教学艺术的过程，指的是教师在课堂上用提问与讲授的方式来引导学生积极地思考问题、分析问题、解决问题。科学探究活动中的每一个步骤都应该伴有思维活动，对于重难点问题，教师要善于把握，也就是要突出重点、难点，特别是对于知识点的把握和应用，实验后现象的分析和归纳。现在的学生习惯于教师提问，然后顺着教师的问题思考、回答，一旦离开了教师的问题，就不会思考了。因此教师要做到善于"问"，启迪学生思维，也要做到"不问"，而教给学生思维的方法，让学生能够甩掉教师这根"拐杖"，独立思考。

开始阶段教师可以通过启发式提问，用一个个的问题，一步步引导学生向预设好的结果逼近，直到得出结果。后一阶段教师可以训练学生进行自我提问，即自己给自己提问题，或者同学间互相提问。一个题目、一个课题拿到手后，首先该干什么呢？学生应该分析问题，问自己：仔细分析问题没有？分析问题之后，接着又该干什么呢？第一步、第二步做了，第三步做了没有？这样反复帮助学生调控自己的思维方式，推动思维的发展，改进思维的活动，使学生的思维更科学、更独立。

四、导做

教师在演示实验时，不能只顾自己做，要边做边讲解，让学生明白实验是怎么做的。学生操作实验时，教师也不能放手不管，要不停地巡回指导。在动手实验前，教师要让学生明白实验要解决的问题，并主动寻求解决问题的原理和方法；对于首次使用的新仪器，要教给学生必要的操作方法并指出注意事项，特别是安全问题。教师还要指导学生从具体实验中分析、比较、概括出结论，能用数学语言表述出来并参与讨论；对学生的动手操作过程和得出的结论做精要的评价和总结；注意充分发挥学生的创造性，要让学生寻求不同的实验方法。

在引导学生进行实验操作时，教师不能为了追求教学效率而一味要求学生按教师演示的步骤去模仿，这样会限制学生创造性思维的发展。因此，应该建立一种激励机制，尽量提出解决问题的不同途径和方法，是否还有更好的方法来解决问题，鼓励学生从不同角度进行创造性操作，教师要适时地提出。

五、导情

新的课程标准包含三维学习目标，情感态度与价值观是三维目标之一。教师要善于调动学生学习的激情，首先自己要饱含教育教学的激情，用自己的一言一行都感染学生。有些教师讲课时力求四平八稳，生怕出了乱子，其实教师应该通过设计丰富的课堂情景，如动人的故事、抑扬的语调、幽默的语言、夸张的表情、热烈的气氛，等等，深深地吸引并打动学生。兴趣是最好的老师，只有调动了学生的情绪，激发了学生学习的兴趣和热情，学生才会端正学习的态度，全身心地投入学科学习中去。

六、导误

在科学探究的活动中，不可避免地会出现这样或者那样的错误。有些教师在教学中发现学生出现错误，要么立即纠正，要么避开不谈，或者立刻打断其发言，特别是在某些公开课上，出现与教师设计的答案不同的发言时，教师常常是武断地打断学生。这些都是不可取的。这是一种掩盖错误的行为，会让学生失去改正错误的机会，长此以往，会使得学生的错误越积越多，最后导致无法开展学习。其实学生能够犯错误，是一件很好的事情，说明学生在独立思考问题，有自己独立的见解；学生能够表达出来，也说明学生有勇气，此时教师要循循善诱，把学生从错误的思想和行为中引导出来，让学生心服口服。

新课程致力于学生学习方式和行为的转变，主张把学习的主动权还给学生，教师也不能放弃主导权，否则就是不负责任的行为。在科学探究的道路上，只有"两权"有机结合，课程改革的目的才能达成。

引导学生把握科学猜想的度

获得诺贝尔物理学奖的杨振宁先生曾说："科学是猜想的学问，不是幻想的学问，科学要了解的是一些已有的现象，了解宇宙的结构，这个过程中需要猜想。没有人类的时候电、磁就已经存在，这不是幻想出来的。"[①]由此可知，科学的猜想在科学研究中的重要性。

在《义务教育物理课程标准》（2011 年版）中，科学探究是学生的学习目标，也是教师重要的教学方式，它是一项综合性的教学活动，起点就是学生的猜想与假设。

在科学研究活动中，猜想与假设是指对研究的对象或问题进行观察、实验、分析、比较、联想、类比、归纳等，依据已有的材料和知识做出符合一定的经验与事实的推测性、想象性的思维方法，是一种合情推理、综合程度较高的、带有一定直觉的高级认识过程。对于科学探究性学习来说，猜想和假设是一种重要的基本思维方法，它类似于科学假说，但又不同于科学家提出的科学假说，而是中学生利用已有知识与经验，经过思维的冲突与再加工而形成的一种假设性结论，研究对象是人类已经掌握和熟悉的但是对于中学生来说却是未知的知识。

在教学中如何引导学生进行合理的猜想和假设？许多教师通常是摸着石头过河，边实践边揣摩。究竟如何引导学生科学地进行猜想呢？笔者认为应该把握两点。

一、要想方设法让学生敢想、善想、会想

在猜想过程中，有的学生受教材的影响，按照过去的思维习惯，提出的仅仅是教材上的猜想；有的学生在课堂上思维很活跃，提出一些没有根据的猜想，按有些教师的说法就是"胡思乱想"。

---

① 报社编者. 杨振宁、莫言、范曾"科学与文学的对话"实录［N］. 科技日报，2013-05-20（5）.

作为教师，对于前者，要鼓励他们尽可能提出其他猜想；对于后者，不管学生提出的猜想多么幼稚、荒诞，也应该发掘其合理因素并予以鼓励。不管是哪种情况，都要注意引导学生进行科学的猜想，在学生说出他的猜想后，一定要问问他："为什么要这样想呢？"因为建立猜想与假设的过程本身就是一个思维的过程，必须让学生充分暴露思维的过程，为自己的假设说明理由，为自己的猜想提出依据。那么猜想的依据有哪些呢？

一般情况下，学生对事物的猜想和假设会建立在自己的生活经验基础之上，生活经验是学生思考的最基本的出发点，没有生活经验，学生的思维就无从着手。如在探究"凸透镜成像规律"时，有不少同学提出"凸透镜可能成的是缩小的像"的猜想（依据是平时的照片都比本人小）；又如，根据晾衣服时夏天比冬天衣服干得快、晴天比雨天衣服干得快的现象，有学生就提出"影响蒸发的因素可能与天气有关"的想法。

有时候，学生提出猜想与假设的能力往往不够，教师就应调动学生已学过的知识，鼓励他们大胆去猜想。如在探究"串联电路中各部分电路的电压与总电压有什么关系"时，学生根据以前学习过的串联电路中电流"在串联电路中的电流各处是相等的"的特点和"电压又是产生电流的原因"，提出"在串联电路中各灯泡两端的电压可能相等"的猜想。

物理是一门以观察和实验为基础的科学，在课堂引入时，教师再精彩的语言都难以挡住实验对学生的诱惑，因此让学生动手实验，是物理教学的一个重要法宝。当学生在实验中发现问题时，就会主动地思考，提出问题，并提出自己对实验现象的猜想。比如，在学习"影响蒸发的因素"时，学生们想到在没有阳光的时候，人们总是把衣服晾在通风的地方，从而猜想"空气的流动可能会影响蒸发的快慢"；又如，在探究"串联电路中电流的特点"时，根据在连接串联电路时两个灯泡的亮度不等，有的学生就提出"在串联电路中流过不同用电器的电流可能不同"的猜想。

课堂学习的知识毕竟是有限的，课外丰富多彩的生活会带给学生更多的收获。课堂上同学们提出的问题，可能在课外接触过，可能是道听途说，也可能是阅读所得，他们可能据此提出与教师心中不同的猜想答案。例如，在探究"串联电路中电流的特点"时，因为已经在课外阅读和学习了旧版物理教材的第二册，许多学生提出了"在串联电路中电流与电阻的大小有关"的猜想，而电阻是学生课内还没有学习的内容。

二、要引导学生对自己提出的猜想与假设进行修正、舍弃和选择

当学生提出各种各样的猜想与假设时，其中必定有与教师或者教材不同的猜想或假设，这时候教师应该引导学生对自己的猜想进行修正，并做出比较合理的修正、舍弃和选择。因为学生的猜想与假设是建立在自己有限的知识水平和并不丰富的生活经验的基础之上的，有不少是稚嫩的、不成熟的，有些甚至是错误的。教师要根据学生的年龄特点，结合学生的知识水平和经验循循善诱，引导学生对自己提出的假设进行反驳、筛选、修改，尽量把学生的思维引导到正确的、合乎逻辑的思路上来。

在教学中培养学生合理的、科学的猜想与假设的能力，不仅可以让学生有强烈的好奇心、求知欲，还可以培养他们大胆的探索和批评精神。这会激励学生在科学探索的道路上走得更远、更稳健，对学生终身发展有益。

新课标下物理习题的特点探秘

在人类历史上，还没有找到一条比考试更好的检验和选拔人才的形式及途径，在相当长的时期内，考试制度将依然存在，即使是在实施新课程的今天，考试也是教学过程中不可缺少的一环。我们该如何面对呢？下面让我们一起来探究新课程背景下学科考试如何命题、如何应考的问题。

一、例题

下题是 2006 年 3 月 26 日举行的第十六届全国初中应用物理知识竞赛试题中的一道竞赛题。

七、（12 分）空调的"匹数"，是对空调输入功率的粗略标识。因相同匹数不同品牌空调的制冷效能有较大的差异，为便于比较，空调的效能常以"制冷量"来表示。

在选择空调时，除了制冷量和制热量（对冷热空调而言）外，还要考虑"能效比"。

空调的能效比 $= \dfrac{制冷量（W）}{输入功率（W）}$，它表示空调器是否高效节电。目前市场上空调器的能效比相差很大，一般在 2~3 之间，最高的可达到 3.5 左右，应尽量挑选能效比高的空调。

房间所需的制冷量和制热量可按下面的公式计算：制冷量 $Q_冷 = S$（房间面积）$\times 140W - 180W$；制热量 $Q_热 = S$（房间面积）$\times 180W - 240W$（此公式适用于层高 2.5m 的房间，如果层高偏大，则应适当加大功率）。

下表是小朋家准备购买的某一型号空调的使用说明书的一部分。

额定制冷量/W	5000	室内机组噪声 dB（A）	≤45
额定制热量/W	5300	室外机组噪声 dB（A）	≤57
电源	220V　50Hz	室内机外形尺寸（长×宽×高）/mm	195×1014×320
工作电压/V	220	室外机外形尺寸（长×宽×高）/mm	253×800×646
额定制冷输入电流/A	8.6	额定制冷输入功率/W	1850
热泵额定制热输入电流/A	8.7	热泵额定制热输入功率/W	1880

　　请结合上面所介绍的知识和空调使用说明书，通过计算回答下面的问题：

　　1. 这台空调的能效比是多少？

　　2. 小明家新购买楼房客厅的面积约为 30m^2，层高为 2.7m，他想在客厅内安装上表所示的空调。请你通过计算说明这种选择是否合理。

　　3. 若小明家用此空调器制冷，空调器的压缩机每天实际工作 6h，一个月空调一项所支付的电费约为多少？（当地的电价为 0.5 元/度）

二、试题评析

　　作为应用物理知识竞赛题，本试题很好地体现了物理知识在现实生活中的应用。试题第一问以及第二问中的部分知识，可能是学生没有学过的，但是试题中给出了解答此题所需的部分知识，学生可以通过短暂的阅读去理解和掌握。第一问，稍微有点学习能力的学生都能够顺利地解答出来；第二问前面的两个步骤需要学生应用刚学的知识进行计算，接着要求学生通过给出的知识和提供的知识信息进行探究、计算、分析、论证等，得出结论；最后，第三问通过电费的计算，把日常生活中最常见的现象与物理知识紧密地结合起来。第二问和第三问，都很好地把物理知识同日常生活紧密地联系起来了。

　　本试题的难度并不大，学生在自主学习的基础上，"跳一跳"就可以够得着果子了。

三、参考答案

1. 这台空调的能效比为

能效比＝制冷量/输入功率＝5000W/1850W＝2.7 ·········· 2 分

2. 所需的制冷量为

$Q_冷 = S \times 140W - 180W = 30 \times 140W - 180W = 4020W$ ·········· 2 分

所需的制热量为

$Q_热 = S \times 180W - 240W = 30 \times 180W - 240W = 5160W$ ·········· 2 分

查表得：空调的额定制冷量为5000W，额定制热量为5300W，都略大于房间所需要的制冷量和制热量。考虑到楼房的高度2.7m大于2.5m，应该适当加大功率，故这种选择是合理的。 ·········· 3 分

3. 空调一个月内消耗的电能为

$W = Pt = (8.6 \times 220 / 1000)$ kW × 6h × 30 = 340.6kW·h ······ 2 分

应支付的电费为 340.6kW·h × 0.5 元/kW·h = 170.3 元

·········· 1 分

其他解法（每月按31天），只要正确，参考上述评分标准给分。

四、从此题看新课标下物理试题的特点及应对策略

（一）学习性

新课程倡导立足过程的发展性评价，以促进学生素质的全面提高。这样可以还原考试的真实面目，考试仅仅是教育教学的一部分，考试过程其实也是学生学习的过程。要为教育教学服务，考试要为学生的发展服务，而不是"一切为了考试"，需要改变过去那种"考什么学什么"的状况。在试题中，只有出现这样一种能够促进学生学习能力和态度"强化"和"形成"的习题，让考试过程成为一个"学习"的过程，促使学生"学"，才能为学生的终身学习打下伏笔和基础。如本试题第一问"效能比"和第二问"制热量""制冷量"等知识，学生在以前并没有学习过，都是从试题中刚刚接触到的，学生只有在考试过程中加强学习，才能顺利解答此题。

教学策略：教的目的是为了不教，而学的目的就是要让学生能够完全自主地学习。随着新课改的推进，教师必须彻底改变"填鸭式"的教学方式，要充分发挥学生的学习主动性和能动性，把学生的学习还给学生，全

过程都应该让学生自己去学。教师在学生学习"迷茫"的时候适当地点拨，才能让学生真正得到学习上的实惠，成为学习的主人。

（二）探究性

在《义务教育物理课程标准》中，科学探究既是学生的学习目标，又是重要的教学方式之一。它旨在将学习重心从过分强调知识的传承和积累向知识的探究过程转化，从学生被动接受知识向主动获取知识转化，从而培养学生的科学探究能力、实事求是的科学态度和敢于创新的探索精神。物理习题应该重点反映这一点，以培养或者检验学生是否具有科学探究的能力和精神。如本试题中"家中空调选择是否适合"这样的问题，就需要学生进行一定的探究。

教学策略：完整的科学探究包括 7 个环节，但是在考试和考查中对这 7 个环节不可能面面俱到，有时只需要将其中某几个步骤或者一个步骤拿出来作为探究对象。在学习过程中不少学生往往对实验探究中的设计、实验过程以及收集证据非常重视，而忽略了其他环节。在学习中学生应该对科学探究的每一个环节都给予充分重视。

（三）实用性

"从生活走向物理，从物理走向社会"是《物理课程标准》的基本理念之一。在新课程的实施中，物理课程加大了与社会实践生活的联系，努力面向生活实际并服务于生活实际，从而使课程内容与社会生活实践形成一种良性互动。物理习题也应该贴近现实生活，让学生感受到物理就在身边、就在眼前。不要将物理知识与丰富多彩、千变万化的现实生活隔开，不要与社会隔开，要贴近它们，只有这样，学生才愿意学习物理，愿意审视现实中的物理问题，从而运用物理科学的思维去思考和寻找解决现实问题的办法。如本试题中空调是常用家电，房屋面积以及电费的缴纳等也都与学生的生活息息相关，可以激发学生极大的学习兴趣。

教学策略：在物理学习过程中，不应该仅仅局限于课本上知识点的学习，而应该通过多种形式把课堂内外联系起来，广泛地接触生活和社会，同时要善于把基础理论知识与日常生活结合起来，学会从物理视角去观察生活和社会，运用所学知识解释常见的生活现象，从而提高自身的科学素养。

教师不妨写学案

传统的教学活动是一种教师对学生单向培养的过程。教师负责教，学生负责学；教师以"教"[①]为中心，学生的学习就围绕着教师的"教"而开展；教师教了；学生就学习，教师不教学生就不学习。

新课程致力于教学方式的改变，它要求教学过程是教与学的互动，师生双方是相互交流、相互沟通、相互启发和相互补充的。那么师生双方如何做到平等、无障碍的交流呢？如果教师始终以知识的已知者身份站在教师的高度看学生的学习，必然造成交流的障碍。教师认为简单的问题，学生可能很难理解，这就需要教师换个角度来思考问题，站在学生的角度来思考学生会怎样学习这些内容、怎么样才能弄清楚相关知识。在备课中由撰写教案转为撰写学案，将教师由学生学习的指导者变为学生学习的促进者，从而在根本上改变学生的学习方式。

一、什么是学案

"学案"是教师指导学生学习的方案，是教师依据学生的认知水平、知识经验，为指导学生主动进行知识建构而编制的学习方案。学案的实质是教师帮助学生掌握教学内容、沟通学与教的桥梁，是培养学生自主学习和建构知识能力的重要媒介，也是教师以学生的知识水平、生活经验的角度对教学内容的思考的文字表现。它不同于教案，教案是教师以高于学生的高度、已知知识的高度对学生的指导。

二、教师怎样写好学案

从"教案"到"学案"的转变，教师必须把自己的教学目标转化为学生学习的目标，把学习目标设计成学习方案交给学生。根据学生现有知识、

---

① 苏明义. 新版课程标准解析与教学指导（初中物理）[M]. 北京：北京师范大学出版社，2012：8-9.

自学能力和教学要求，参照各方面信息，制订出一整套学生学习的"学案"。教学重心由教师如何"教"转变为学生如何"学"。那么教师如何做到这一点呢？

（一）熟悉新课标的要求（备课标）

课程标准是学科教学的最基本要求，它在课程目标上对学生的知识和技能、过程和方法、情感态度以及价值观等方面进行了具体化的设计；在课程内容上，强调将学生生活经验、学科知识和社会发展等方面进行整合；在课程要求上，结合学科特点和知识点，明确提出了一系列过程性目标、经验性目标，期望学生在获得知识的同时学会学习，并形成正确的价值观。对于这些，教师必须理解并熟悉，否则就不会对学生要学习的知识做出明确的指导，促进学习效果。

（二）尽可能多地了解学生（备学生）

学习的主体是学生，教师要了解学生的知识水平、接受能力、生活环境，要知道每一位学生的兴趣、爱好和特长，还要从特性中找出班级学生的共性，充分考虑和适应不同层次学生的实际能力和知识水平，使学案具有较大的弹性和适应性，从而在课堂上创造学生参与的机会，提高学生参与的能力，激励学生参与的意识，让学生在参与中学习，在学习中实现个性发展与全面发展的统一。

（三）充分组织教学素材（备教材）

组织教学素材应立足于学生的社会生活实践，取材于学生的日常生活。课本是教师和学生的共同素材，而不是全部素材，教师要大量寻找教材之外的、学生周围的、与教学有关的材料，把它们呈现在学生面前，让学生有所见、有所思、有所得。

三、不断反思教学行为

教师需要反思教学。这是对自己教学经验的总结，是教师专业发展和自我成长的核心因素。教师通过行为结束后的自我批判性的反思，会促进和提高教育教学水平和能力。

加强学段衔接　促进学生可持续发展

当前在教育界弥漫着一种功利主义的思想，大家为了眼前的利益，各学科、各学段教师只对本学科、本学段所谓的成绩负责，而忽视了学生能力的培养，致使不少学生发展后劲不足，"高分低能"的现象普遍存在，难以持续发展。

就笔者任教的初中物理来说，当前的物理教学存在着"重结论、轻过程，重理论、轻实践，重单向、轻多维，重积累、轻探索"的问题，严重阻碍了物理教育改革特别是新一轮课程教学改革的发展，制约了学生学习的创造性和探索精神的发展与弘扬。

笔者2003年曾在《中国教师报》上撰文呼吁考试的目的应该"从检查以往到开发潜能"[①]，由于中考、高考选拔性的考试涉及面广、影响力大，对中学教学具有极强的导向作用，中考、高考怎么考，教师就怎么教，已经成为不争的事实。如果充分发挥考试这一功能，加大试题的创新力度，就会变不利为有利。

笔者近期浏览了全国各地上百份中考物理试卷，发现近年中考中涌现出一种初高衔接的物理试题。下面以湖北省荆州市的中考题为例进行赏析，希望对大家有所启迪。

一、试题原题

题目：（4分）张平同学为了探究物体运动的路程 s 与哪些因素有关，在老师的指导下做了如下实验：在光滑水平面上对初速度为零的物体施加水平力让

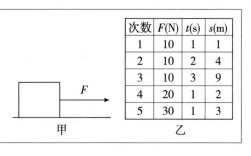

甲

乙

次数	F(N)	t(s)	s(m)
1	10	1	1
2	10	2	4
3	10	3	9
4	20	1	2
5	30	1	3

① 文久江. 面对新课程，让学生不再害怕考试［N］. 中国教师报，2003-09-10（B1版）.

物体运动起来，如图甲所示。改变力的大小 F 和作用时间 t，多次实验得到如图乙所示数据：

（1）分析实验数据可知，质量一定，初速度为零的物体通过的路程与_____有关。

（2）分析第 1、2、3 次的数据后可进一步推理：若 $F=10\text{N}$，$t=4\text{s}$，则 $s=$_____ m。

分析第 1、4、5 次的数据后可进一步推理：若 $F=40\text{N}$，$t=1\text{s}$，则 $s=$_____ m；

（3）请根据上述实验数据及已有的数学、物理知识写出 s 与 F、t 间的关系式 $s=$_____。

二、试题赏析

这是一道规律探究题，它要求学生通过对多组实验数据的观察、比较和分析、判断，归纳出物体运动的路程 s 与哪些因素有关。由于在初中物理课程标准中，科学探究既是学习目标，也是学习方法，因此本题着重考查科学探究中有关信息收集与处理方面的知识。如果拘泥于课本，不思探究，是找不到答案的。"初速度"是高中阶段的概念，此题中的知识初中物理未学过，但是通过科学探究可有效地将初高中知识衔接起来。

三、解题思路

第 1 问，"探究物体运动的路程 s 与哪些因素有关"，观察记录表格可以发现表格中只有 3 个物理量：路程、时间、力的大小，而且随着时间和力的大小的变化，物体运动的路程也在变化，答案显而易见。第 2 问，观察表格中第 1、2、3 次的数据，发现 3 次力的大小一定，都是 10N，即力的大小不变，分析路程和时间，发现路程正好是时间的平方，当时间增加时，以此类推即可；比较第 1、4、5 次的数据，时间不变，力的大小成等差数增加，路程也成等差数增加，当力的大小增加时，以此类推即可。第 3 问，综合前面 2 问的分析，时间应该用平方，把力的大小与时间的平方进行加、减、乘、除等运算，发现只有相乘时，得到的结果与路程最接近、最有规律，但要把力和时间平方的乘积除以 10，即可得到路程，因此加上这个系数即可。

四、参考答案

（1）所受的力和运动时间（F、t） （2）16 4 （3）kFt^2（每空 1 分，最后一空无比例系数不得分）

五、评分建议（笔者）

评分宜宽不宜紧，宜粗不宜细，让不同层次的学生都有所希望、有所收获，只要学生的回答差不多即可得分，答案不唯一，这才是对科学探究的实事求是的评价，有利于激励学生热爱科学探究、参与科学探究。本题最后一空，只要 Ft^2 前面有系数（$1/10$、k、n 等）均可得分。

六、试题启示

（一）有利于学习习惯的养成

试题中出现了"初速度"这样一个新物理概念，笔者曾撰文提出，考试除了有选拔功能外，更是学校教育的一部分，考试应该为教育服务，而不是教育为考试服务，因此有必要把考场变成一个学习新知识的场所。

（二）有利于真探究的开展

初中阶段的探究，严格说都是"假"探究，这些探究结论前辈科学家早有定论，因此在教育教学过程中，教师为了得到一个"正确的结论"，想方设法地"引导"学生，有时甚至越俎代庖，造成很少有学生能够自己得出结论。笔者认为，探究的实质不在结论而在过程，没有过程的探究就是伪探究，没有经历过真探究的学生，此题是难以解答的。

（三）有利于学生可持续发展

这道题将高中阶段的部分内容作为考点，而解答过程只需要初中知识即可。只要学生在学习过程中真正经历过探究，此题"跳一跳"就能够着。因此，教师应从学生发展的角度出发，注重培养学生的自主性学习能力，切实改变满堂灌、死记硬背的学习方式和题海战术的训练方式，这样才有利于教学改革，有助于培养学生的创新精神和实践能力，减轻学生过重的负担，促进学生主动学习，促进学生的可持续发展和成长，这才是教育真正的目的。

第三章 『活物理』教育之

课程开发

新旧课本对比看端倪

教师应对新旧课本在教学内容的选择、编排，课程的设计思想，课程学习的教学模式以及学习方式进行对比分析，归纳总结出新课本较旧课本的优缺点。这样做能够更好地帮助教师理解、应用新课本，从而寻找出适用于新课本的教学法及学生的学习方法，使教师能更快地适应教学改革的发展趋势。下面分别选取八年级和九年级的两个章节作为例子。

一、"重力和弹力"在新旧课本中的对比

（一）新旧课标要求

2011版新课标的要求：2.2.3 通过常见事例或实验，了解重力、弹力和摩擦力，认识力的作用效果。

	新课标要求	旧课标要求	比较分析
2.2.3	通过常见事例或实验，了解重力、弹力和摩擦力	通过常见事例或实验，了解重力、弹力和摩擦力	要求相平
	认识力的作用效果	认识力的作用效果	要求相平

新课标用"通过"和"了解"将课程目标定位在"经历"和"了解"的层次上，和旧课标属于同一层次，既给出了终结性要求——了解重力、弹力和摩擦力，又给出了达到这一目标的途径——通过常见事例或实验。标准既强调经历给出，又有科学内容的要求，不仅重结论，也重过程。

（二）新旧课本的对比

旧版教材突出的特点是新而奇，新版教材突出的特点是实而稳。旧教材力求在原版本的基础上实现新的、大的突破，增加科学探究等内容，选择内容大都处于高新尖端内容，力图以新的形式、奇的内容吸引学生。修订的新版本更加贴近实际的物理教学，如把科学探究的部分内容直接列为

学生实验，选择的素材大多贴近学生生活。

1."弹力"在新旧版本中的几点区别

（1）将"探究实验"改成了"学生实验"，且实验的内容更具操作性。原有四步改为五步：将原第三步用弹簧测力计测量头发拉断时的拉力大小删除；增加了"感受拉力 1N、3N、5N 拉力的大小"和"测量身边小物品对弹簧测力计的拉力"。身边的小物品采用学生必用的文具袋。

（2）明确给出弹力的概念。

旧教材：我们在压尺子、拉橡皮筋、拉弹簧时，感受到它们对手有力的作用，这种力叫作弹力。弹力是物体由于发生弹性形变而产生的。

新教材：物体由于发生弹性形变而产生的力叫作弹力。

（3）增加了放在桌面的水杯受到桌面对它的支持力，支持力是弹力；桌面受到水杯的压力，压力也是弹力。

（4）叙述或者说描述更加准确。

旧版本：弹簧的弹性有一定限度，超过这个限度不能完全复原。

新版本：物体的弹性有一定限度，超过这个限度就不能回复到原来的形状。

（5）增加了科学世界"材料的力学性能"，以开阔学生视野。

（6）在"动手动脑学物理"栏目，由原来的一幅图片增加为三幅图片，增加了运动员跳水和两种不同弹簧测力计的读数的图片。题目也由原有的 4 个变为 5 个，增加了第 1 题"弹性形变"的判断；第 2 题：弹簧的伸长越长受到的拉力越大；以及第 4 题，弹簧测力计的读数，将原第 2 题改到了"学生实验"中感受拉力的大小。原第 1 题删掉桌面的形变，只考虑厚玻璃瓶的形变，立足考查科学方法。

2."重力"在新旧版本中的几点区别

（1）教材编排顺序的变化。

旧版本：重力的由来、重力的大小、重力的方向、重心。

新版本：重力的大小、重力的方向、重力的作用点、重力的由来。

（2）科学世界更换了内容。

旧版本：万有引力。

新版本：飞出地球。

（3）增加了①想想议论——感受重力的存在以及想象没有重力的世界；

②增加了例题；③"动手动脑学物理"栏目：增加了一个画重力示意图的题，考查两个方面的知识：示意图的画法、重力的大小是否改变。

（4）删除了①将旧教材上的"通常把重力的大小叫作重量"；②关于不倒翁的"想想做做"；③重力的方向示意图。

（5）将"探究"改成"学生实验"，去掉了所谓的猜想和假设。

（6）明确提出为了研究问题的方便，在画示意图时，将力的作用点画在重心上，并增加了一个女生测量质量时的受力示意图。

（三）教学建议

重力、弹力、摩擦力是力学中最常见的三种力，也是学生学习运动和力、二力平衡、压强、浮力等概念的基础。因此在教学中，要求通过大量的事例建立三种力的概念，通过实验得出结论，然后再列举大量事实去认识它们，让教学更符合人的认知规律。

二、《生活用电》在新旧教材中的对比

（一）新旧课标要求对比

2011 版新课标的要求：3.4.7 了解家庭电路。有安全用电和节约用电的意识。而在活动建议中，对电能表的使用提出了补充要求：学读电能表，通过电能表计算电费。

	新课标要求	旧课标要求	比较分析
3.4.7	了解家庭电路。有安全用电和节约用电的意识	了解家庭电路和安全用电知识。有安全用电的意识	要求相平。但是增加了"节约"一词，极具时代性。节约能源是一个世界性问题，也是每个公民应有的素养

第一点要求是"了解家庭电路"，属于"了解"水平。学生应该知道家庭电路的组成和连接方式，知道开关与被控制的灯泡等用电器串联，且接在火线那一端，各用电器（或者插座）之间是并联接入电路的，知道家庭电路三孔插座如何接地，电能表必须接在干路上，知道家庭电路火线与零线之间的电压。

第二点要求是"有安全用电的意识"，也属于"了解"水平。知道电路

中的总电流随用电器总功率的增大而增大，知道总电流过大的原因、危害，知道怎样进行家庭电路的保护，知道安全用电常识等。根据电功的公式 $W=Pt$ 知道节约用电的途径有两条：减小用电时间和减小用电器的总功率，培养学生节约用电的意识。

家庭电路与我们的生活息息相关，让学生掌握安全用电知识，提高安全用电总意识，具有实际意义，体现了"从生活走向物理，从物理走向生活"的课程理念。

(二) 新旧教材的对比

旧版教材突出的特点是分散，力求在原版本的基础上实现各个击破，将家庭电路和安全用电的知识分散在三章三节中讲授，分别是：第八章"电功率"的第六节"生活用电常识"、第七章"欧姆定律"的第四节"欧姆定律与安全用电"、第八章"电功率"的第五节"电功率与安全用电"。

新版教材突出的特点是集中。修订的新版本将家庭电路和安全用电的知识集中在一章传授，也就是第十九章"生活用电"，虽然内容也是三节——即第一节"家庭电路"、第二节"家庭电路中电流过大的原因"和第三节"安全用电"，但是内容进行了很大的整合，并增加了部分内容。下面按新教材的节次进行简要分析。

1. 家庭电路

（1）教材章节的变化。将原八年级物理下册第八章第六节的"生活用电常识"（课本第 53~54 页）中的"家庭电路的组成""火线和零线""三线插头和漏电保护器"三部分内容作为一节。

（2）内容的变化。表现在两个方面：

一是文字叙述更清楚。文字叙述由原来的两页多，扩充为现在的三个页面。

如旧教材"常用的保险装置是保险丝，装在保险盒内"，新教材是这样叙述的："熔丝（俗称保险丝）是简易保险装置，装在保险盒内。"这样修改更符合时代特征，因为现在只有很少家庭还在使用这种简易的保险装置。

又如：新教材上明确提出"在家庭电路中，知道进户的两条线哪条是火线、哪条是零线非常重要"，旧教材则无此说明。

二是图片更丰富、更形象。旧教材这部分内容有 5 幅图片："家庭电路的组成""试电笔"（正确和错误的使用方法）"火线能使试电笔氖管发光""三线插头和插座""带有漏电保护器的总开关"，而新教材共有 8 幅图片，增加了 3 幅图片："空气开关""洗衣机上三线插头""住宅户内配电系统"，改动了一处图片："三线插头和插座"由旧教材的多用插座改为墙壁上的三孔插座，指出了三孔插座中接地线孔、接火线孔、接零线孔以及三线插头中接外壳的脚。改动和增加的图片，有助于学生更形象、更清楚地感知家庭电路，认识更多更新家庭电路的组成原件，符合现代化的趋势。

2. 家庭电路中电流过大的原因

（1）教材章节变化。将旧教材第八章第五节"电功率和安全用电"中的第一部分"电功率与安全用电"（课本第 51~52 页）、第七章第四节"欧姆定律与安全用电"中的"短路"部分（课本第 33 页）以及第八章第五节"电功率和安全用电"中的第三部分"保险丝的作用"（课本第 52~53 页）合并成第二节，也就是在原来第八章第五节的基础上，插入了"短路"部分。内容依次为"家庭电器的总功率对家庭电路的影响""短路对家庭电路的影响""保险丝的作用"。

（2）内容的变化。表现在三个方面：

一是文字的叙述：新教材明确提出"用电器的总功率过大是家庭电路中电流过大的原因之一"（课本第 109 页），也明确提出"发生短路是家庭电路中电流过大的另一个原因"，并指出了家庭电路中发生短路的可能情况（课本第 110 页一整段），对短路造成的火灾的分析及可能性叙述得更清楚了。

二是体例的变化：新教材上增加了一个计算用电器额定电流和计算总功率或者总电流的例题，更具针对性、适用性。

三是图片的变化：图片由原来的 4 幅增加为 5 幅，其中有一处是改动的："用电器的总功率过大，容易发生火灾"，"各种保险丝""观察保险丝的作用"保持原样，增加了"空气开关"，将原来的"灯头处绝缘皮破损容易造成短路"改动为"插座处绝缘皮破损容易造成短路"。

3. 安全用电

（1）教材章节变化。将旧教材的第七章第四节第一部分"电压越高越危险"（课本第 31 页）、第八章第六节的最后两部分"两种类型的触电""触电的急救"（课本第 56~57 页）、第七章第四节第三部分"注意防雷"（课本第 33~34 页）合并为第三节，也就是以原来的第八章第六节的最后两部分"两种类型的触电""触电的急救"（课本第 56~57 页）换掉原第七章第四节的第二部分"断路和短路"。

（2）内容的变化。表现在两个方面：

一是文字的叙述。先看增加的内容：增加了引子（课本第 113 页开头一段），明确给出了人体的电阻值以及电阻值的变化，给出了家庭电路、工厂用动力电路、高压输电线路的电压值。在触电类型中增加了高压触电的两种类型："高压电弧触电"和"高压跨步触电"（课本第 114 页有两个段落进行叙述），增加了"安全用电原则"一个段落（课本第 115 页）。

再看删减的内容：对"电压越高越危险的理论分析"略显不足，没有旧教材清晰；删除了"触电的人体症状"（旧教材第 57 页）、"古代建筑物上龙角形铁制装饰物预防雷击"。

再谈改动部分：STS 中将"雷电害死 5 人，年检不可大意"（旧 34 页）改换为"雷电灾害及预防"（课本第 116 页）。

二是图片的变化。本节图片变化较大："高压电很危险""低压触电""现代建筑物上的避雷针""高压输电铁塔最上面有两条防雷的导线""机壳没有接地""电视天线与电线接触"等图片保留，增加了"高压触电""高压线下钓鱼"，删除了"古代建筑物上龙角形铁制装饰物""电线上晾衣服""触电急救"等图片。

另外，整个章节中的"动手动脑学物理"栏目的试题有很大改动，更能引发思索。

（3）教学建议。从电功率角度分析，说明总功率过大，电路中电流过大会引起不安全问题，然后从安全角度说明保险丝的作用，开关、三孔插座等各电路原件的接入、注意事项等，增强学生安全用电的意识。由公式 $W=Pt$，轻松得出节约用电的两个途径，培养学生节约用电的意识。

层层递进解读课本内容

对于单一的章节，我们如何学习呢？大家知道，学理科犹如爬梯子，一个坎上不去，后面的知识就无从下手了，因此建议对课本上每一节的知识点采取层层推进的方法。

一、摩擦力

摩擦力是生活中最常见的力之一。没有摩擦力，我们将无法行走，无法骑自行车，无法吃饭，无法写作业，等等。没有摩擦力的世界是人类不可想象的。

在生活中，究竟什么条件下存在摩擦力？什么时候摩擦力大？什么时候摩擦力小？什么地方需增大摩擦力？什么地方需减小摩擦力？下面让我们一起来探究摩擦力。

（一）摩擦力存在与否的判断

摩擦力是指两个互相接触的物体发生或将要发生相对运动时，在接触面上产生的一种阻碍物体相对运动的力。从概念上理解，要产生摩擦力，至少要满足两个条件：一是两个物体要接触，二是发生或要发生相对运动。

---

1. 下列情况中，物体不受摩擦力的是（　　　）

A. 小车静止放在水平地面上

B. 木块静止放在斜坡上

C. 货物随传送带一起斜向上匀速运动

D. 足球在地面上滚动

解析：A 选项小车静止放在水平地面上，小车与地面相互接触，但小车没有运动，也没有运动的趋势，所以它们之间没有摩擦力；B 选项木块静止放在斜坡上，木块有向下的运动趋势，此时受到一个沿斜面向上的摩擦力；C 选项货物随传送带一起斜向上匀速运动，货物有向下的运动趋势，受到一个沿斜面向上的摩擦力；D 选项足球在地面上滚动，受到一个与其运动方向相反的摩擦力。

答案：A

点评：相互接触的物体并不一定产生摩擦力，要看物体是否发生了运动或者将要发生相对运动。

（二）摩擦力三要素的确定

摩擦力也是力，是力就有三要素，摩擦力的大小无法直接测量，可采取转化法的思想，通过二力平衡来确定；方向是阻碍"相对"运动，因此摩擦力的方向可能与物体的绝对运动方向相同，也可能相反，要具体情况具体分析；其作用点在接触面上，作图时一般画在重心上。

2. 如图所示，物体 A 静止，此时 A 所受到的摩擦力（　　　）。

A. 大小是 15N，方向向左

B. 大小是 15N，方向向右

C. 大小是 10N，方向与重力方向相同

D. 大小是 10N，方向与重力方向相反

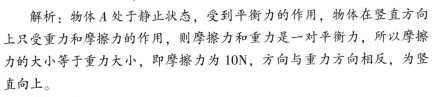

解析：物体 A 处于静止状态，受到平衡力的作用，物体在竖直方向上只受重力和摩擦力的作用，则摩擦力和重力是一对平衡力，所以摩擦力的大小等于重力大小，即摩擦力为 10N，方向与重力方向相反，为竖直向上。

答案：D

点评：物体静止时受到平衡力作用，要注意分别研究水平方向和竖直方向上的平衡，不能让两个方向的力混淆。

（三）影响滑动摩擦力大小的因素的探究

影响滑动摩擦力的因素有很多，如压力大小、接触面的粗糙程度、材料的异同等，在研究时要采取控制变量的方法。

3. 用如右图所示的装置探究摩擦力跟压力大小的关系。

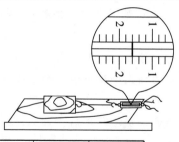

（1）实验时，拉动木块在水平木板上做匀速直线运动，弹簧测力计的示数就等于摩擦力的大小，因为这时的拉力和摩擦力是一对_____力。

实验次数	1	2	3	4	5
压力 F /N	3	4	5	6	7
摩擦力 f/N	0.6	0.8	1.0	1.2	1.4

（2）某次实验中弹簧测力计的指针位置如图所示，它的示数是_____N。

（3）改变木块上所加钩码的个数进行多次实验，记录的数据如上表所示，请根据表中的数据，在图中画出摩擦力随压力大小变化的关系图像。

（4）分析图像可知：当接触面的粗糙程度一定时，摩擦力跟压力的大小成_____。

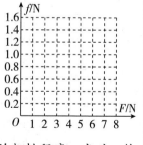

（5）实验结束后，剑锋同学想探究摩擦力是否与接触面的大小有关，她用弹簧测力计测出木块在水平面上做匀速直线运动时的摩擦力，然后将木块沿竖直方向锯掉一半，测得摩擦力的大小变为原来的一半。她由此得出：当接触面的粗糙程度一定时，接触面越小，摩擦力越小。你认为她的结论正确吗？_____，理由是：_____。

解析：（1）因为木块在水平方向上做匀速直线运动，而匀速直线运动是一种平衡状态，此时物体应在水平方向上受到一对平衡力的作用，而物体在水平方向上受到了摩擦力和弹簧测力计的拉力的共同作用，故摩擦力和弹簧测力计的拉力是一对平衡力；（2）弹簧测力计读数要首先明确刻度的标注方向，读数时应从小刻度向大刻度方向观察，同时认清分度值，读图可知，弹簧测力计把1N分成了5份，其分度值为0.2N，故该测力计的示数为1N+0.2N×3＝1.6N；（3）图中横坐标对应的是压力，纵坐标对应的是摩擦力，首先对应表中的数据描点，然后连接各点；

（4）从数据上看，接触面粗糙程度一定时，压力越大，受到的摩擦力越大；从图像上看出，这是个正比例函数图像，在接触面的粗糙程度一定时，摩擦力的大小与压力的大小成正比；（5）因为滑动摩擦力的大小与压力的大小和接触面的粗糙程度有关，在研究滑动摩擦力大小跟接触面面积的关系时，应保持压力大小和接触面的粗糙程度不变。将木块沿竖直方向截去一半后，虽然接触面的粗糙程度没变，但木块对接触面的压力减小了一半，所以得出了错误的结论。

答案：（1）平衡 （2）1.6 （3）如右图 （4）正比 （5）不正确 没有控制压力大小不变

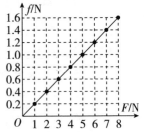

点评：在探究影响滑动摩擦力因素的实验中采取了两类研究方法：一是转化法，二是控制变量法。

（四）增大和减小摩擦力的运用

生活中有些摩擦对人是有益的，需要增大它；有些摩擦是有害的，需要减小它。增大和减小摩擦需要从影响摩擦力大小的几个因素考虑。

4. 下列实例中，目的是减小摩擦的是（　　）。

A. 自行车轮胎上制有凹凸的花纹

B. 用橡胶制作自行车的闸皮

C. 自行车轴承中装有滚珠

D. 骑自行车的人刹车时用力捏闸

解析：A选项自行车轮胎上制有凹凸的花纹，是在压力一定时，通过增大接触面的粗糙程度来增大摩擦力；B选项用橡胶制作自行车的闸皮，是增大摩擦使自行车容易停住或减速；C选项自行车轴承中装有滚珠，是用滚动代替滑动减小摩擦；D选项骑自行车的人刹车时用力捏闸，是在接触面的粗糙程度一定时，通过增大压力的方法来增大摩擦力。

答案：C

点评：解答本类题要理解影响摩擦力大小的因素，掌握增大和减小摩擦力的方法，并用来解释生活中有关的问题。

二、热机四题

从 1769 年英国人瓦特改进蒸汽机开始，热机的使用价值大大提高，第一次工业革命因此拉开序幕，人类社会的物质财富从此与日俱增。

热机是指各种利用内能做功的机械，其种类很多，按燃料是否在机器内燃烧分为两大类：外燃机，如蒸汽机、汽轮机、燃气轮机；内燃机，如汽油机、柴油机、喷气发动机、火箭发动机等。

下面主要以内燃机为例来谈谈热机工作的四个问题。

（一）内燃机工作冲程的判断

内燃机工作时，活塞从汽缸的一端运动到汽缸另一端的过程叫作一个冲程，内燃机一个工作循环有吸气、压缩、做功、排气 4 个冲程，四冲程往复运动，使内燃机不停地工作。在每个工作循环中，活塞在汽缸内往复两次，曲轴转动两周，四冲程中只有做功冲程燃气对外做功，其余 3 个冲程是辅助冲程，靠飞轮的惯性完成。

判断内燃机工作的 4 个冲程主要是看气门的关闭情况和活塞的运动方向：当气门一开一关时，若活塞向下运动，为吸气冲程；若活塞往上运动，则为排气冲程。当气门都关闭时，活塞向下运动，为做功冲程；若活塞往上运动，则为压缩冲程。

---

1. 汽车是我们常用的交通工具，汽油机是汽车的动力设备。如图所示是四冲程汽油机工作的其中一个冲程示意图，则此冲程是（ ）。

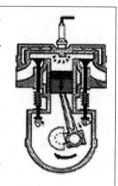

A. 吸气冲程　　　B. 压缩冲程

C. 做功冲程　　　D. 排气冲程

解析：从图中可以看出：两个气门都是关闭的，活塞在往下运动，猛烈燃烧而膨胀的高温燃体推动活塞对外做功，是做功冲程。

答案：C

（二）热机能量转化的分析

热机工作时，其工作能量转化如图所示。燃料在汽缸内（或外）燃烧，产生高温高压燃气，把化学能转化为内能；内燃机和外燃机虽然有别，但最终都得使机器运动起来，将内能转化为机械能。即输入内能，产出机械能，当然还有一部分内能散失。

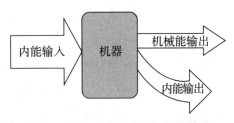

自然界中任何变化的实质最终都可以用能量的转化来解释，某一种物质可以消失，变成其他的物质，但是其能量是不灭的。因此我们应通过现象揭示事物的本质，抓住事物发生、发展的根本。分析能量转化时，要抓住"一头一尾"进行，不可被中途一些干扰现象打断。

---

2. 如图所示，世界上早期的蒸汽机汽车模型，燃料燃烧使水温升高，水的____能增加，再转化为汽车的____能，使汽车前进。

解析：蒸汽机中燃料燃烧放出热量，热量被水吸收，水的温度升高，内能增加；水沸腾产生大量的水蒸气从容器口喷出，给空气一个力，由于物体间力的作用是相互的，空气则给水蒸气一个大小相等、方向相反的力推动蒸汽汽车前行，将内能转化为机械能。

答案：内　机械

（三）热机效率的计算

任何热机中的燃料都不可能完全燃烧，燃烧燃料产生的内能的能量流程如图所示：热机部件吸热、废气带走热量、克服摩擦做功消耗的能量等，因此只有一部分内能转化为有用的机械能。热机效率是指热机工作时用来做有用功的那部分能量和燃料完全燃烧放出的能量之比，即 $\eta = W_{有用}/Q_{放}$。内燃机的效率比外燃机的效率高，一般汽油机的效率为 $20\% \sim 30\%$，柴油机的效率为 $30\% \sim 45\%$。

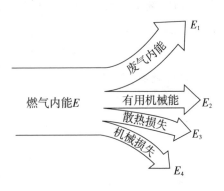

在涉及热量的计算以及热机的效率

时，基本公式是基础。

---

3. 乙醇汽油是由乙醇和普通汽油按一定比例混配形成的能源，它能有效改善油品的性能和质量，而不影响汽车的行驶性能，还减少有害气体的排放量。已知某汽车使用的乙醇汽油热值约为 $4.6 \times 10^7 J/kg$，密度约为 $0.7 \times 10^3 kg/m^3$，汽车在水平地面上匀速行驶，受到的阻力为 $f = 920N$，每百千米的耗油量为 8L，试求出该车在这段路程的效率是多少？

解析：欲求热机正常工作时的效率，见效率公式 $\eta = W_{有用} / W_{总}$，需知道热机做的有用功和总功，热机的总功是热机中全部燃料完全燃烧产生热量，即 $W_{总} = Q_{放}$，可用公式 $Q_{放} = qm$ 计算，题中给出了热值，还得知道质量，根据公式 $m = \rho V$ 可计算质量；有用功是用来推动汽车运动一段路程的，根据功的公式 $W = Fs$，因为汽车在水平路面匀速行驶，其受到的推力和摩擦力相等，即 $F = f$。

答案：$s = 100km = 10^5 m$　$V = 8L = 8 \times 10^{-3} m^3$

汽车做的有用功：$W_{有} = Fs = fs = 920N \times 10^5 m = 9.2 \times 10^7 J$

百千米消耗的油量：$m = \rho V = 0.7 \times 10^3 kg/m^3 \times 8 \times 10^{-3} m^3 = 5.6kg$

汽车做的总功：$W_{总} = Q_{放} = qm = 4.6 \times 10^7 J/kg \times 5.6kg = 2.576 \times 10^8 J$

汽车的效率：$\eta = W_{有} / W_{总} = 9.2 \times 10^7 J / 2.576 \times 10^8 J = 35.7\%$

(四) 热机的保养问题

热机工作时，燃料燃烧产生的热量一部分要被机器本身吸收，机器工作时各部件相互摩擦也会产生热量，促使机器温度升高，温度过高会损坏机器，因此在使用热机时，必须考虑散热等问题。因为水容易获得，且水的比热容比其他物质的比热容都要大，热机中都采用水作为吸热物质来降低热机温度。

而在冬天，汽车驾驶员常用水和酒精的混合液作为发动机冷却液，这是因为酒精的凝固点远低于水的凝固点，酒精和水的一定比例的混合液的凝固点也远低于水的凝固点0℃，冷却液的凝固点降低了，才能防止低温时冷却液凝固膨胀损坏发动机。

4. 散热器常用水作为冷却剂，这是利用了水的比热容较____（选填"大"或"小"）的性质。如果散热器中装有3kg的水，当温度升高了20℃时，它吸收了_____J的热量。　[已知 $c_水 = 4.2 \times 10^3$ J/（kg·℃）]。

解析：把水的比热容跟其他物质的比热容进行比较，发现水的比热容最大，升高相同温度时吸收热量多，所以散热器常用水作为冷却剂。知道水的质量、比热容、温度升高值，由吸热公式 $Q = cm\Delta t$ 即可求出水吸收的热量：$Q = cm\Delta t = 4.2 \times 10^3$ J/（kg·℃）$\times 3$kg$\times 20$℃$= 2.52 \times 10^5$J。

答案：大　2.52×10^5

随着社会的发展，人类对热机的应用水平进一步提升，科技人员也在不断对热机的进行改进，其改进主要从两个方面入手。

一方面是改进燃料。燃料由最初的煤，变成现在的汽油、柴油、天然气、乙醇等。最近科技人员发明了一种混合动力型汽车，其动力装置由汽油发动机和电动机组成，一般情况下，蓄电池为电动机供电，由电动机提供动力；当需要较大动力时，由汽油发动机和电动机共同提供动力；当汽车制动减速时，电动机还可以作为发电机的蓄电池充电。

另一方面是改进其结构，如增加其汽缸数目，增加其工作冲程等。最近科学家们发明了一款单缸六冲程内燃机，它每一个工作循环的前四个冲程与单缸四冲程内燃机相同，在第四冲程结束后，立即向汽缸内喷水，水在高温汽缸内迅速汽化成高温、高压水蒸气，推动活塞再次做功，水蒸气温度降低其内能减小，这样燃烧同样多的燃料获得了更多的机械能，提高了热机的效率，最后通过排气冲程将废气等排出，为进入下一个工作循环做好准备。

看图说话学物理

新版课本图文并茂，不少教师和学生对课本中的文字部分很重视，其实看图学物理更有趣味。

一、像的"实"与"虚"

（一）图片来源

人教版八年级上册课本第 96 页图 5.2-6、图 5.2-7。

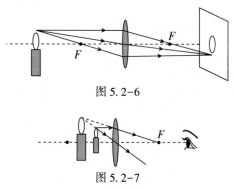

图 5.2-6

图 5.2-7

（二）图片解读

将蜡烛点燃，燃烧的火焰成为光源，我们可以将火焰分解成无数个点，因此可以把火焰看作是无数个点光源的集合体，任何一个点光源都会发出无数条光向四面八方传播。

为了研究的方便，我们取火焰最上方的一个点光源作为研究对象，该点光源发出了无数光线，我们从中取出三条特殊光线进行研究：①从这个点光源发出的光线中肯定有一条光线是和主光轴平行的，该光线通过凸透镜后会经过焦点；②从这个点光源发出的光线中肯定有一条光线会射向凸透镜的光心，该光线通过凸透镜后传播方向不改变；③从这个点光源发出的光线中肯定有一条光线会通过凸透镜左侧的焦点后继续射向凸透镜，该条通过凸透镜焦点的发散光线经过凸透镜后会变成平行于主光轴的光线。

这三条特殊的光线通过凸透镜后的折射光线会汇聚于一点，也就是图中光屏上三条折射光线的交点所在的位置，将无数个这样的像点连接起来就成了蜡烛火焰的倒立的像，这个像可以用光屏承接（图5.2-6），如果没有光屏，则人眼在光屏的右侧逆着折射光线也能够看见像，因为这个像是由实际光线汇聚而成的，所以是实像。

如果蜡烛距离凸透镜较近，从点光源发出的三条光线经过凸透镜发生折射后，在蜡烛的另一侧会变成发散光线而无法汇聚，在光屏上无法出现蜡烛的像，而透过光屏这一侧向凸透镜这边看，会透过凸透镜看到一个正立的、放大的、蜡烛火焰的像，由于这个像不是由实际光线汇聚而成的，而是实际折射光线的反向延长线（虚线）相交的形成的，所以是虚像，因此无法用光屏承接。

（三）画题演练

题目：物体AB透过凸透镜成像如图所示，利用这个一成像规律制造的光学仪器是（   ）。

A. 照相机　　B. 放大镜

C. 投影仪　　D. 潜望镜

解析：凸透镜成像的应用主要有以下三种情况：①利用"凸透镜能成倒立、缩小的实像"原理制成的照相机，照相机的镜头相当于一个凸透镜。照相时，物体离照相机镜头比较远，像是缩小、倒立的实像；②利用"凸透镜能成倒立、放大的实像"原理制成的投影仪，把投影片放在比镜头的焦距稍大的位置，光源发出的光经反光镜和聚光镜作用后集中射向投影片，就能在屏幕上形成一个倒立、放大的实像；③利用"凸透镜能成正立、放大的虚像"原理工作的放大镜，实际上是一个焦距比较短的凸透镜。当物体放在凸透镜焦点以内时，对着凸透镜观察物体，就可以看到物体正立、放大的虚像，而且像和物体在凸透镜的同侧。当物体越靠近凸透镜的焦点时，所成的虚像越大。

观察图中的成像情况，物与像在同一侧，成的是正立、放大的虚像，符合放大镜成像的特点。

答案：B。

二、画说"小孔成像"

（一）图片来源

人教版八年级上册课本第 70 页图 4.1-5、图 4.1-6。

图4.1-5　小孔成像　　　　图4.1-6　小孔成像的原理

（二）图片解读

在一间黑暗的小屋朝阳的一面墙上开一个小孔，人对着小孔站在屋外，屋内相对的另一面墙上就出现一个倒立的人影。这就是大约 2400 年前我国科学家墨翟和他的学生所做的世界上第一个"小孔成像"实验。

如何在教室内完成这个实验呢？

器材：易拉罐、蜡烛、比较薄的灰白色半透明的纸、火柴、铁钉、橡皮筋、剪刀等。

步骤：

（1）将一个使用过的易拉罐洗干净，剪去上盖，形成一个杯状。

（2）用铁钉在罐底扎一个小孔。

（3）在杯口蒙上灰白色半透明的纸，四周用橡皮筋扎紧在易拉罐上。

（4）点燃蜡烛，将小孔对准蜡烛的火焰，半透明的纸上就会出现倒立的蜡烛火焰的像。

（5）改变蜡烛到小孔的距离（物距），小孔离蜡烛越近，在半透明的纸上所成的像就越大、越模糊；反之，像就越小、越清晰。

（6）保持蜡烛到小孔的距离不变，如果能改变易拉罐的长度（像距），易拉罐的长度越小，在半透明的纸上所成的像就越小、越清晰；反之，所成的像就越大、越模糊。

注意事项：实验中同学们扎的小孔可能形状不一，无论孔的形状如何，只要小孔不是太大，对所成像的清晰程度和像的形状都没有太大的影响。

分析：通过这个实验，我们需要弄清三个问题：小孔成的像为什么是倒立的？像的大小和哪些因素有关？像的清晰程度和哪些因素有关？

把蜡烛的火焰看成是由许多小发光点组成的，每个发光点都向四面八方发射着光。总会有一小束光，笔直地穿过小孔，在白纸上形成一个小光斑。烛焰上的每一个发光点都会在白纸上形成一个对应的光斑，全部光斑在白纸上就组成了一个烛焰真实的像。可见，烛焰上部发的光沿直线通过小孔，照在白纸的下部；烛焰下部发出的光，通过小孔照在白纸的上部，所以在白纸上形成一个倒立的像。这正好说明了光是沿直线传播的。

后两个问题由实验步骤5、6可知，与物距和像距有关。

（三）画题演练

小詹同学在课外按课本（第70页图4.1-5）所示装置做了小孔成像实验。

1. 请在下图中的半透明纸上根据光的传播路径画出蜡烛 AB 的像 $A'B'$；

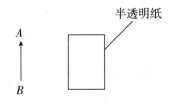

2. 小詹在易拉罐底部扎出的小孔是三角形的，则他在半透明纸上看到的像是（　　　）。

A. 三角形光斑　　　　B. 圆形光斑

C. 蜡烛的倒立像　　　D. 蜡烛的正立像

解析：（1）小孔成像是光的直线传播现象，物体上部的光线通过小孔后，射到光屏的下部；物体下部的光线通过小孔后，射到光屏的上部，因此通过小孔后所成的是倒立的实像（答案见下图）；（2）根据光的直线传播的原理，小孔成像成的是倒立的实像，与孔的形状无关，只与物体的形状有关。

答案：（1）如下图　　（2）C

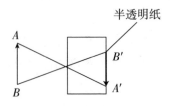

戏说课文促兴趣

如何将枯燥的课本内容用一种学生喜闻乐见的形式表达出来呢？在学习"电压 电阻"章节时，笔者做了这样的尝试。

一、戏说"电压"

我们在上学期认识了电家族的老大——电流，这一学期来介绍电流的孪生兄弟电压。电压在电家族排行老二，对此它是不服气的。因为电压是电路中形成电流的原因，即先有电压，然后才有可能形成电流。但是有电压不一定有电流，只有当电路两端有电压且电路闭合时，电路中才有电流。虽然电压不服气，但是爹妈说当时也没有看清谁先出生，叫错了就叫错了，电压也就只有认命了。

在前面我们把电流比作水流，现在也可以把电压比作水压。大家知道，水都是从高处流向低处的。如何保持河道中有高水位呢？这就需要用抽水机不断地把低处的水抽到高处。在电路中，电源就好像是抽水机，它在正极不断聚集正电荷，负极不断聚集负电荷，从而在电源的正负极间产生了电压，这个电压就驱使自由电荷发生定向移动，形成了电流。

提到电压，还需要知道其单位，在国际单位制中电压的主单位是伏特（V）；常用单位还有千伏（kV）、毫伏（mV）。它们之间的换算关系是：$1kV = 10^3V = 10^6mV$。

在生活中，我们常常听说 1 节干电池的电压是 1.5V，我国家庭电路中的电压为 220V，只有不高于 36V 的电压才是安全的。

我们认识了电压，而且知道电压有大有小，那么一段电路中的电压有多大呢？要想准确知道电路中的电压大小，就必须对电路进行测量。

下面先来认识测量电路两端电压大小的仪表——电压表。

电流表的表头上标有一个符号"A"，而电压表的表头上标有一个符号"V"。实验室常用的电压表和电流表差不多，有三个接线柱两个量程。一种电压表的三个接线柱分别标有"-""3""15"的字样，其中"-"为负接线柱，"3""15"为正接线柱，两个量程共用一个负接线柱，电流从"3"或"15"接线柱流进，从"−"接线柱流出。接"−"和"3"时，量程为0~3V。另一种电压表的三个接线柱分别标有"+""3""15"，其中"+"为正接线柱，"3""15"为负接线柱，两个量程共用一个"+"接线柱，电流由正接线柱流进，从"3"或"15"接线柱流出。

认识电压表后，我们将电压表接入电路。

接入电压表时，必须把电压表与被测的用电器并联。也就是说，用电压表测量哪一部分电路或哪一个用电器两端的电压时，必须把电压表与该段电路或该用电器并联。若电压表与被测电路串联，被测电路被断路，电压表测量的就是电源电压。

接入时应该注意电压表的正负接线柱的接法。需要注意的是，电压表的正、负接线柱不是正、负极。在连接电压表时，要让电路中的电流从表的"+"接线柱流进，"−"接线柱流出。如果电压表的正、负接线柱接反了，表的指针会反向偏转，不但不能读数，还容易使指针因碰到表盘而打弯，从而损坏电压表。

接入时还要注意被测电压不要超过电压表的量程。当然，这里的量程不一定是电压表的最大量程，而是根据接线柱所确定的量程。如果被测电压值超过选定接线柱的量程，指针的偏转会过大，指针会碰到电压表右边的表盘，会被打断（弯），从而导致电压表被损坏。

因此，在使用电压表前一定要先估测一下电路两端的电压有多大，选择合适的量程。如果不能预测，就先选用较大的量程进行"试触"。试触时，要闭合开关，用线头试触电压表上最大量程的接线柱，观察指针的偏转情况。如果超过最大量程，则换用更大量程的电压表；如果小于小量程，则换成小量程的接线柱（换用小量程，可以提高测量的精确度）；如果大于小量程而小于大量程，则使用试触的量程。如果选用的量程太小，不但不能正确测出电压值，还可能损坏电压表。

电压表接好后，先要进行检查，看接入得是否正确。在检查过程中，我们特别要注意电压表的正负接线柱是怎么连接到电路中的，同时，这也可以明确电压表的量程。假如接的是"+""3"，电压表的量程是0~3V；如果接入的是"+""15"，电压表的量程则为0~15V。清楚了量程，接着就能确定表盘上一大格、一小格表示多少电压值。如果电压表的量程是0~3V，则每大格表示1V，每小格表示0.1V；如果量程是0~15V，则每大格表示5V，每小格表示0.5V。

检查无误后，我们将开关闭合，看清电压表的指针停留在 0 刻度右边的第几大格以外的第几小格处，用大格对应的电压值加上小格对应的电压值，就可得出所要测量的电压值。如量程为 0~3V 时，指针停留在第 1 大格外第 3 小格处，这时，1 大格表示 1V，3 小格表示 0.3V，电压表的最终读数为 1.3V。

我们在前面知道了串并联电路中电流的规律是不一样的，现在请问：不同电路中的电压一样吗？实验证明不同电路中的电压也是不一样的。在串联电路中，总电压等于各部分电路两端电压之和，用字母表示为 $U=U_1+U_2$；在并联电路中，各支路两端电压相等，且等于电源电压，用字母表示为 $U=U_1=U_2$。

我们在生活中，常常将几个干电池串联起来使用，这个串联电池组的电压又是多少呢？实验告诉我们，在串联电池组中，电源电压等于各节电池的电压之和。比如我们使用需要 2 节电池的手电筒，当为其装入 2 节新的干电池时，其电源电压是 3V。而一个装入 3 节新干电池的手电筒，其电压是 4.5V。

既然我们知道电压是电流的孪生兄弟，在了解弟弟的过程中，不妨将它与哥哥进行"对比"，这样可以加快、加深我们对它的认识。

二、兄弟会议

电流、电压两兄弟形影不离，外人都以为他们只是一对"孪生兄弟"，其实他们还有一个兄弟叫作电阻，从小送给欧姆大叔做养子。在那个贫穷的年代，三兄弟不常见面，随着科技的发展，三兄弟见面的机会日益增多。电阻对自己的排行是有异议的。他说："不论电流、电压存在不存在，我总是先存在的，有导体就有我电阻存在，凭什么说我是老三。"现在三兄弟天天在一起干活，但一直是"面和心不和"。电阻的养父欧姆大叔看在眼里急在心头："这样子下去不行啊！兄弟会反目成仇。"他决定把三兄弟召集在一起开个协商会议，于是给三兄弟发了请帖。欧姆是电阻的"养父"，电阻也很听欧姆的话，为了纪念欧姆的养育之恩，电阻不论大小，都把欧姆的姓给带上，比如 10 欧姆、1000 欧姆。

按照约定的日期，老大电流提前到场，和欧姆大叔协商："作为老大，我想先和老二、老三分别谈谈。"

于是，欧姆大叔首先坐下和电阻聊天，目的是稳住电阻叫它不要动，也就是"保持一定"，让老大电流和老二电压私下谈谈。两兄弟走进密室，结果不但没谈拢，还互不相让地讲起狠话来："你不让我，我不让你。""你大我也大，你小我就小。"兄弟之间谈不下去了。算了，就这样，最终他们索性较上了劲：你大我就跟着大，你小我就跟着小。

老二电压出来，要电阻进去和老大电流谈谈。欧姆大叔要电压坐着别动，"保持一定"，等两兄弟出来。俗话说"百姓爱幺儿""长兄如父"啊！电流也汲取了和电压谈话的教训，处处让着老三电阻。电阻嚷着自己大时，电流就只有认小，当电阻承认自己小时，电流自然而然就大了。

电流和电阻出来后，三兄弟一起向欧姆大叔汇报了刚才谈话的情况：在电阻一定时，通过导体的电流与加在导体两端的电压成正比；在电压一定时，通过导体的电流与导体的电阻成反比。欧姆大叔问三兄弟还有什么好谈的没有？大家都说没有了。于是，欧姆大叔亲自起草一份会议通报。

前不久，电家三兄弟在欧姆大叔家召开了协商会议。会议达成决议如下：导体中的电流，跟导体两端的电压成正比，跟导体两端的电阻成反比。

特此通报。

因为这个文件是欧姆大叔起草的，后来人们就把这次会议达成的决议叫作"欧姆定律"。在贯彻和执行文件的过程中，人们又进一步发展和完善了"欧姆定律"。正是这个文件，使电家的事业不断发扬光大。

在传达文件的过程中，有人偷工减料，把文件写成：$I=U/R$。在执行这个文件时，必须"在一定的单位内执行"，按规定：电流的单位必须是安培，电压的单位必须是伏特，电阻的单位必须是欧姆。

对文件精神，不少专家也进行了解读。其中就有专家说：执行这个文件的前提条件是在同一段导体中，而且必须在同一时间内，否则这个文件无法有效执行。

兄弟会议虽然达成一定的协议，但三方关系并没有得到有效改善。这次会议以后，我们再也没有看见三兄弟同时出现在同一个场合，不管多么重要的会议，最多也只出现两兄弟，当然这是后话。

且说兄弟会议后，电流、电压两兄弟走了，欧姆因为是电阻的养父，就留电阻在家吃饭。在吃饭过程中，电阻问欧姆大叔："俗话说得好，'家有家规，国有国法'，我的两个哥哥分家后，都制定了自己家的家规。大哥家规定，在串联电路中各处电流相等；二哥家规定，在并联电路中，各支路两端电压相等。您说我们家是否也该订几条家规呢？"

欧姆大叔说："也是，虽说你们三兄弟分了家，你也不受两个兄弟的影响，但兄弟就是兄弟，'打虎亲兄弟，上阵父子兵'啊！你们三兄弟的家规应该协调一致，不能互相攻击产生矛盾，以免外界误会。"

于是父子俩又坐在一起研究电阻家的家规，根据以前的规矩，同一材料的导体长度越长，电阻越大，电阻串联后，相当于增加了导体的长度，因此电阻变大。电阻并联，相当于增加了导体的横截面积，同样，根据以前的规矩，横截面积越大，电阻越小，因此电阻并联，总电阻变小。

欧姆大叔说："那再看看这个规矩和你两个哥哥家的家规矛盾不矛盾？"

他们又把电压和电流的家规拿出来对照。两个电阻串联，电流处处相等，而两个电阻串联后的总电压等于两个分电压之和，也就是 $I=I_1=I_2$，$U=U_1+U_2$。根据刚才会议的精神：$I=U/R$，将其变形，有 $U=IR$，则有 $IR=I_1R_1+I_2R_2$，因为电流相同消去，有 $R=R_1+R_2$，即串联后总电阻等于各分电阻之和。"呵呵，不矛盾啊！"欧姆和电阻都笑了起来。

再看电阻并联时，电阻两端电压相等，即 $U=U_1=U_2$，而干路电流等于各支路电流之和，即 $I=I_1+I_2$。同样，根据刚才会议的精神：$I=U/R$，就有 $U/R=U_1/R_1+U_2/R_2$，把相等的电压约去，就有 $1/R=1/R_1+1/R_2$。从中可以看出：在并联电路中，总电阻的倒数等于分电阻的倒数之和。也不矛盾！

就这样，兄弟会议后，电阻又和养父欧姆大叔敲定了电阻家的家规。

巧用"对比"学物理

当一个物理现象或者一个物理事实孤立地出现时,我们要认识它的特点和本质就会比较困难。"对比法"是物理学习的重要方法之一,它通过对两个研究对象的对照、比较,可以让我们了解它们之间的联系与区别,突出它们各自的特征,强化我们对它们的理解和记忆。当相近的或者相反的物理现象同时呈现,如果我们能找出它们的共同点和不同点,找出它们的区别和联系,就会比较深刻地理解它们的特点,洞察它们的本质。

通过"对比法",只要我们对其中一个有所了解和理解,根据"相反相成"的道理,对另一个知识也就容易掌握了。下面以初中光学为例进行说明。

一、规律对比——光的反射定律与光的折射规律

光的反射定律指出:反射光线与入射光线、法线在同一平面内,反射光线和入射光线分居在法线的两侧,反射角等于入射角。

光的折射规律则指出:光从空气斜射入水或其他介质中时,折射光线与入射光线、法线在同一平面内,折射光线和入射光线分居在法线的两侧,折射角小于入射角;当光线垂直射向介质表面时,传播方向不改变。

两者"对比",前两点是共同点:第一点谈三线共面,第二点讲两线分居。区别在于第三点——角之间的关系,光的反射中是两角相等,而光的折射时要认清入射的介质。折射规律还多了一点,即折射时的一种特殊情况——光线垂直入射。只要我们掌握了前者,后者就容易理解和记忆了。

二、元件对比

(一)凸面镜与凹面镜

凸面镜与凹面镜都是面镜,都只能反射光线。但前者是利用球的外表面作发射面,后者是利用球的内表面作发射面;前者的作用是发散光线,即把平行入射的光线变成发散光线,后者的作用是汇聚光线,能够将平行

光线汇聚于焦点，也能够把从焦点发出的发散光线变成平行光线。

（二）凸透镜与凹透镜

两者都是透镜，都利用了光的折射作用。但前者可以把光线汇聚于实焦点，可以成像；而后者只能发散光线，其发散光线的反向延长线能够交于虚焦点。

三、仪器对比

（一）照相机与幻灯机

这两种仪器的主要光学元件都是凸透镜，都是利用凸透镜形成倒立的实像，物距都要大于一倍焦距。

它们的区别在于：照相机是将远处物体在底片上形成倒立缩小的实像，因此要求拍摄的景物到照相机镜头的距离在两倍焦距以外；而幻灯机是将图片等在屏幕上形成倒立放大的实像，因此要求放映的图片（幻灯片）到镜头的距离在凸透镜的一倍焦距到两倍焦距之间。

（二）显微镜与放大镜

两者都是利用凸透镜工作的光学仪器，都要求物体到凸透镜的距离在焦距以内，都能够把物体放大。只不过前者放大的对象是细小物体（人的肉眼不能看到的），而后者放大的对象为人眼能够看到的物体。前者中有两个凸透镜，而且还包含着一个"放大镜"，另一个则相当于幻灯机中的凸透镜。后者只有一面凸透镜。

四、现象对比——实像与虚像

大家知道，平面镜只能成虚像，而凸透镜既可以成实像，又可以成虚像。那么像是怎样形成的呢？

如果从物点向光学器具发射的光束经过光学器具后，仍然是发散的，但这一束光的反向延长线会交于一点，这个交点就是虚像点，此时物体上各个物点发的光就形成了整个虚像。

原来物体是由无数个点组合而成的，这些点或者本身发光，或者反射光。物体上的每一个点我们称其为物点，从物点发射的光束（这些光束是发散的）经平面镜或透镜的反射、折射，形成相应的像点，这些像点就组合成了物体的像。

从物点向光学器具发射的光束如果被光学器具汇聚于一点，则该点就是实像点，此时物体上各个物点发的光就形成了整个实像。

实际生活是最重要的物理教学资源

教育的对象是学生，如果教育教学离开了活生生的学生，只有死板的知识点，谈教育还有什么意义？所以物理教学必须立足学生实际，从学生的已有知识水平、接受能力出发，"活物理"教学主张将学生的日常生活融入物理教学之中。

怎样把物理知识和生活紧密结合起来呢？教师在课堂上可精心选择一些本节课与生活经验联系紧密的事例让学生分析探究，让学生学以致用；教师编制的每一份试卷中都应该有大量的来自生活的实例，让学生从生活走进物理。

一、与人体相关的初中物理知识

（一）测量

人体的测量包括身高、体重、体温、血压、握力等。

成年人走两步的距离约 1m，从一个腋窝到另一只手指尖的长度约 1m，人的头发直径约 $7×10^{-5}$m。

人用体温计测量体温。研究表明，健康人的体温早晨最低，晚间最高，正常体温的平均值约 36.8℃。临床上可采用三种方法测人的体温：腋窝、口腔或者直肠内。正常人体的直肠温度平均为 37.3℃，接近于体内的血液温度，口腔温度比直肠低 0.2~0.3℃，腋窝的温度又比口腔低 0.3~0.5℃。

成年人的体重测量用磅秤，幼儿通常用电子秤或者案秤测质量（体重）。

人体的密度与水的密度相似。手的握力测量用握力计，拉力测量用拉力计。

（二）机械运动

人走路、跑步，实质是人相对于地面或地面不动的物体（选作参照物）做机械运动，而相对于与他们同方向、同速度的人或者物体，则人是静止的。

（三）声现象

人说话、唱歌时发出的声音，靠的是声带的振动。通常，人听到声音是由于声波通过空气传播过来，引起了人耳中鼓膜的振动。人发声的频率大约是每秒 85~1100 次，而人能听到声音的频率大约是每秒 20~20000 次。每个人的声音听起来都不一样，这主要取决于声音三要素中的音色，而人的音色会随着年龄的增长，以及饮食、起居、健康、训练等因素而变化。

在声音的传播过程中，肌肉、骨骼的传声性能要比空气好。

（四）光现象

眼睛是视觉器官，也是一个相当复杂的天然光学仪器。从结构看，它类似我们使用的照相机，具有与镜头、照相底片、暗箱相对应的组成部分。

人眼的主要组成部分是眼球。眼球近似球体，由眼球壁和眼球内容物构成，眼球壁分为外膜、中膜、内膜三层，最外面的外膜又分成两部分，前面是角膜，无色透明，含有丰富的神经末梢，感觉很敏锐；后面为巩膜，白色坚韧，能保护眼球。中膜又分成三部分，其中脉络膜使眼球内部形成一个暗室，相当于照相机的暗箱，脉络膜延伸到虹膜前部的内面变厚，成为环形的睫状体，含有平滑肌，能调节晶状体的曲度（相当于焦距）；虹膜中间有一小孔即瞳孔，光线从这里进入眼球内部。眼球壁的内膜是视网膜，相当于照相机的感光底片。晶状体在虹膜和瞳孔的后方，形成不规则的双凸透镜，有一小块黄斑，它是感光细胞集中的地方，物像成在这里时视觉最清晰。

当外界物体射来或者反射来的光线由瞳孔进入眼球时，因晶状体的曲度调节，光线经晶状体折射，就在视网膜上形成了一个物像。

（五）热现象

人在盛夏天气时会大汗淋漓，因为人体就是靠汗水的蒸发带走人体产生的大量热量，从而保持体温恒定不变的。

冬天在户外活动的人会不断呼出"白气"，这个"白气"实际上是人口中呼出的水蒸气遇到冷空气液化成的小水珠。

当用双手相互搓时，两手克服摩擦做了功，这时手会发热是由于机械能转化成了内能。

（六）大气压强

在呼吸过程中，吸气时，胸部扩展，胸内肺泡跟着扩展，肺的容积增大，肺内空气压强减小，小于体外的大气压强，大气压将新鲜空气经鼻腔、气管等器官压入肺内；呼气时，胸部收缩，肺的容积缩小，肺内空气压强增大，大于体外的大气压，肺内空气又经气管、鼻腔等器官排出体外。

人在登山（或者进入高原）时，由于高山上的空气稀薄，大气压低，人呼吸时吸入的氧气的分压也低，造成肺泡内的氧分压降低，血液含氧量减少，就会出现高原病。

（七）力的知识

人用力的时候，肌肉会紧张，物理学中的力最初就是从肌肉的紧张中抽象出来的。人走路、跑步靠的是脚底与地面的摩擦力前进的。

人会摔跤，这是由于惯性的原因。当人的脚遇到障碍物，脚会停止运动，而人的身体由于惯性会继续向前运动，这时人会向前摔倒。当脚下的摩擦力变小时，人的脚会加速向前运动，而身体由于惯性还保持着原来的速度，这时人会向后摔倒。

当人用力提一个物体在水平地面上运动时，人对这个物体实际上并没有做功。这是因为人对物体的力的方向是竖直向上，与物体运动方向不一致。

（八）简单机械

人的前臂曲肘时，上端与肩胛骨和肱骨相连接、下端与尺骨相连接的肱三头肌松弛，上端与肩胛骨相连接、下端与桡骨相连接的肱二头肌收缩，构成一个费力杠杆。实际上我们用手工作时一般都构成一个以关节为支点、以骨骼为硬棒的费力杠杆。

（九）电学知识

人体本身就是一个导体，其电阻值因人而异。人触电时，若通过人体的电流为 $8\sim10\text{mA}$，人的触电部位就难以摆脱带电体了。若通过人体的电流达到 100mA，人在短时间内就会窒息、心跳停止。

人们在穿或者脱化纤衣服时，常常会看到衣服冒火花，这是由于人身上的毛发与衣服发生摩擦而起电。同样，梳头发时，若多梳几次，头发会变得很蓬松，这也是由于摩擦起电，头发上产生同种电荷而相互排斥引起的。

（十）左右手定则

（1）安培定则：用右手握螺线管，让四指弯向螺线管中电流方向，则大拇指所指的那一端就是螺线管的北极。

（2）左手定则：平伸左手，让掌心对着磁场的北极，大拇指指向导体运动方向，则四指所指即为感应电流的方向。

二、二十四节气与"物态变化"

"春雨惊春清谷天，夏满芒夏暑相连；秋处露秋寒霜降，冬雪雪冬小大寒。上半年来六廿一，下半年是八廿三；每月两节不变更，最多相差一两天。"这是我国人民在和自然界打交道的过程中总结出来的"二十四节气歌"，它能反映季节的变化，指导农事活动，影响着千家万户的衣食住行。

二十四节气起源于我国黄河流域，早在春秋战国时期，古人就在平面上竖一根杆子，用测量正午杆影长短的方法，确定了冬至、夏至、春分、秋分四个节气，并不断地改进和完善。到秦汉年间，二十四节气已完全确立。二十四节气中的很多节气都和物态变化有关。

（一）二十四节气中的物态变化

（1）雨水是二十四节气中的第二个节气，在每年公历2月18~20日之间，此时太阳的直射点由南半球逐渐向赤道靠近。北半球的日照时数和强度都在增加，气温回升较快，冰雪融化，来自海洋的暖湿空气开始活跃，使得空气湿度不断增大。与此同时，冷空气在减弱的趋势中仍不甘示弱，空气中的水蒸气遇到冷空气便液化成小水滴，形成降雨。

（2）谷雨是春季最后一个节气。此时寒潮天气基本结束，气温回升加快，白天地面上的水分蒸发加快，而到了晚上降温明显，水蒸气会大量液化成小水滴从而形成降水。因此这一时节雨水多半落在夜间，且每年第一场大雨一般出现在这段时间。

（3）白露一般在每年公历9月8日前后。由于太阳直射点明显南移，日照时间变短，人们会明显地感觉到炎热的夏天已过，而凉爽的秋天已经到来。白天有阳光照射时，气温可达三十多度，但到了夜晚，气温就会下降到二十几度。由于气温下降很快，空气中的水蒸气遇冷液化成细小的水滴，非常密集地附着在花草树木的茎叶或花瓣上，呈白色，尤其是被早晨的阳光照射时，看上去更加晶莹剔透，煞是惹人喜爱。所以这个节气才有了"白露"的美名。

（4）寒露出现在热与冷交替的季节。每年公历10月8日前后，太阳的直射点在南半球继续南移，北半球阳光照射的角度开始明显倾斜，地面所接收的太阳热量比夏季显著减少。此时冷空气的势力范围扩大，使液化的露水增多，气温也比白露时更低。

（5）霜降是秋季的最后一个节气。通常出现在每年公历10月23日或24日。此时天气逐渐变冷，白天气温在0℃以上。由于温度不高，空气中的水蒸气较少，到了夜晚，没有太阳照射的地面散热很多，温度骤然下降到0℃以下，靠近地面的不多的水蒸气就会凝华在树叶、瓦片和泥土上，形成细微的冰针。

（6）每年公历11月22日前后为小雪节气。这时，北方冷空气势力增强，气温逐渐降到0℃以下，空气中的水蒸气凝华在空中，飘落下来形成雪花。但这时气温不是太低，因此雪量小，且降雪次数不多。

（7）大雪节气出现在每年公历12月7日前后。此时太阳直射点接近南回归线，北半球昼短夜长。此时，强冷空气前沿出现在冷暖空气交锋的地区，空气中的水蒸气遇到极冷的空气便迅速凝华降下大雪，甚至暴雪。大雪节气就是表示这一时期降大雪的起始时间和雪量程度的节气。

（二）二十四节气中与物态变化有关的著名诗句

诗圣杜甫的《春夜喜雨》："好雨知时节，当春乃发生。随风潜入夜，润物细无声。野径云俱黑，江船火独明。晓看红湿处，花重锦官城。"写的就是谷雨时节的春雨，点明了雨下在夜里。

另一首著名的诗则是唐朝杜牧的《清明》："清明时节雨纷纷，路上行人欲断魂。借问酒家何处有，牧童遥指杏花村。"清明前后正是冬去春来的时候，冷空气势力逐渐减弱，海洋上的暖湿空气开始活跃北上，我国江南一带大气层里的水蒸气比较多，而北方的冷空气还有一定的残余势力。当冷空气南下，与长江流域的暖湿气流发生交汇，空气中的水蒸气就容易液化成水，凝结成毛毛雨。因而"清明时节雨纷纷"，也就成了我国江南四月特有的天气现象。

三、骑着自行车学"摩擦力"

大多数人都骑过自行车，因为它是我们日常生活中最常用的代步工具。下面让我们一起骑着自行车来学习摩擦力知识吧。

（一）认识自行车的结构

自行车的主要结构包括四大部分：

（1）车体部分，包括车架、前叉、车把、鞍座和前叉合件等，是自行车的主体。

（2）传动部分，包括脚蹬、曲柄、链轮、链条、中轴和飞轮等。人踩动脚蹬，通过以上传动件带动车轮旋转，驱车前行。

（3）行动部分，即前后车轮、包括前后轴部件、辐条、轮辋（车圈）、轮胎等。

（4）安全装置，包括制动器（车闸）、车灯、车铃、反射装置等。

当然，根据需要还可增加一些附件，如支架、衣架、保险叉、挡泥板、气筒等。另外，装有变速机构的运动车、竞赛车、山地车等还装有变速控制器和前后拨链器等。

（二）自行车靠什么力前进

我们知道产生摩擦力的前提条件有两个：一是两个物体相互接触，二是两个接触的物体发生或者将要发生相对运动。当我们骑在自行车上时，由于自行车直接和地面接触并对地面产生压力，当自行车往前运动或者即将启动时，人是发生运动，自行车是将要发生运动。这样自行车与路面之间就产生了摩擦力。

在我们骑上自行车即将用力蹬而车没动时，自行车后轮有静摩擦力，而前轮此时是没有摩擦力的。当我们骑上车开始运动，轮胎与地面之间的摩擦属于滚动摩擦，而当紧急刹车时，车轮与地面的摩擦属于滑动摩擦。

有了摩擦力，自行车往哪个方向运动呢？大家知道，自行车的前轮主要作用是控制方向，是被动转的，而后轮则是动力轮，是主动施力的。由于前后两轮并没有被链条连在一起，所以前后轮转动的动力是不同的。

先说前轮。可以设想一下，如果前轮离开地面，那无论我们怎样蹬自行车，前轮都不会转，这说明人没有给前轮动力。那么是谁给了前轮动力呢？是地面给了它转动的动力，这个动力就是摩擦力。前轮向前转，说明前轮的动力在前轮于地面的切点处向后，因此前轮的转动全依靠摩擦力。假如前轮所受摩擦力向前，则前轮会倒转，自行车将无法前进。

再看后轮。后轮是动力轮，是主动施力者。同理可以设想一下，如果后轮离开地面，无论你怎么蹬自行车，它都不会向前走，但是后轮会转，也就是说"蹬"给了后轮转动的动力。后轮是向前转的，但在后轮与地面的接触点，后轮相对于地面的运动趋势是向后的，地面的摩擦力要阻止后轮向后的运动趋势（在切点处），那么就给了后轮一个向前的摩擦力。

也就是说，自行车的前轮为从动轮，摩擦力的方向向后，与车运动的方向相反；后轮为主动轮，摩擦力的方向向前，与车运动的方向相同。正是这个后轮的摩擦力使自行车前进的。

（三）自行车上哪些地方增大了摩擦

影响摩擦力大小的因素主要有两个：一是压力的大小，二是接触面的粗糙程度。其他条件一定时，压力越大，摩擦力越大；接触面越粗糙，摩擦力越大。

刹车在自行车中起着十分重要的作用，因刹车不灵而导致的交通事故屡见不鲜。自行车刹车就是利用摩擦力使自行车减速或停止前进。当我们使用刹车时，闸皮与车轮间的滑动摩擦力使车轮停止运动或速度减小，车轮与地面间的摩擦力由滚动摩擦变成滑动摩擦，强大的滑动摩擦力方向与自行车前进方向相反，使自行车迅速减速（或迅速停止运动）。骑车人捏闸时的力越大，闸皮对车圈的压力就越大，产生的摩擦力也就越大，后轮就转动得越慢。如果完全刹死，这时后轮与地面之间的摩擦就变为滑动摩擦力（原来为滚动摩擦，方向向前），方向向后，阻碍了自行车的运动，因此，自行车就停下来了。

自行车外胎有凸凹不平的花纹，这是通过增大自行车与地面间的粗糙程度来增大摩擦力的，其目的是为了防止自行车打滑。

在车把手塑料套、踏板套、闸把套等处均有凹凸不平的花纹，这些也是通过增加接触面的粗糙程度来增大摩擦力的，它们会使人能够很好地把握方向和让自行车顺利前进。

车把的塑料套紧套在车把套上，是通过增大与车把套的压力来增大摩擦力；旋紧自行车各种紧固螺丝，也是通过增大压力来增大摩擦力。

（四）自行车上哪些地方减小了摩擦

要减小摩擦，除了减小压力和减小接触面的粗糙程度外，还可以改滑动摩擦为滚动摩擦。这样也可以使接触物体的表面彼此分开，减小摩擦。

自行车应当骑起来轻松、灵活，所以在自行车的关键摩擦部位，如中轴、后轴、车把转动处、脚蹬转动处、飞轮等位置，都安有钢珠，使用滚珠轴承。转动地方安装钢珠是用滚动代替滑动，可以大大减小摩擦力，保护零件，节省动力。因为滚动摩擦比滑动摩擦小得多，用滚动来代替滑动可以大大减小摩擦，如果经常加润滑油，使接触面彼此分开，摩擦力会变得更小，人骑起来会感觉更省力。

（五）有关自行车摩擦力试题赏析

1. 在平直的公路上，运动员骑自行车加速前进，有关车轮所受摩擦力的方向说法正确的是（　　）。

A. 前后车轮所受摩擦力方向都向后

B. 前后车轮所受摩擦力方向都向前

C. 前轮所受摩擦力方向向前，后轮所受摩擦力方向向后

D. 前轮所受摩擦力方向向后，后轮所受摩擦力方向向前

解析：后轮是动力轮，后轮与地面接触后，后轮相对地面向后运动，所以地面相应给后轮一个向前的摩擦力，正是这个向前的摩擦力使自行车向前运动；而前轮是空转轮，如果不和地面摩擦，是不会转的，所以只受一个地面向后的摩擦力。

答案：D

点评：本题是考查摩擦力方向性的问题。摩擦力阻碍的是物体相对运动，而不是绝对的运动，即与接触面的相对运动方向一定是相反的，而与物体的运动可能相同，也可能相反。

2. 自行车轮胎、车把套、脚踏板以及刹车块处均刻有一些花纹，这是通过_____程度来_____摩擦力；车轴处经常上一些润滑油，这是通过_____程度来_____摩擦力；所有车轴处均有滚珠，变_____来_____摩擦，转动方便。

解析：本题跟摩擦力有关，无外乎增大摩擦或减小摩擦。要增大摩擦，可以增大压力，增加接触面的粗糙程度，也可以改滚动摩擦为滑动摩擦，或者使接触面接触更紧密；反之，要减小摩擦，则采取与上述相反的方法和措施。

答案：增大接触面粗糙　增大　减小接触面粗糙　减小　滑动摩擦为滚动摩擦　减小

点评：本题考查增大和减小摩擦的方法，解答时需紧扣影响摩擦力的因素。

网络也是教学资源的组成部分

中国的互联网时代几乎与发达国家同步，互联网不仅改变了人们的生活，而且改变了人们的思维方式。网络上的很多新闻、故事，都可以成为初中物理教学的素材。一些包含物理素材的新闻首先是在电视上看到的，但是要知道新闻的详细情况，还得进行网络搜索。

一、中国现代最大的人工运河动工

（一）热点素材

2010 年 3 月 26 日，伴随着喧天的锣鼓和阵阵礼炮，南水北调中线一期引江济汉工程正式动工，古城荆州再次成为全国关注的焦点。

南水北调中线引江济汉通水工程地跨湖北荆州、荆门两地所辖的荆州区和沙洋县以及潜江市，该工程在荆州市龙洲垸掘开一条 1500 米宽的口子，修建一条渠底宽 60 米、渠面宽百米、长达 67 千米的引水干渠，在潜江市高石碑镇将长江水引入汉江，形成一条中国现代最大的人工运河。这一自西南向东北穿越江汉平原腹地的大运河，其首要功能就是引

长江水入长江最大支流——汉江，每年将从长江调水约30亿立方米入汉江，直接改善汉江下游和东荆河的灌溉条件与水生态环境，工程兼顾通航功能，可通行1000吨级船舶。

整个工程在2014年完工。

（二）素材观察

1. 通水

人工挖掘的引江济汉运河全线河床平坦，运河引水口与出水口的水位落差仅有2米左右，通过入水口的电排站、防洪闸等系统控制，其水位落差长年在1米以内，水深近6米，流速均衡，其进水设计流量为350立方米每秒，最大引水500立方米每秒，年平均输水37亿立方米，其中补汉江水量31亿立方米，补东荆河水量6亿立方米。

运河是一条独立的河流，与所经过的河流湖泊的交叉点，采用"倒虹吸式"的处理方式：即运河直接穿过这些河流湖泊，但又不截断它们的水流，而是让其通过独立的"U"形倒虹吸管从运河底部穿流，运河河水与这些河流湖泊的水系不发生混流、交叉。

2. 通航

引江济汉运河建有8.51千米的进出口航道、长江进口和汉江出口的千吨级船闸两座、回旋水域3处及相应的航道配套设施等，同时与调水工程共建防洪闸和节制闸，这是除三峡工程外最大的水利、航运枢纽群。

运河设计航运能力为1000吨级，即核载1000吨以下的船只，可通过运河这条捷径，往来于荆州、襄阳之间，而不必从武汉的两江交汇处兜个大圈子。航道建成后，可为长江中游与汉江中游开通一条捷径，行船里程可缩短约680千米，大大提高了运

工程效果图

输效率。

3. 建桥

引江济汉运河上建起各种桥梁、闸坝等交叉建筑物 100 多座，其中有 30 座跨渠公路桥和 24 座人行桥、机耕桥，大约每 1 千米就有一座桥梁。在桥梁设计上，采取多种桥型，并体现楚文化特色，运河之上呈现"桥梁博物馆"的壮美景象。

（三）原创试题（在教学过程中可以以此为背景进行试题变形）

1. 引江济汉工程河底宽 60 米，河面宽约百米，长达 67 千米，运河大堤将修建成上部窄、下部宽的形状，大堤的截面图如右图，这是考虑到水对大堤侧面有_____，并且随深度的增加而_____。

2. 引江济汉工程的主要功能是引长江水补充汉江，改善汉江下游和东荆河的灌溉条件。在运河建成前，该地区遇到干旱天气，通常采取人工降雨的方法解决。

（1）人工降雨是缓解旱情的重要手段，干冰等物质可用于人工降雨。撒在云层上的干冰_____（填物态变化）时____热，使空气中的水蒸气迅速_____成水滴形成降雨。

（2）我国是一个水资源缺乏的国家，即使在运河边居住的我们也要做到节约用水。请写出一种生产、生活中常见的节水方法：_____。

3. 引江济汉工程设计航运能力为 1000 吨级，一艘排水量为 800 吨的轮船在运河里航行，满载时船及货物的总重力是_____，受到河水的浮力为_____，如果河水的密度为 $1g/cm^3$，船排开的河水的体积是_____。如果在中途的码头卸下一些货物，船体将_____（填"上浮"或"下沉"）一些。（g 取 10N/kg 计算）

4. 夏季长江水量充沛时，引江济汉运河里的水深将达到 6 米，这时运河河底受到的水的压强为_____。在长江枯水期，运河水的深度将略微降低，此时运河底部受到的压强将_____（填"增大"或"减小"）。（g 取 10N/kg 计算）

5. 在参观取水口龙洲坑工地时，亚洲同学看到江面上不时有货轮通过，他看见货轮船舷上有一条条吃水线，突发奇想：假如地球的引力减小一半，那么对于漂浮在水面上的某艘船来说，它所受的重力和吃水深度（吃水深度指水面到船底的深度）与原来相比，下列说法中正确的是（ ）。

A. 船受到的重力不变，船的吃水深度也不变

B. 船受到的重力减小，船的吃水深度也减小

C. 船受到的重力减小，船的吃水深度不变

D. 船受到的重力不变，船的吃水深度减小

6. 在引江济汉取水口的龙洲坑枢纽工程，当长江水位低、渠道自流引水流量小于需补水流量时，则需要用泵站提水，泵站设计流量 200 立方米每秒，设计扬程 3.11 米，6 台机组，单机 2000kW，立式轴流泵机组。问：

（1）当取水口的泵站机组满负荷工作时，每天消耗的电能是多少？

（2）假如泵站的实际扬程为 3 米，泵站按设计要求 1 小时做的有用功是多少？泵站的机械效率多大？（g 取 10N/kg 计算）

参考答案：1. 压强 增大 2. （1）升华 吸 液化 （2）采用喷灌方法浇地、用洗衣水擦地等 3. 8×10^6 N 8×10^6 N 800m³ 上浮 4.6×10^4 Pa 减小 5. C

6. （1）泵站全部机组的总功率：$P = 6 \times 2000kW = 12000kW$

一天消耗的电能：$W = Pt = 12000kW \times 24h = 2.88 \times 10^5$ kW·h

（2）1 小时流水的体积：$V = 200m^3/s \times 3600s = 7.2 \times 10^5 \ m^3$

1 小时流水的质量：$m = \rho V = 10^3 kg/\ m^3 \times 7.2 \times 10^5 \ m^3 = 7.2 \times 10^8$ kg

1 小时流水的重力：$G = mg = 7.2 \times 10^8$ kg×1ON/kg$= 7.2 \times 10^9$ N

1 小时做的有用功：$W = Gh = 7.2 \times 10^9$ N×3m$= 2.16 \times 10^{10}$ J

1 小时机组消耗的全部能量：$W' = Pt' = 12000kW \times 1h = 1.2 \times 10^4 kW \cdot h = 4.32 \times 10^{10}J$

泵站的机械效率：$\eta = W/\ W' = 2.16 \times 10^{10} J/4.32 \times 10^{10}$ J$= 50\%$

二、走进国家重点工程，感受物理科学魅力

新的物理课程标准强调，要"从生活走向物理，从物理走向社会"，要

注意"将物理知识应用于生产生活实际"。下面让我们一起走进部分国家重点建设工程，领略祖国日益强大的综合国力，感受物理科学的魅力吧！

(一) 三峡水利枢纽工程

1. 工程简介

三峡水利枢纽工程位于长江干流三峡河段，地理位置得天独厚，工程建筑由大坝、水电站厂房和通航建筑物三大部分组成。大坝总长 3035 米，坝高 185 米，水电站左岸设 14 台、右岸设 12 台，共安装 26 台前排容量为 70 万千瓦的水轮发电机组，总装机容量为 1820 千瓦时，年发电量 847 亿千瓦时。通航建筑物位于左岸，永久通航建筑物为双线五包连续级船闸及旱线一级垂直升船机。工程建成后，可控制长江上游洪水，减轻长江中下游广大地区洪水灾害，保障经济建设和社会发展；可为华中、华东及川东地区提供大量的电力，使宜昌至重庆之间的航道条件显著改善，为万吨级船队汉渝直达创造了条件。

2. 考题欣赏

5 月 20 日，我国举世瞩目的三峡大坝全线建成。拦河大坝之所以修成"上窄下宽"的形状，是因为_____。三峡大坝的船闸是_____在实际中的具体运用，它能让大型轮船在上下游之间顺利往返航行。

答案：大坝底部受到水的压力大　连通器

(二) 西气东输工程

1. 工程简介

西气东输工程是指将塔里木和长庆气田的天然气通过管道输往上海的输气工程。管道全长 4000 千米左右，年输气量为 120 亿立方米，固定资产投资 384 亿元，再加上城市管网、工业利用等相关项目建设，整个工程的投资高达 1200 亿元。管道起点自塔里木轮南，由西向东经新疆、甘肃、宁夏、陕西、山西、河南、安徽、江苏，最终到达上海市。管道共穿越长江、黄河等大型河流 6 次，穿越中型河流 500 多次，穿越干线公路 500 多次、干线铁路 46 次；通过 VI 级及以下地震烈度区约 2500 千米，VII 级地震烈度区约 800 千米，VIII 级地震烈度区约 700 千米。

2. 考题欣赏

西气东输主干线西起塔里木盆地的轮南油气田，向东途经 9 个省区市，最终到达上海，总计年输送天然气 1.2×10^{10} m³，即年输气质量为_____千克，若这些天然气完全燃烧，放出的热量是_____焦。（管道内天然气的密度为 $6kg/m^3$，天然气的热值是 $5 \times 10^7 J/kg$）

答案：$7.2×10^{10}$ $3.6×10^{18}$

（三）载人航天工程

1. 工程简介

随着4次无人飞行试验和两次载人飞行取得圆满成功，我国的载人航天工程引起世人的瞩目，载人航天工程是我国航天领域迄今规模最庞大、系统最复杂、技术难度大、质量可靠性和安全性要求最高、资金有限、极具风险性的一项跨世纪的国家重点工程，工程由工程总体和航天员、飞船应用、载人飞船、运载火箭、发射场、测控通信、着陆场等七大系统及其各自相应的若干分系统构成；共有100多个研究院（所）、基地、高等院校、工厂直接承担研制、建设、试验任务；国务院有关部委、军队各总部、有关军区、军兵种和省、自治区、直辖市3000多个单位的数十万人承担工程协作配套和支援、保障任务。

2. 考题欣赏

"神舟五号"载人飞船成功返航，实现了中国人几千年的"飞天梦"，当飞船减速着陆时，航天英雄杨利伟的（   ）。

A. 动能增加，重力势能减少   B. 动能不变，重力势能减少

C. 动能减少，重力势能不变   D. 动能减少，重力势能减少

答案：D

（四）国家体育场工程

1. 工程简介

作为北京奥运会的主体育场，"鸟巢"承担了奥运会开幕式、闭幕式和田径比赛的重任。"鸟巢"是北京奥林匹克公园内的标志性建筑，也是北京市最大的、具有国际先进水平的多功能体育场，位于北京奥林匹克公园内B区，靠近奥运村，邻近已建成的国家奥林匹克体育中心。共设10万个座位，其中8万个是永久性的，2万个是在奥运会期间临时增加的，贵宾席1500个，记者席1500个，运动员席2000个和若干个VIP包厢。场内有一个标准草皮足球场，9条400米跑道，10条直道，2块热身场地和各类田赛场地，场地内布置有供运动员、裁判员、技术官员、记者和其他工作人员使用的设施。

2. 考题欣赏

据报道，2008年北京奥运会的标志性工程——国家体育馆（"鸟巢"）工程确定采用太阳能电力这一绿色能源，去年年底在纽约交易所上市的无锡尚德太阳能电力有限公司被选中，为"鸟巢"的12个主通道安装太阳能发电系统。

（1）假设为"鸟巢"工程安装的 130kW 太阳能发电系统连续正常工作 1h，可得到多少电能？

（2）尚德公司今年的产品将达到 $2.4 \times 10^9 W$ 的发电功率，进入全球第四名。若这些产品提供的电能改由火力发电来提供，则每秒钟将增加约 99kg 的二氧化碳排放量，造成大气污染。已知在通常情况下二氧化碳气体的密度为 $1.98 kg/m^3$。则这些二氧化碳气体在通常情况下的体积多大？

（3）尚德公司产品的光电转化率（光能转化为电能的效率）目前在国内同行中处于领先水平。现有该公司生产的一块接收面积为 $2m^2$ 的太阳能电池板，其光电转化率为 17%，如果太阳光照射到该电池板时每平方米面积上的辐射功率为 $1.0 \times 10^3 W$，则它的发电功率是多大？

参考答案：（1）$130kW \cdot h$　　（2）$50m^3$　　（3）$3.4 \times 10^2 W$

三、亚丁湾护航中的流体力学知识

近年来，索马里海域海盗日益猖獗，作案数量逐年递增，严重危及我国过往船只和人员安全，对我国国家利益构成重大威胁。针对索马里海域的海盗行为，联合国安理会先后通过了四项决议，呼吁和授权世界各国到亚丁湾海域打击海盗。

中国海军护航编队 169 舰、171 舰及"微山湖"号补给舰于 2008 年 12 月 26 日从三亚出发，2009 年 1 月 6 日抵达亚丁湾海域实施第一次护航，到 2013 年 11 月 20 日，目前正在亚丁湾索马里海域护航的是由南海舰队"井冈山号"登陆舰、"衡水号"导弹护卫舰，"太湖号"综合补给舰组成的中国海军第 15 批护航编队。我国海军前后分 15 批执行护航任务，保护了我国航经亚丁湾、索马里海域船舶和人员安全，保护了世界粮食计划署等国际组织运送人道主义物资船舶的安全。

2013 年 8 月 9 日，海军第 15 批护

航编队驶离湛江码头，向亚丁湾、索马里海域进发，接替第 14 批护航排队执行护航任务。

右图是我国海军舰艇赴亚丁湾护航时的情景，护航编队一般采用前后护航而不采用与远洋货轮并排护航的形式，这是什么原因呢？

先让我们看看 100 年前的一次海难事故：

1912 年秋季的一天，当时世界上最大的远洋轮之一"奥林匹克号"正在水上航行，离它 100 米的地方，有一艘比它小得多的铁甲巡洋舰"豪克号"与它同向平行疾驶。突然，意外的事故发生了：小军舰好像受到看不见的巨大力量的吸引，一个劲地向"奥林匹克号"冲去，结果把"奥林匹克号"的船舷撞了一个大洞。

是什么力量驱使两船相撞呢？我们在分析两船相撞的原因之前，先做一个实验：

用手握着两张纸，让纸片自由下垂。在吹气前，两张纸片互相平行，保持一定距离，没有吸引，也没有排斥；然后，在两张纸片的中间向下吹气，结果发现两张纸片不再平行，也没有出现人们所认为的向外运动，而是出现了两张纸片一起向内靠拢。

我们来分析一下这个过程：不吹气时，纸两侧的空气相对静止，空气对纸条内外两侧的压强相同，压力也相等，使得纸片静止；当向中间吹气时，纸片向内运动，说明纸片受到了向内的压力，或者说向内的压力大于向外的压力；而和纸片接触的只有空气，那只能说明是空气使纸片发生了运动，也就是大气压力使纸片发生了运动；同一张纸片内外的受力面积相等，向外的压力小，说明其压强小；而纸片内外不同的是空气流动的速度。在吹气时纸片之间的空气流动速度增大，纸片外侧空气没有变化，压强也不变，变化的只是纸条内侧的压强，此时压强减小，使得纸片受到向内的压强大于向外的压强，受到向内的压力大于向外的压力，纸片就在这个压力差的作用下向中间靠拢。

早在 1726 年，瑞士物理学家伯努利通过反复实验和分析得出了"在气体和液体中，流速越大的位置压强越小"的著名结论。

当两船并排行驶时，两船带动其周围的水随船向前运动，结果使两船内侧即两船之间的水流速度大于两船外侧的水流速度；水的流速越大，压强越小，水的流速越小，压强越大。由于两船内侧水流速度大于两船外侧水流速度，因此两船内侧水的压强小于两船外侧水的压强，船内外侧的水存在压强差，水的压强差使两船靠近，进而发生碰撞，这也是"奥林匹克号"海难事故发生的原因。

目前所有护航的编队在护航行驶时均采取一字纵队的形状排开，而且禁止任何船舶从后面高速超越前面的船舶。这样做，一方面可以减小船舶前行过程中的阻力，节约能源；另一方面也是为了船舶行驶的安全。

电视是教学资源的必要补充

平时看书、看电视、看电影，我们常常被书中、影视作品中的一些奇妙、惊险的情节所吸引，这些奇妙、惊险的现象是怎样形成的呢？

一、三个"不可思议"的物态变化现象解密

下面我们来看看三个与物态变化有关的不可思议的现象。

（一）"呼风唤雨"

《西游记》中孙悟空能够呼风唤雨，《封神榜》中姜子牙也能够呼风唤雨，过去"呼风唤雨"只能出现在神话故事中，可以说这是人类早期的一种理想。然而，这种理想在今天已经变成了现实，现在的人类常常利用人工降雨来解决某地的干旱问题。

1. 随着科技的发展，过去"呼风唤雨"的神话已成为现实。人工降雨是用飞机在空中喷洒干冰（固态二氧化碳），干冰在空气中迅速吸热_____，使空气温度急剧下降，空气中的水蒸气遇冷_____成小冰粒，冰粒逐渐变大而下落，下落过程中_____成水滴，水滴降落就形成了雨。（填物态变化的名称）

物理解密：地球上的水在不断地蒸发，水蒸气的密度比空气密度小，因而水蒸气不断升入高空，当水蒸气遇到冷空气时液化成小水滴或凝华成小冰晶，被上升的气流顶起，从而形成了云。当云中的水滴达到一定程度，不能被上升的气流顶托住时，水滴就会落到地面上，形成雨。

而云的厚度以及高度通常由云中水汽含量的多寡以及凝结核的数量、云内的温度所决定。一般来说，云中的水汽胶性状态比较稳定，不易产生降水。

人工降雨就是要破坏这种胶性稳定状态，一是降低温度，使不断上升的水蒸气继续液化，使水汽达到饱和状态；二是增加云中的凝结核数量，

使水蒸气不断聚集在凝结核上。人类常采用干冰或是碘化银来实现上述目的。

答案：升华　凝华　熔化

(二) "腾云驾雾"

神话影视剧中，各类神仙都能够"腾云驾雾"，那么在舞台上，这样的场面是怎样拍摄的呢？

2. 在舞台上喷洒干冰（固态二氧化碳）可以产生白雾，产生烟雾缭绕的效果，这种雾气是（　　）。

A. 二氧化碳气体迅速液化而形成的小液滴

B. 干冰迅速熔化后再蒸发形成的气体

C. 干冰迅速升华形成的气体

D. 干冰是空气中的水蒸气液化形成的小水珠及小水珠凝固形成的小冰晶

物理解密：雾的形成类似于"人工降雨"，主要是形成的高度不同，水汽的含量也不同。干冰是一种极容易升华的物质，它升华吸热，使空气中的水蒸气温度降低而液化成小水滴飘浮在空中，即为白雾（白汽）。

注意：气态的二氧化碳是无色的，白雾是液化的小水滴，是液态。

答案：D

(三) "油锅捞铜钱"

影视剧中常常有所谓的"高人"可以用手从沸腾的油锅中捞出铜钱，手却完好无损。这究竟是怎么回事呢？难道这些"高人"真的有不怕烫的特异功能吗？

3. 一锅沸腾的油，魔术师把手伸进去，一分钟、两分钟……再把手拿出来——没事！对这一现象的分析正确的是（　　）。

A. 这是不可能的，是一种伪科学

B. 这是不可能的，油在沸腾时温度不断升高

C. 这是可能的，一定是这种油的沸点很低

D. 这是可能的，一定是手上沾有水，水从油中吸收了热量

物理解密：这些"高人"并没有特异功能，而是用了一个小诡计，涉及"沸腾""沸点"的知识。因为铁锅内先倒入的是大量的醋，再倒入少量的油，由于醋的密度比油的密度大，醋沉入锅底，油漂浮在醋的上面。由于醋的沸点很低，大约只有60℃，当醋沸腾时，因为油浮在上面，就可看到油在锅内翻滚，其实油锅内的温度只有60℃，把手伸进去虽然会觉得烫，但不至于被烫伤。

如果能走进拍摄现场，你就可以闻见一股醋味，这是因为醋沸腾了，大量汽化，扩散到空气中导致的。

答案：C

看来，在科学面前，没有什么不可解释的。

二、喜见"手影"上春晚

看到这幅图片，我们一定会想到春节联欢晚会上"最有新鲜感的节目"——妙趣横生的手影表演《逗趣》：一只正在吃食的小鸭子，猝然啄住前来偷食的小狗的耳朵，疼得小狗呜咽着想逃也逃不了，小鸭子和小狗撕扯成一团。一时间，鸭鸣犬吠吵得不可开交。

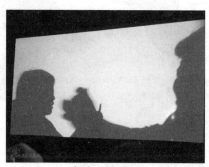

春晚电视画面

手影艺术是我国民间艺术的瑰宝，它利用光源与被投射物体的关系，仅仅依靠一灯一布，以及表演者的一双手，在幕布上表演着天上飞、地上跑、水里游的故事。演鸟像鸟，演狗像狗，演人像人，而且是"活鸟""活狗""活人"；小鸟成长、人唱歌、狗与鸭子、人逗小狗、母鸟喂雏、小狗舔舌、人物喜怒，皆是神气活现，可谓惟妙惟肖，难怪观众笑得前俯后仰，报以潮水般的掌声。

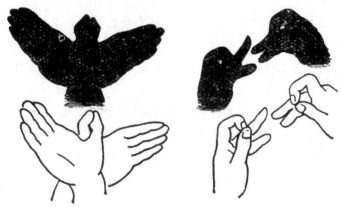

春晚手影原型

　　手影与平时见到的树影、太阳下的房屋影子、旗杆的影子形成的原理是相同的。光在传播过程中沿直线行进，且光不能穿过不透明的物体，当光射到不透明的物体——手上时，光的传播就被挡住了，因此在这个不透明的物体——手的另一侧就会有一个光照射不到的区域，显示出物体的阴影，即（手）影。

单手演绎　　　　　　　　　　　双手演绎

　　我国早在战国初期就对"影子的形成"有了研究。墨子和他的学生做了世界上最早的"小孔成像"实验。

　　在一间黑暗的小屋里，在向阳的墙上开一个小孔，人对着小孔站在屋外，屋内相对的墙上就会出现一个倒立的人影。为什么会这样呢？《墨经》中写道："景光之人煦若射，下者之入也高，高者之入也下。"意思是说：光线像射箭一样，是直线行进的。人体下部挡住直射过来的光线，射过小孔，成影在上边；人体上部挡住直射过来的光线，穿过小孔，成影在下边，就成了倒立的影。这是人类历史上第一次对光沿直线传播和影的形成原因的解释。

墨子还进一步解释了物体和投影的关系：

光被遮挡就会产生投影，物体的投影并不会跟随物体一起移动。飞翔的鸟儿，它的影子仿佛也在飞动着，实际上并不然，而是因为飞鸟遮住了直线前进的光线，形成了影子。瞬间过后，飞鸟移动了位置，原来光线照不到的地方现在照到了，旧影就消失了，而在新的地方又出现了新的影子。

想到一个和影子有关的成语——杯弓蛇影，说的是晋朝时的故事。有一个叫应郴的人当了县令。一天，一位老朋友来访，应郴设宴款待。朋友端起酒杯，正欲饮酒的一瞬间，瞥见了酒杯中的"蛇"，可他已将酒喝进肚了。朋友又惊又怕，回到家里，只觉得胸腹疼痛难忍，以至于饮食不进，身体渐渐消瘦，请了好多医生，试了好多办法，也不见好。

自那次老朋友来访后，好长时间不见朋友再来，应郴觉得奇怪，决定到朋友家回访。只见朋友面容憔悴，病得不轻。便问原因，朋友如实相告："那次在你家喝酒，酒杯里有一条小蛇被我吞进肚里，回家后就一病不起。"

应郴觉得这事蹊跷，酒杯中哪来的蛇呢？回到县衙后，他不停地琢磨。一天，他猛一抬头，看见挂在墙上的弩弓，一下子明白了。于是他把老朋友再次请到家中，重摆宴席，仍让朋友坐在原来的位置上。朋友端起酒杯一看，惊叫起来，原来杯中又出现了蛇影。这时，应郴也端着酒杯走到朋友的座位旁，将自己的酒杯端给朋友看，里面同样有一条蛇影；他又请朋友端着原来那杯酒离开那个位置，再看杯中，那蛇影就没有了。朋友不解，应郴叫朋友回头看墙上挂着的那把弩弓，对朋友说："墙上的弩弓映在酒杯中，这就是你看到的杯中的蛇，其实那只是弩弓的影子，杯中什么也没有。"朋友半信半疑，又和应郴演示了几遍，这才哈哈大笑起来，精神一下子清爽了许多，病也好了。

在中华文化宝藏中发掘物理学的因子

我国的传统文化博大精深，凝聚着我国古代人民的智慧，其中也不乏物理学知识。

一、"刻舟"为何没能求得"剑"

"刻舟求剑"是我国一则著名的寓言故事，出自《吕氏春秋·察今》。

楚国有个人在过江时把剑掉在了水里，他在船上剑落下的地方做了一个记号。等船停下来时，他从刻记号的地方下水找剑。结果自然是找不到。

这个楚国人为什么没能捞到剑呢？从物理学的角度来讲，他选错了参照物。大家知道：判断一个物体是运动还是静止，首先要选一个不动的物体作为参考，即参照物，然后把被研究的物体与参照物进行比较，看被研究物体相对于参照物的位置、方位、距离是否变化，如果发生变化，则说明被研究物体在运动；如果没有发生变化，则说明被研究物体是静止的。

船上刻的那个记号表示楚国人的剑落水瞬间在江水中所处的位置。他选择的参照物是船，而剑落在了相对于船运动的河水里，所以他在江中寻剑的地点已经发生了改变。如果船相对于河流是不动的，那么则可以捞到剑。掉进江里的剑是不会随着船行走的，而船和船舷上的记号却在不停地前进。这个楚国人用上述办法去找他的剑，不是太糊涂了吗？

关于参照物的选择，生活中有很多现象可以用来描述，比如我们经常有这样的感觉，火车停靠在站台，这时另一辆火车同样停在站台，火车中的你注视着另一辆火车，突然会感觉你的车运动了。但是别急，你探起身看看地面才发现你乘坐的火车并没有运动，运动的是另一辆火车，这是因为你把另一辆火车当成了参照物。

下面我们也不妨来演示一下"刻车求剑"的过程：一个同学骑自行车，另一个同学拿着一把木刻的剑坐在后面，在行进途中，后面的同学在车上做个记号，在记号处把剑丢下，看看剑落在什么地方，停车后，能够在车子做了记号的地方的正下方找到落下的宝剑吗？

二、从"草船借箭"说汽液转化

"草船借箭"是《三国演义》中流传最广的虚构故事之一,说的是在东汉末年,魏、蜀、吴三国鼎立前,发生在著名的赤壁之战前夕的故事。

刘备联合孙权共同对付曹操,派出军师诸葛亮出使东吴,几经接触,孙权手下的最高军事将领周瑜见诸葛亮料事如神,心生嫉妒,怕日后诸葛亮成为东吴的主要敌人,决心除掉诸葛亮。一天,周瑜设计让诸葛亮负责在三天内赶造十万支箭,并立下军令状。诸葛亮找周瑜派来打探消息的谋臣鲁肃借了二十条快船,每条船上配三十名士兵,布置好青布幔子和草把子。

头两天不见诸葛亮有什么动静,到第三天四更,诸葛亮秘密地把鲁肃请上船,吩咐用绳索把二十条船连接起来,朝北岸开去。这时江面上大雾漫天,面对面都看不清。船快靠近曹军水寨时,诸葛亮下令船尾朝东,一字儿摆开,叫士兵们擂鼓呐喊。岸上的曹兵听到鼓声、呐喊声,不明虚实,不敢轻易出动,于是叫弓弩手朝江中射箭,一时箭如雨下。一会儿,诸葛亮下令把船掉过来,船头朝东。天快亮了,雾还没有散,而船两边的草把子上都插满了箭。于是诸葛亮吩咐士兵们齐声高喊:"谢谢曹丞相的箭!"曹操这才知道上了当,可是二十条快船顺风顺水飞一样地驶回南岸。诸葛亮施计赚取十万支箭,使周瑜杀害他的计谋失败了。

学过物理的同学都知道,雾的实质是液化后的小水滴。就像烧开水,刚开始,壶的上方看不见"白雾",等水开后,壶盖上方则"白雾"缭绕,水壶上"白雾"的产生过程和大雾的形成过程十分相似。

江面要形成大雾,江面的空气中必须有大量的水蒸气。要把水变成水蒸气,有两种方式:沸腾和蒸发。沸腾需要满足两个条件:一是水温达到沸点,二是水能继续吸热。显然在自然状态下,要想让水沸腾,几乎不可能,因此要想使空气中有充足的水蒸气,只能靠蒸发。影响蒸发的因素有三个,即液体的温度、液体的表面积大小和液体表面上空气的流动。要加快蒸发,则需要提高液体的温度、增大液体的表面积、加快液体表面上空气的流动。江水的表面积是一定的,如果有风,会加快蒸发,江面上水蒸气会增加,但水蒸气会随风飘走,因此唯有提高江水的温度这个方法可行。但是人是无法改变江水温度的,只能靠老天爷啦!诸葛亮在东吴的这段日子恰好在深秋,深秋里昼夜气温差比较大,因此诸葛亮把借箭的时间选择在一个晴朗日子的第二天凌晨,而且还要保证这时段没有风。由于前一天天气晴朗，太阳照射，江水的温度提高，加快了江水的蒸发，使江面上生成了大量水蒸气，到夜间气温迅速下降，在白天生成的大量水蒸气降温后迅速液化成小水滴，从而形成大雾，能见度特别低，致使对岸的曹兵无法看见江面的情况，为了安全起见，只能射箭御敌。由于没有风，雾在太阳出来前难以散去，从而保证借箭有足够的时间。

看来即使在战争中，也蕴含有简单的物理知识。科学知识真是无处不在啊！为了将来更好地生活和服务国家，我们一定要好好学习科学知识呀！

第四章 『活物理』教育之

教学设计

同一教师也不妨"同课异构"

时常听见带多个班级课的教师感慨:"同样的内容要讲三四遍,真是没有意思,讲得自己都觉得无聊!""同样的内容我已经教了二三十遍了,背都背得出来了。"听到这样的话,笔者常常感觉到做教师的无奈。笔者不赞同这些教师的做法,因为这样做只是在做一个熟练技术工人的事情,而教育应该是一项创造性的工作,工作的乐趣和成就感是自己找的。教师工作如何做得好,如何让自己的工作不枯燥,关键取决于教师自己怎么做!

上学年笔者在进行八年级物理最后一章"信息的传递"教学时,因为带三个班,便根据班级的不同特点设计了三种教学预设。

第一种设计:教师从《封神榜》中"顺风耳"的故事引入,提出人类曾经的梦想在今天已经成为现实,那就是现在我们使用的电话——被称为"现代顺风耳"。从这里进入新课,然后介绍电话的发明、组成、基本原理以及发展。

第二种设计:首先进行复习,在黑板上分别画上话筒和扬声器的结构示意图,然后要学生回忆并介绍两种设备的工作原理和过程,最后提出能否将两种设备组合起来使用,从而引入电话的教学,然后介绍不同的电话种类、组成原理及发展。

第三种设计:首先设置生活环境,当同学们周末做完作业觉得无聊时,就会想找几个同学一起玩耍,那么怎么和同学联系呢?从而引出电话,让学生介绍自己所知的电话的结构、原理、功能等。

对同样的教学内容,采用不同的教学方法、教学手段、教学流程,这是笔者教学中"同课异构"的一个片段。三种不同的预设,导致三种不同的教学流程,使得笔者的课堂教育教学不再"炒现饭",而是变得多姿多彩,富有创造性。

现在很多教师的教学设计仅仅停留在第一个层面:备教材。偶尔也设计了一些好的教学方法,但对于学生的差异则完全没有考虑到。没有考虑学生差异性的备课和教学是不完整的教学。不同的班级,学生的知识结构、接受情况、能力高低等都是不同的，用同样的方法对待不同的学生，这样会有效果吗？也许对某一个班有效果，或者对某个学生有效果，但不会对所有的学生都有效果。严格地说，这样的教学是失败的。

其实，"同课异构"并不是陌生的名词，也不是新的提法，但以往的"同课异构"只强调同一教学内容由几个教师采取不同的方式上课。而在同一个教师的同一个教学内容的教学过程中，很少有人采用"同课异构"的方法。事实上，同一个教师也应该把同一个教学内容设计多个不同版本，这才真正符合教学设计的原则："备学生、备教材、备方法。"① 因为"同课异构"是由学生学习的基本特点决定的，新课程强调关注学生的经验，各学科的课程标准也都对关注和丰富学生的经验提出了具体的要求。对于学生而言，一次完整的课堂学习是从自身的认知起点出发，向课堂学习目标渐进的认知发展过程，就这一过程来说，在学习目标既定的情况下，起点的选择决定着这一过程的距离长短，而适宜的距离空间是学生开展课堂学习所必需的。有时学生在理解、构建新的知识时，虽然缺乏相应的知识基础，却具有一定的经验基础，在"已知"上并不是一张白纸。然而实际上，很多教师在备课和上课时，往往忽略学生已有的经验，进行课堂预设。鉴于此，教师在备课预设或课堂上应给予充分的考虑。也就是说，即使是同一教师，也应该根据班级学生的情况进行"同课异构"。

当然，"同课异构"中的"异构"不是目的而是手段，是通过同一个教师针对学习起点不同的学生用不同的设计实现提高教学有效性的目的。成功的教学有赖于教学者对教学情境的复杂性有充分的了解，并在教学现场进行有效率的教学决策。教师每天在课堂上做出无数的教学决定，而且通常要依据当时复杂的现实情况来判断如何做到最好，没有所谓的"正确的"或"单一的"最佳教学决定适用于所有的课堂，"同课异构"则为教师这样的决策提供了讨论和学习的案例，从中可以发现有效与无效的教学活动、合理与不合理的教学情境等，这对教师的自我成长也是有很大帮助的。

---

① 许国梁. 中学物理教学法 [M]. 北京：高等教育出版社，1981：154-157.

测量平均速度实验的改进

——物理室外实验课的探索

【内容来源】

人教版义务教育教科书《物理》八年级上册第一章第四节。

【教学絮语】

测量平均速度的实验是九年义务教育初中物理课本上安排的第一个学生实验。如按课本上的装置和方法进行实验，由于斜面太短，小车在斜面上运动时间很短，学生很难准确测量小车运行的时间，实验效果不理想，对学生的学习会产生一些不良的影响。为此，我们在教学中采取了一种完全不同于课本的形式进行实验。

【教学设计】

课题：测平均速度。

课型：室外实验课。

场地：学校运动场。

课时：一课时。

实验器材：自行车 1 辆，15m 和 50m 皮卷尺各 1 根，米尺 1 根，停表 12 只。

【教学目标】

1. 进一步掌握长度测量的一些基本方法并学习一些特殊方法。

2. 正确理解平均速度。

3. 掌握并应用 $v=s/t$ 求平均速度。

【教学突破点】

帮助学生理解平均速度。

【实验步骤】

(1) 学生分组，分发不同的实验器材。

　　一组：自行车 1 辆，米尺 1 根，停表 4 只；

二组：15m 皮卷尺 1 根，停表 4 只；

三组：50m 皮卷尺 1 根，停表 4 只。

（2）不同的小组根据分发的器材讨论测量学校跑道的周长。

（3）各组根据讨论的方案，实地测量学校跑道的周长，并分别在 100m、200m、300m 及终点处（400m 处）做上记号。

（4）各组派 3 名同学分别以骑自行车、跑步、步行绕跑道一周（后两名同学可以走走停停），各组分别由 4 名同学在 100m、200m、300m、终点处计时。

（5）各组分别记录并计算平均速度。

路段	100m	200m	300m	400m	第2个 100m	第3个 100m	第4个 100m	后 200m	中间 200m	后 300m
路程（m）										
运动时间（s）										
平均速度（m/s）										

（6）各组分别分析、讨论，并做总结。

（7）全班集中，3 个小组互相汇报实验过程。

【实验后记】

（1）在实验后，学生通过对实验数据的对比、分析、讨论，理解运动物体的平均速度，是指在某一路段（或者某一时间段）的平均速度，并能掌握平均速度的计算。

（2）在实验中，学生通过实地测量，掌握了一些特殊的测量方法。这让学生既学习了物理知识，又具有了一定的动手能力。

（3）改进后的实验将物理知识与体育活动联系起来，使学生感到有趣、有用。

（4）学习物理知识，最终要将物理知识应用到日常生活中去。通过改进，让所有的学生都参与到实际的测量中，让学生体验到生活中处处皆有物理知识，感受到物理知识与生活的密切联系。学生通过自己的感受理解物理知识，到实践中去理解物理知识，检验知识的正确性，这一过程可以帮助学生树立正确的知识观、学习观，从而更加积极地、主动地投入物理学科的学习中去。

"温度"导学案

【内容来源】

人教版义务教育教科书《物理》八年级上册第三章第一节。

【学习目标】

（一）知识与技能目标

1. 了解液体温度计的工作原理。

2. 了解摄氏度的规定。

3. 能说出生活环境中常见的温度值。

4. 会用常见温度计测量温度。

（二）过程与方法目标

1. 通过观察和实验，了解液体温度计的结构及工作原理。

2. 通过学习活动，掌握液体温度计的使用方法。

（三）情感、态度与价值观目标

通过学习活动，激发学生学习物理学科的兴趣和对科学的求知欲望，乐于探索自然现象和日常生活中的物理学道理。

【学习重点】

正确使用温度计。

【学习难点】

自制温度计。

【教学用具】

实验用温度计、体温计、寒暑表、烧杯（每组 3 只）、开水、冷水若干，细玻璃管、小瓶、红墨水、滴管。

【学习过程】

一、情景设置，引入新知

对于刚刚过去的暑假，大家可以用什么字来概括呢？

用一个字形容就是
"热"，用两个字形容就
是"真热"。现在已经
是秋天了，今天大家坐
在教室里有什么感觉呢？
是不是觉得比较舒适呢？
这是因为今天的气温比
较适宜。

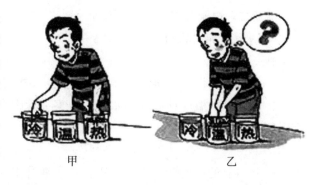

在生活中，每天的天气预报都告诉我们，今天和明天的气温最低是多少度、最高是多少度，大多数同学都是由此而得出热和冷的印象。在物理学中，我们要引入一个表示冷和热的程度的概念——温度，下面我们通过5个活动来一起学习有关温度的知识。

二、自主学习，感受新知

[要求通过独立自主地阅读教材，结合日常生活经验以及同伴（桌）互助的实验活动完成下列学习活动]

活动一：感知温度

（要求了解：什么是温度？凭手能够准确感知温度吗？）

试一试：

将热水、冷水分别各倒入一只杯子，在第三只杯子中先倒入部分冷水再倒入部分热水，使之成为温水。同时把两只手分别放入热水和冷水中；然后先把左手放入温水中，感觉温水的冷热程度；再把右手放入温水中，感觉温水的冷热程度。

说一说：

1. 手放入热水中感觉到热，是因为热水的_____高；手放入冷水中感觉到冷，是因为冷水的_____低。我们把物体的_____叫作温度。

2. 前后两次将左、右手放入温水中时，对温水冷热程度的感觉是什么？_____（是"左手感觉热些"，还是"右手感觉热些"，或者是"一样热"呢？）

3. 上述现象表明_____（选填 A. 只凭感觉判断温度是可靠的或 B. 只凭感觉判断温度是不可靠的）。为了能够准确判断温度的高低，人们发明了温度计。

活动二：自制温度计

（要求了解液体温度计的原理。）

做一做：

1. 使用教师提供的器材，对照课本上的"想想做做"自制液体温度计。

2. 将自制的温度计放入热水中，观察细管中水柱的位置，能观察到什么现象？

_____

3. 将自制的温度计放入冷水中，观察细管中水柱的位置，能观察到什么现象？

_____

想一想：

1. 物体在一般状态下，受热以后会_____，受冷以后会_____。这是物体的一种基本性质，物理学中把这种规律称为_____
_____。

2. 假如把手按到自制温度计的小瓶上，你会看到什么现象呢？先猜一猜，后试一试。_____

3. 这说明常用温度计的制作原理是什么？根据液体的_____性质制成。

提示：温度计里面的液体一般为煤油、酒精、水银等。

活动三：了解摄氏温度

（要求了解常用的温度单位，能说出一些常见温度值。）

看一看：

观察桌上的实验用温度计，要求从下面几个方面进行考虑。

1. 其结构怎么样？

_____、_____、_____、_____、_____。

2. 温度计上的字母℃的意思是什么？怎么读？

3. 摄氏温度是怎么规定的？

在_____下，将_____混合物的温度规定为0℃，将_____的温度规定为100℃，在0℃和100℃之间分成_____个等份，每个等份表示_____℃。

读一读：

课本上"小资料"中的"自然界的一些温度"。

三、合作探究，突破新知

（要求通过学习小组实验和生生交流探讨、师生互动等活动完成下面的学习活动。）

活动四：测量水的温度

（要求通过测量水温的实验，熟悉液体温度计测量液体温度的实验步骤、液体温度计使用的注意事项等。）

测一测：

请认真阅读课文内容，通过实验操作，体验测量冷水、温水和热水的温度过程，并记录好冷水、温水和热水温度的测量结果，然后总结出正确使用温度计的几个要点。

	热水	冷水	温水
温度/℃			

议一议：

1. 使用液体温度计前应注意哪些事项？

（1）要认清它的_____，即温度计所能测量温度的范围。

（2）要认清它的_____，即0℃的位置。

（3）要认清它的_____，即一个小格代表的温度值。

（4）我们实验用的温度计的量程是多少？_____；分度值又是多少？_____。

2. 使用液体温度计测量液体温度要注意哪些事项？

（1）温度计的玻璃泡应该_____被测的液体中，不要碰到_____或_____。

（2）温度计的玻璃泡浸入_____后要稍微等一会儿，待温度计的_____后再读数。

（3）读数时温度计的玻璃泡要_____液体中，视线要与温度计中液柱的液面_____。

师生共议：

1. 使用温度计之前，为什么要通过观察温度计的量程来选择适合的温度计？为什么要看清温度计的分度值？

2. 如果使用液体温度计测量液体温度，为什么要注意上述事项？

练一练：

如下左图所示，用温度计测量液体的温度，下列哪些操作是错误的？并说明错误的原因。测出的读数如右图所示，则液体温度为_____℃。

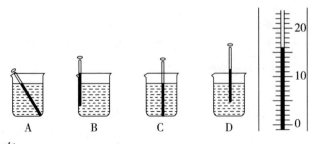

错误的有：_____

原因分别是：_____

活动五：认识体温计

(要求能够正确分辨出各类温度计的用途，能够正确使用体温计测量体温。)

辨一辨：

结合课本图片辨认桌上的三种不同用途的温度计。

1. 弄清它们的名称、用途。

2. 看看它们的量程和分度值分别是多少。

3. 它们在主要结构上有什么不同。

特别注意：体温计的玻璃泡和玻璃管之间有一段做得很细的管，目的是使温度计在读数时液柱不会下降，而保持与人体的温度相同的示数。

量一量：

测量一下自己的体温（按照正确的使用方法）。

说一说：

说出刚才你测量体温的过程以及你认为使用体温计测量体温有哪些注意事项？

四、整理笔记，梳理新知

(要求个人先填一填，然后同桌之间议一议，整理无误后再读一读。)

1. 物体的_____叫温度。

2. 摄氏温度：把 1 标准大气压下_____的温度规定为 0 度，把_____温度规定为 100 度。

3. 温度计

（1）原理：根据＿＿＿＿＿＿＿＿的原理制成的。

（2）构造：玻璃壳、毛细管、玻璃泡、刻度、标示及液体。

（3）使用温度计之前，要注意观察＿＿＿＿和认清＿＿＿＿＿。

4. 使用温度计测量温度时要做到以下三点：

（1）温度计与待测物体＿＿＿＿＿＿＿＿＿。

（2）待示数＿＿＿＿后再读数。

（3）读数时，视线要与液面上表面＿＿＿＿＿，温度计仍浸在待测物体中。

5. 体温计、实验温度计、寒暑表的主要区别：

名称	量程	分度值	用法
体温计			① 离人读数，上方有细管 ② 用前需＿＿＿＿
实验用温度计			＿＿＿＿离开被测物读数，不能甩
寒暑表			离开被测物读数，不能甩

五、巩固练习，应用新知

练一练：

（要求独立自主地完成下列几道练习题）

1. 在一个标准大气压下冰水混合物的温度是0℃，沸水的温度是＿＿＿＿℃，北京一月份的平均气温是-4.7℃，读作＿＿＿＿＿＿＿＿。

2. 使用温度计时，首先要观察它的量程和认清它的＿＿＿＿＿＿。小强在用温度计测量烧杯中液体温度时读取了4次数据，每次读数时温度计的位置如下图所示，其中正确的是＿＿＿＿＿。如右图中所示的是用温度计分别测得的冰和水的温度，那么冰的温度是＿＿＿＿＿℃，水的温度是＿＿＿℃。

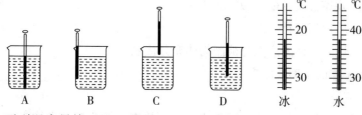

3. 下列温度最接近23℃的是（　　　）。

　　A. 健康成年人的体温　　　　B. 我国江南地区冬季最低气温

C. 冰水混合物的温度　　　　　　D. 让人感觉温暖舒适的室温

4. 关于0℃的水和0℃的冰的冷热程度，下列说法中正确的是（　　　）。

　　A. 0℃的水比0℃的冰热

　　B. 0℃的冰比0℃的水冷

　　C. 0℃的水和0℃的冰冷热程度一样

　　D. 无法比较水和冰的冷热程度

5. 关于如图所示的温度计，下列说法中错误的是（　　　）。

　　A. 它的示数为10℃

　　B. 它的最小分度值为1℃

　　C. 它不能离开被测物体读数

　　D. 它是根据液体热胀冷缩的规律制成的

6. 如图体温计上的读数是_____℃。若粗心的护士仅消毒后就直接用它去测量36℃和39℃病人的体温，则该体温计的示数分别是（　　　）。

　　A. 36℃和36℃　　　　　　　　B. 36℃和36.8℃

　　C. 36.8℃和36.8℃　　　　　　D. 36.8℃和39℃

7. 下列是使用温度计的操作步骤，请将步骤的标号按正确的操作顺序填写在下面的横线上。

　　A. 选取适当的温度计

　　B. 估计被测物体的温度

　　C. 使温度计与被测物体接触几分钟

　　D. 观察温度计的读数

　　E. 取出温度计

　　F. 让温度计的液泡与被测物体充分接触

操作步骤的正确顺序是＿＿＿＿＿＿＿＿＿＿＿＿＿＿＿＿＿＿。

查一查：

（要求：每组最先完成的同学交给老师检查，然后该同学检查本组其他同学的完成情况）

思一思：

1. 通过这节课，我们掌握了哪些知识？ _____

2. 还有哪些有疑问的地方？ _____

比一比，评一评：

（要求对本导学案的完成情况进行评价，分为"优""良""一般"3个等级，自我评价完成后交给学科组长，学科组长检查评价完成后交给教师检查并评价。）

自我评价：_____

小组评价：_____

教师评价：_____

附录：四、五部分参考答案

四、1. 冷热程度 2. 冰水混合物 沸水 3.（1）热胀冷缩 （3）量程 分度值 4.（1）充分接触 （2）稳定 （3）相平 5. 体温计：35℃~42℃ 0.1℃ 用力往下甩 实验用温度计：-20℃~110℃ 1℃ 不能 寒暑表：-30℃~50℃ 1℃ 不能

五、1. 100 零下4.7摄氏度 2. 分度值 D -22 38 3. D 4. C 5. C 6. 36.8 D 7. BAFCDE

"牛顿第一定律" 导学案

【内容来源】

人教版义务教育教科书《物理》八年级下册第八章第一节。

【学习目标】

（一）知识与技能目标

1. 知道力不是维持物体运动的原因，而是改变物体运动状态的原因。

2. 知道牛顿第一定律的内容。

3. 知道什么是惯性，知道一切物体都有惯性。

4. 会用物体的惯性解释惯性现象，培养语言表达的能力。

（二）过程与方法目标

1. 通过活动体验力对物体运动的影响。

2. 通过活动体验任何物体都有惯性。

3. 观察生活中各种与惯性有关的现象，了解观察是提高物理思维的基本方法。

（三）情感、态度与价值观目标

1. 通过活动和阅读感受科学就在身边。

2. 通过活动培养观察能力、逻辑思维能力和科学想象能力。

3. 通过了解惯性现象，加强交通安全教育。

【学习重点】

1. 对牛顿第一定律的理解。

2. 生活中惯性现象的解释。

【学习难点】

理想实验的推理过程。

【学习用具】

桌面、斜面、小车、棉布、长方体小木块、课本、文具盒、水、玻璃杯、硬纸板、苹果、纸条等。

【学习过程】

一、情景设置，导入新知

投影出示乘车遇到的情况。

同学们都搭乘过汽车，也一定遇到过上述情况，为什么会出现乘客前仰、后倒现象呢？下面就让我们一起来探究出现上面状况的原因。

二、自主学习，感受新知

（学习要求：阅读课本 16~18 页的内容，并回顾以前学过的知识，再结合自己的生活经验，完成下列 3 个问题。请将你的答案写在相应的位置，完成的同学请举手示意，然后老师找同学展示自己的学习成果。）

知识点一：阻力对物体运动的影响

问题 1：阻力对物体运动有影响吗？

答：

知识点二：牛顿第一定律

问题 2：牛顿第一定律的内容是什么？

答：

知识点三：惯性

问题 3：什么叫惯性，牛顿第一定律又叫什么定律？

答：

学习展示：请同学展示上面 3 个问题的答案。

三、合作探究，理解新知

探究一：阻力对物体运动的影响

做一做，想一想：

实验活动：将课本放在课桌上，将笔盒放在课本上，用力拉动课本。（要求每个同学都动手做一做）

实验现象：用力拉动课本时，笔盒随课本一起_____（选填"运动"

或者"静止");停止用力拉动课本时,笔盒也随课本一起_____(选填"停止"或者"不停止")运动。

根据这个实验,你认为物体运动需要力来维持吗?

你的观点是:_____。

教师点评:同学们的这个观点和古代西方一位著名科学家亚里士多德的观点是一致的,看来同学们若在古代一定都能够成为著名科学家。

忆一忆,思一思:

我们都骑过自行车,当我们不再用力蹬脚踏板时,自行车还会继续运动吗?_____;自行车为什么最终会停下来?_____。

根据你的回忆和思考,你认为物体运动需要力来维持吗?

你的观点是:_____。

教师点评:同学们的观点和近代西方一位著名科学家伽利略的观点一致,伽利略是近代实验物理科学的开创者。看来同学们都有成为著名科学家的潜质!上面两位著名科学家的观点你支持哪个呢?请在你支持的科学家后面打上对钩。

亚里士多德 (.)

伽利略   (   )

【分组实验】

(学习要求:请各小组按照课本第17页的步骤完成演示实验,实验完成后选派一名代表汇报你们的实验过程。请该同学先在小组内进行一次展示,展示时要把你们的实验及分析、推理过程讲清楚;该同学小组展示时其他同学可以进行补充、纠正或者质疑,使你们组的班级展示更完美。如果认为有必要,可以派同学在黑板上写板书。)

实验目的:探究阻力对物体运动的影响。

实验过程:按照课本17页的步骤分小组完成演示实验。

实验现象:

小车在木板面上运动的距离_____,在棉布面上运动的距离_____
_____。

实验分析:

(1) 实验中我们采取的是同一小车、同一斜面,而且每一次都是让小车从斜面顶端由静止滑下,这样做的目的是什么?_____。

（2）平面越光滑，小车运动的距离越_____，说明小车受到的阻力越_____，速度减小得_____。

实验推理：

如果运动物体不受力，它将_____。

【班级展示】

（活动要求：各小组举手抢答，要求抢得发言权的小组代表到黑板前或者在座位上站立讲解你们的实验及分析、推理过程，要求说清楚推理过程，此时本组其他同学可以补充；其他组的同学在该组同学回答完毕后，挑一挑该组同学发言中的"刺"，挑战该组同学，提出自己或本组不同的见解和看法。）

教师点评：同学们通过实验、分析及推理得到的结论，就是牛顿第一定律，看来同学们都成了著名物理学家啦。

读一读，背一背：

请同学们把牛顿第一定律的内容读两遍，争取能够背下来。

思一思，议一议：

说说你对牛顿第一定律中"将保持静止状态或匀速直线运动状态"这句话的理解。

可以理解为：物体不受力时，原来静止的物体将永远保持_____状态；原来运动的物体将永远做_____运动，速度的大小和方向都不改变。

【教师点拨】

1. 根据牛顿第一定律可知，运动的物体不受力时将做匀速直线运动，也就是说物体运动不需要力来维持。我们前面学习过力的作用效果，其中之一就是力可以改变物体运动状态。合起来说就是：力不是维持物体运动的原因，而是改变物体运动状态的原因。

2. 牛顿第一定律是在实验的基础上，通过分析事实，进一步推出来的，我们虽然做了实验，但是定律是不能通过实验直接验证的。

探究二：生活中的惯性现象

【分组实验】

（活动要求：第1个实验每个组都必须完成，第2、3个实验可以选择一个完成。实验完成后要回答：出现了什么现象？为什么会出现上述现象？注意形成完整的解题思路。各组选派一名代表汇报你们的实验过程，请该同学先在小组内进行展示，展示时要把问题讲清楚，该同学小组展示时其他同学可以进行补充、纠正或者质疑，使你们组的展示更完美。如果认为有必要，可以派同学在黑板上板书。）

实验1：把小木块放在小车上，突然拉动小车，观察小木块的运动情况；把小木块放在小车上，让小木块随小车一起运动，让小车突然撞上课本，观察小木块的运动情况。

答：

实验2：把一张小纸条放在装水的玻璃杯的下面，快速抽动小纸条。

答：

实验3：在装有水的杯子上放一硬纸片，纸板上放一个苹果，迅速击打苹果下的硬纸板。

答：

【班级展示】

（活动要求：各小组举手抢答，要求抢得发言权的小组代表到黑板前或者在座位上站立讲解你们小组实验出现的现象，解释该现象产生的原因，此时本组其他同学可以补充；其他组的同学在该同学回答完毕后，挑一挑该组同学发言中的"刺"，挑战该组同学，提出自己或本组不同的见解和看法，不断将解题思路和解题过程补充完善。）

【师生归纳】

根据牛顿第一定律，一切物体都有惯性。综合前面的分析，解答惯性问题的一般思路分为四步：第一步，说明物体原来的运动状态；第二步，弄清物体或者物体的一部分由于受到外力作用改变了运动状态；第三步，说清物体或者物体的一部分由于惯性继续保持原有的运动状态；第四步，说明出现的新情况。

【练一练】

1. 课本第18页"想想议议"1。

答：

2. 课本第18页"想想议议"2。

答：

【学生展示】

要求按照归纳的步骤回答"练一练"的两个问题。

提示：搭乘汽车时，如果没有座位，站立时要站稳，还要抓紧扶手。

【教师点拨】

惯性是生活中经常遇到的现象，一切物体，无论质量大小、温度高低、运动与否，都有惯性。而生活中，惯性有时能够给我们带来很多好处，我们需要利用它；有时也会给我们带来不必要的麻烦，我们要规避惯性造成的损失。

读一读，议一议

要求：再次阅读课本第 18 页最后两段的内容及科学世界的内容，看看课本上列举的实例中哪些物体的惯性对我们是有利的？哪些物体的惯性对我们会造成危害？

想一想，说一说

举出两三例课本之外、生活之中利用惯性的实例。

1. _____；

2. _____；

3. _____。

四、巩固练习，应用新知

1. 让小车在斜面顶端从静止开始滑下，分别在光滑程度不同的水平面运动，小车最后都会慢慢停下来，这是因为_____。实验得到的结论是：水平面越光滑，小车受到的阻力越_____，速度减小得越_____。由此可推理出：如果小车不受力，小车将_____。

2. 2013 年 12 月 2 日，举世瞩目的搭载中国首款月球车的"嫦娥三号"月球探测器成功发射，12 月 15 日完全自主研制的"玉兔号"月球车登陆月球表面，实现了中国人探索月球的夙愿。在"嫦娥三号"脱离地球引力后曾经关闭所有发动机，在没有推力的情况下，"嫦娥三号"仍可继续飞行奔向月球是由于_____，此事说明了力_____。假如"嫦娥三号"飞船飞出地球后所受外力全部消失，那么飞船将_____

_____。

3. 关于牛顿第一定律，下列叙述正确的是（   ）。

A. 物体总保持匀速直线运动或静止状态

B. 一切物体在没有受到外力作用时总保持匀速直线运动或静止状态

C. 一般物体在没有受到外力作用时总保持匀速直线运动或静止状态

D. 一切物体在受到外力作用时一定不会保持匀速直线运动或静止状态

4. 如图所示，与汽车有关的说法正确的是（　　　）。

A. 匀速直线运动的汽车没有惯性

B. 静止的汽车没有惯性

C. 汽车只有在刹车时才具有惯性

D. 汽车在各种运动状态下都具有惯性

5. 我国公安部门规定：在高速公路上，汽车驾驶员和乘客都要系上安全带，主要是为了减轻下列哪种情况下可能造成对人身体的伤害？（　　　）。

A. 汽车加速　　　　　　　B. 汽车速度过快

C. 紧急刹车　　　　　　　D. 汽车突然启动

6. 下列事例或现象中不能用惯性解释的是（　　　）。

A. 在马路上骑自行车不宜太快，防止造成交通事故

B. 树上熟透的苹果，沿竖直方向落下

C. 汽车在刹车或启动时，乘客会前倾或后仰

D. 在匀速行驶的列车上，晓明向上跳起后仍然落回原处

7. 小强同学看到有一个人从行驶的车上跳下来后摔倒了，下面是他对这种现象的解释：

①人的脚着地后受地面摩擦力作用而停下来

②人的上半身由于惯性还要保持原来向前的运动状态

③人向车行驶的方向摔倒

④从行驶的车上跳下的人原来与车共同处于运动状态

解释这个现象的合理顺序是（　　　）。

A. ①②③④　　　　　　　B. ②③④①

C. ③④①②　　　　　　　D. ④①②③

五、整理学案，梳理新知

填一填：

通过这节课，我掌握的知识点有：

（要求个人先填一填，然后同桌之间议一议，整理无误后再读一读。）

1. 从同一斜面的同一高度滑下的同一小车，平面越光滑，小车运动的

距离越_____，这说明小车受到的阻力越_____，速度减小得越_____。如果物体不受力，将_____。

2. 牛顿第一定律的内容是：_____。

3. 从牛顿第一定律可以知道，_____叫作惯性，一切物体都有_____。

思一思：这节课我还有哪些疑问？_____。

问一问：把上述问题向老师或者同学提出并寻求解答。

理一理：

（要求：整理导学案，每组最先完成的同学交给老师检查，然后该同学检查本组其他同学的完成情况。）

评一评：

（要求：分"优""良""一般"评价导学完成的情况，自我评价完成后交给学科组长，学科组长检查评价完成后，交给教师检查并评价）

自我评价：_____

小组评价：_____

教师评价：_____

"滑轮"教学设计

【教学内容】

人教版八年级《物理》下册第十二章第二节《滑轮》。

【教学目标】

(一) 知识与技能

1. 认识定滑轮、动滑轮。

2. 知道定滑轮、动滑轮、滑轮组的作用。

3. 会根据要求使用和组装滑轮组,能根据安装情况分析施加的拉力与物重的关系。

(二) 过程与方法

1. 经历探究定滑轮、动滑轮工作特点的过程,进一步掌握用观察、对比的方式来研究问题的方法。

2. 经历组装滑轮组的过程,学会按要求组装滑轮组的方法。

(三) 情感态度与价值观

1. 通过小组实验、大组交流,养成互动交流的团队协作的良好习惯。

2. 对滑轮的工作特点具有好奇心,关心生活、生产中有关滑轮的实际应用。

3. 具有对现实生活中简单机械的应用是否合理进行评价的意识,具有利用简单机械改善劳动条件的愿望,初步认识科学技术对人类社会发展的作用。

【教学重点】

1. 探究定滑轮与动滑轮的特点。

2. 确定使用滑轮组时拉力 F 和物重 G 之间的关系。

【教学难点】

1. 定滑轮与动滑轮的实质。

2. 判断滑轮组的省力情况,会根据实际要求组装简单的滑轮组。

【教学方法】

学案导学法、实验探究法、对比分析法、合作交流法。

【教学器材】

学生器材：滑轮（单2个，双2个）、铁架台、钩码、细线、弹簧测力计、刻度尺。

演示器材：一个较大的滑轮、一根较长较粗较光滑的绳子、一满桶水。

【教学过程】

一、创设情境，激趣导入

首先请一个个子及力气都比较小的女同学到讲台上把一满桶水搬上讲桌，再请这位同学使用动滑轮提升这桶水。让同学们观察这个过程，并让其他同学上来感受一下。

教师适时提出问题：为什么这位女同学直接搬不动一桶水，使用这样一个设备却可以提起一桶水呢？从而引入滑轮，并板书课题。

教师出示并分发滑轮到每个小组，让大家拿起滑轮并试着转一转，接着介绍滑轮的概念。

教师讲述：其实在我们的生活中很多场合都使用过这种设备，并让学生举出生活中看到的类似设备。

教师对学生的举例进行简单的判断之后，引入新课的学习。

二、自主学习，感受新知

为了让同学们对这类设备有更多的了解，下面我们一起来学习。首先请同学们开始自主学习，感受新知。

要求同学们回顾以前学的知识、阅读课本81~83页的内容，并结合生活实际，独力完成学案中的问题，并限定自主学习的时间。

知识点一：定滑轮与动滑轮

1. 滑轮可以分为两大类：_____和_____。

2. 定滑轮：在使用时轴的位置_____的滑轮叫定滑轮。

3. 动滑轮：在使用时轴的位置随被拉物体_____的滑轮叫动滑轮。

知识点二：滑轮的特点

4. 使用定滑轮的特点：可以改变_____，但_____力也不能省_____。

5. 使用动滑轮的特点：可以省_____的力，但_____改变用力的方向。

知识点三：滑轮组

6. 滑轮组是由若干个_____滑轮和_____滑轮组装而成的，可以达到既能_____力又能改变_____的使用效果。

学生自主学习时，教师再次强调学习要求：一定要先阅读，再完成导学案相应的部分，对部分未能按时完成的同学也要他们不要着急。

让完成的同学简单地汇报答案，因为自主学习的目的是让学生"知其然"。

三、合作探究，突破重点

教师：在自主学习之后，肯定有不少同学对某些问题还有疑问，也许还有同学对所学知识一知半解，不要紧，下面让我们带着问题一起进行合作探究，探究出一些我们还不明白的道理。

现在我们同桌的 2 个同学分为一个小组，前后的 4 个同学分为一个大组，完成下列探究活动。要求先分小组完成探究实验，再分大组进行讨论，完成分析过程。

（当学习小组进行实验时，教师适当巡回指导。）

活动一：探究定、动滑轮的特点

1. 小组按照课本步骤组装定滑轮和动滑轮，进行实验，并将实验数据填入学案的表格中。

表一　定滑轮

实验次数	物重（N）	物体升高的高度（cm）	拉力大小（N）	拉力作用点移动的距离（cm）	用力的方向
1					
2					
3					

表二　动滑轮

实验次数	物重（N）	物体升高的高度（cm）	拉力大小（N）	拉力作用点移动的距离（cm）	用力的方向
1					
2					
3					

2. 大组进行实验数据分析，要求针对学案中的问题进行

（1）关于定滑轮的使用

比较重物与拉力大小的关系可以看出：F____G，得出的结论是使用定滑轮____省力；

比较物体提升的高度和拉力作用点通过的距离关系：s____h，得出的结论是使用定滑轮____省距离；

比较拉力方向和物体运动方向，当作用在定滑轮上的拉力方向为竖直向下时，物体运动方向为_____，说明使用定滑轮可以改变_____。

（2）关于动滑轮的使用

比较重物与拉力大小的关系可以看出：F____G，得出的结论是使用动滑轮____省力；

比较物体提升的高度和拉力作用点通过的距离关系：s____h，得出的结论是使用动滑轮____省距离；

比较拉力方向和物体运动方向，当作用在定滑轮上的拉力方向为竖直向下时，物体运动方向为_____，说明使用定滑轮可以改变_____。

3. 班级集中讨论

先让大组代表汇报针对学案讨论出的结果，接着进行引导。

教师引导1：同学们是如何判断定滑轮和动滑轮的？引导学生进一步理解定滑轮、动滑轮的概念。教师板书定滑轮、动滑轮的概念。

教师引导2：使用定滑轮、动滑轮有什么好处？让学生讨论：在什么情况下使用定滑轮？什么情况下使用动滑轮？进一步明确生活、生产中为什么要使用定滑轮、动滑轮。教师板书定滑轮、动滑轮的特点。

教师引导3：师生共同分析滑轮的实质。

教师边讲边演示边画定滑轮的杠杆示意图，引导学生分析：定滑轮的实质是一个____杠杆。定滑轮两边的力与轮相切，中心轴为杠杆的支点，轮的直径可以看作是一根硬棒，动力和阻力作用在直径的两端，动力臂_____阻力臂。

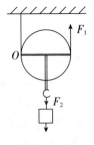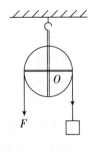

教师边讲边演示边画动滑轮的杠杆示意图，引导学生分析：动滑轮的实质是动力臂为阻力臂_____倍的杠杆。动滑轮由于一边悬于固定点，重物的重力作用线通过滑轮中心轴，滑轮的支点位于固定边与轮相切的地方，

过支点的轮的直径相当于杠杆，物重是阻力，人施加的力是动力，动力臂是_____径，阻力臂是_____径，所以动力臂是阻力臂的_____倍。

待分析完成之后，教师板书定滑轮、动滑轮的实质。（因为教材上对其实质并没有涉及，课堂上设计的目的是帮助理解，所以在新课中不必过分纠缠其实质。）

活动二：组装滑轮组

教师：使用定滑轮能够改变力的方向，使用动滑轮能够省力，如果我们在提升物体的时候既想省力又想改变力的方向，该怎么办？

学生讨论得出方案：把定滑轮、动滑轮组合起来。

教师：像这样将定滑轮和动滑轮组合在一起就构成了一个滑轮组，教师板书滑轮组的概念。请同学们按自己的设想，将刚才的一个定滑轮一个动滑轮组合起来，看哪一组做得又好又快，并且通过做实验来验证使用定滑轮与动滑轮是不是既省力又改变了力的方向？

1. 小组进行实验，并将实验数据填入学案的表格中（学生组装，进行实验，教师巡回指导）

表三　滑轮组

实验次数	物重（N）	物体升高的高度（cm）	拉力大小（N）	拉力作用点移动的距离（cm）	用力的方向
1					
2					
3					

2. 大组进行实验数据分析，进一步定性理解滑轮组的作用。

使用滑轮组既可_____力，也可改变力的_____。

3. 班级集中讨论

教师引导学生定量地分析拉力 F 和物重 G 的关系。

使用滑轮组时，有几股绳子吊着物体，提起物体所用的力就是_____的几分之一，即 $F =$ _____ G。

教师：通过前面的学习，我们对滑轮的知识已经有所了解，下面我们一起来运用滑轮的知识解决问题。

四、知识运用，化解难点

教师出示学案中的两个问题。

学习要求：学生先独立地试一试，然后进行小组讨论，小组不会的进行大组讨论，每个大组最先完成的同学交教师检查，待大部分同学都完成之后，师生一起来总结。

题1 请你来试一试

把一个定滑轮与一个动滑轮组合成滑轮组，能设计出几种组合方式，请用铅笔画出设计的方案。

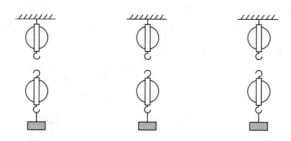

题2 请你来设计

人站在地上利用滑轮组提升 1.6×10^4 N 的重物，该绳子最多能承受 5×10^3 N 的拉力，请设计一个滑轮组，画出组装示意图（要求滑轮个数最少，动滑轮和摩擦力忽略不计）。

当大部分小组完成之后，师生讨论，一起寻找滑轮组的使用规律。

（1）当承重的绳子股数 n 为偶数时，绳子的固定端应固定在_____滑轮上（即偶定）。

（2）当承重的绳子股数 n 为奇数时，绳子的固定端应固定在_____滑轮上（即奇动）。

（3）利用滑轮提物体时，动力 F 通过的距离 s 与物体被提高的高度 h 的关系是：$s =$_____h。

规律总结完成之后，让学生开始学案中的课堂作业。

五、课堂作业，巩固新知

要求：每组最先完成的同学交给教师检查，然后该同学检查本组其他同学的作业完成情况，小组内题目解答正确的同学将思路讲给错误的同学听。教师进行调查，针对学生错误较多的题目进行集中讲解。

1. 关于滑轮，下列说法中错误的是（　　）。

　A. 使用定滑轮不省力，但可以改变力的方向

　B. 使用动滑轮能省一半的力，还能改变力的方向

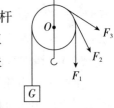

C. 定滑轮的实质是一个等臂杠杆

D. 动滑轮的实质是一个动力臂为阻力臂二倍的杠杆

2. 如图所示，通过定滑轮匀速提起重物 G 时，向三个方向拉动的力分别为 F_1、F_2、F_3，则三个力的大小关系是（　　）。

A. F_1 最大　　　B. F_2 最大

C. F_3 最大　　　D. 一样大

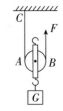

3. 如图所示的滑轮是变形杠杆，其支点是_____，如果物重 $G=50N$，动滑轮重 10N，绳子摩擦不计，当重物 G 匀速上升时，拉力 $F=$_____N，如果绳子自由端通过的距离是 4m，则重物上升的高度是_____m。

4. 如图所示，同一物体在同一水平面上做匀速直线运动，已知物重 $G=80N$，摩擦力 $f=20N$，则 $F_1=$_____N，$F_2=$_____N。

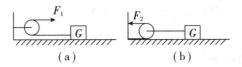

(a)　　　　　　(b)

5. 电气化铁路的高压输电线，无论是在严冬还是在盛夏都要绷直才能使高压线与列车电极接触良好，所以必须对高压线施加恒定的压力。为此，工程师设计了如下左图所示的恒拉力系统，其简化原理图如下右图所示。实际测量得到每一个水泥块体积为 $1.5\times10^{-2}m^3$，共悬挂 20 个水泥块。已知水泥块的密度为 $2.6\times10^3kg/m^3$，g 取 10N/kg。

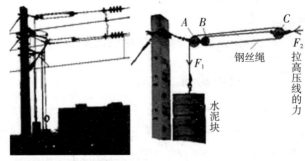

（1）指出图中的动滑轮、定滑轮；

（2）每个水泥块的重力是多少？

（3）滑轮组对高压线的拉力是多大？

六、互问互查，整理新知

当课堂作业完成之后，如果有时间，让学生完成互问互查；如果课堂时间不够，可以让学生在课外进行该项活动。

问一问（同桌之间互相问一问下列问题）：

（1）通过这节课，我掌握了哪些知识？

（2）还有哪些不懂的地方？

查一查：同桌之间互相检查一下导学案整理的情况，还有没有不会的，不会的互相讲一讲。最后大组长进行学案检查，检查完毕后收齐交给教师。

七、板书设计

（一）滑轮的定义

中心有轴，周边有凹槽可以绕装在框子里的轴转动的轮子。

（二）滑轮的分类

1. 定滑轮

概念：使用时轴固定不动的滑轮。

特点：可以改变力的方向。

实质：一个变形的等臂杠杆。

2. 动滑轮

概念：使用时轴随物体一起运动的滑轮。

特点：可以省一半力，不能改变力的方向。

实质：一个动力臂为阻力臂二倍的省力杠杆。

3. 滑轮组

概念：将定滑轮和动滑轮组合起来。

特点：既可以省力，又可以改变力的方向。

拉力和物重的关系：使用滑轮组时，滑轮组用几段绳子吊着物体，提起物体所用的力就是物重的几分之一，即 $F = 1/nG_物$。

课堂作业参考答案：1. B　2. D　3. A　30　2　4. 20　10　5. （1）A、B 为定滑轮，C 为动滑轮　（2）3.9×10^2N　（3）2.34×10^4N

"电流和电路"复习课学案

【内容来源】

人教版义务教育教科书《物理》九年级全一册第十五章。

【学习目标】

1. 进一步熟悉电流的方向。

2. 进一步明确简单电路的组成部分及各部分在电路中的作用。

3. 熟悉生活中的各种电源、开关、用电器。

4. 能对照简单的电路画电路图。

5. 能对照电路图连接简单的电路。

【学习时间】

1 课时

【学习过程】

一、知识点复习阶段（时间大约为 6 分钟）

问一问（要求同学之间互相提问，回答上节新授课的主要知识点）：

1. 电流是怎样形成的：_____；

   形成电流的电荷是正电荷还是负电荷：_____；

   电路中电流的方向是怎样规定的：_____；

   当电路闭合时，在电源外部电流的方向是_____。

2. 电路由哪几部分构成：_____；

   各部分在电路中有什么作用：_____；

   电路中形成持续电流的条件：（1）_____；（2）_____。

画一画：（画出常见的电路元件符号）

电池（电池组）　　　　　　　　电灯

开关　　　　　　　　　　　　　电流表

电阻

电动机　　　　　　　　　　　　相连的导线

二、自主学习阶段（时间大约是10分钟）

（要求：独立完成下列所有问题，一定要形成自己的解题思路，"答一答"的答案可以直接写在括号或者方框内）

1. 关于电流和电源，下列说法中正确的是（　　　）。

　　A. 电路中只要有电源，就一定产生电流

　　B. 金属导体中有自由电子的移动，一定能形成电流

　　C. 电流的方向总是从电源的正极流向负极

　　D. 电流沿着"正极—用电器—负极"方向移动

　析一析：

　答一答：

2. 关于电路中电源的认识，下列说法中正确的是（　　　）。

　　A. 只有干电池和发电机能够提供电能，它们是电源

　　B. 只有干电池才叫电源

　　C. 只有发电机是电源

　　D. 凡是能提供电能的装置都可以作为电源

　析一析：

　答一答：

3. 如右图，当开关闭合时，电路中的电流将沿着
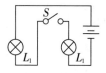
_____ ⟶ _____ ⟶ _____ ⟶ _____的方向流动。

　析一析：

　答一答：

4. 在下列四个电路图中，符合基本组成条件且连接正确的是（　　　）。

　　　A　　　　　　B　　　　　　C　　　　　　D

　析一析：

　答一答：

5. 请你根据如下页左图所示的电路图连接如右图的电路。（注意：用笔代导线连接电路时，导线不得交叉）并在完成的实物图中标注电路中电流的方向。

析一析：

答一答：

6. 请你在方框中，画出左边电路的电路图。

析一析：

答一答：

7. 请用笔画线代替导线把你连接的能使小灯泡发光的电路画下来。你在连接电路的过程中，是否遇到小灯泡不发光的现象呢？如果遇到，请你继续分析：在电路连接的过程中，有哪些情况可造成小灯泡不发光？

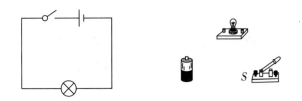

析一析：

答一答：

三、合作交流阶段（时间大约是8分钟）

议一议：各组根据教师分配的任务进行交流讨论，关键是说清楚自己的解题思路，注意形成完整的解题思路。

定一定：各组针对问题，确定本组最优化的思路和最佳答案。

帮一帮：通过交流和指导，帮助本组还未弄懂的同学弄清思路。最终达到每位同学都能够向全班展示本组分配的任务的目的。

换一换：本组问题讨论清楚后，再讨论其他组的任务，以利于在对抗质疑环节展示本组风采。

四、展示质疑阶段（时间大约是 15 分钟）

展一展：根据教师的要求，各组组员回答指定的问题，要求说清楚为什么这样解答。此时本组其他同学可以补充。

挑一挑：其他组的同学在该同学回答后，挑一挑该组同学发言中的"刺"，挑战该组同学，提出自己或本组的见解和看法。

补一补：其他同学继续提出自己的见解和看法，不断补充完善本题思路和解题过程。

拨一拨：教师根据同学们的回答适时点拨，最终目的是形成本地最优化的解题策略，形成规律。

五、检查反馈阶段（时间大约是 6 分钟）

练一练：

1. 在手电筒电路中，提供电能的是（ ）。

    A. 电池   B. 灯泡   C. 导线   D. 开关

2. 关于电流和电源，下列说法中正确的是（ ）。

    A. 规定正电荷定向移动的方向为电流方向

    B. 只有电路断开时，电路中才能有电流

    C. 只要电路闭合，即使电路中没有电源，电路中也一定有电流

    D. 只要电路中有电源，即使电路断开，电路中也一定有电流

3. 下列器件中，全部为用电器的是（ ）。

    A. 电铃、电池组、白炽灯

    B. 日光灯、电风扇、电视机

    C. 洗衣机、收音机、开关

    D. 电源、插座、电线、空调线

4. 下图电路中正确的是（ ）。

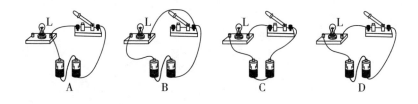

5. 下图是家用门铃的实物连接图,请画出它的电路图。

查一查:

(要求:每个小组最先完成的同学交给教师检查,然后该同学检查本组其他同学的完成情况)

思一思:

1. 通过这节课,我掌握了哪些知识? _____

2. 还有没有不明白的地方? _____

评一评:

(分"优""良"或"一般"评价导学案完成的情况,自我评价完成后交给学科组长,学科组长检查并评价完成后,交给教师检查并评价。)

自我评价: _____

小组评价: _____

教师评价: _____

"电功率"教学设计

【内容来源】

人教版义务教育教科书《物理》九年级全一册第十八章第二节。

【教学目标】

（一）知识与技能

1. 知道电功率是表示消耗电能快慢的物理量，理解电功率的定义、定义式，知道其单位。

2. 知道用电器的额定功率是在额定电压下工作时的功率。

3. 会用电功率的定义公式 $P=W/t$ 和推导式 $P=UI$ 进行简单的计算。

4. 能运用学过的知识解决简单的电功率问题。

（二）过程与方法

1. 观察体验电能表铝盘转动的快慢与用电器电功率的关系。

2. 观察体验用电器的额定功率与实际功率的关系。

（三）情感态度与价值观

1. 通过讨论和交流，培养合作学习的意识和态度。

2. 认识用电器正常工作和不正常工作对用电器的影响，培养学生科学使用用电器的意识。

【教学重点】

理解电功率的物理含义，能用电功率公式进行简单的计算。

【教学难点】

知道额定功率和实际功率的区别和联系。

重点突破：电功率是一个抽象的概念，学生难以理解；电功率的计算也比较复杂，易造成学生的思路混乱；额定功率和实际功率两个概念也容易混淆。因此，在教学过程中，首先通过演示不同功率的灯泡工作时电能表铝盘转动的快慢不同，引导学生比较、思考，从而引出电流做功快慢的不同，让学生理解电功率的意义；然后类比力学中的"功率"定义帮助学生建立和理解电功率的定义及定义式，再结合电功的公式推导出电功率计

算的推导公式 $P=UI$ 和单位。这种呈现方式注重过程的体验，增加了学生的感性认识，同时渗透了比较和类比的科学研究方法，降低了学习新概念的难度，符合学生的认知发展规律。

难点突破：从家用电器、家用白炽灯泡及小灯泡的铭牌入手，首先认识额定电压、额定功率，再通过实验探究"小灯泡两端的实际电压分别略小于、等于、略大于额定电压"三种情况下小灯泡的亮暗情况，让学生知道小灯泡的实际电功率与实际电压的关系，认知额定功率和实际功率的区别和联系，得出灯泡的亮度与额定功率的大小有关，在学生的头脑中建立电功率大小与灯泡的亮度的联系。

【教学方法】

实验法、类比法、讲解法。

【学习方法】

观察法、实验法和讨论法。

【教学准备】

教师准备：投影仪、自制 PPT 课件、电能表、白炽灯 4 个（"220V　40W""220V　100W""12V　10W""36V　25W"）、开关、演示用电路板、插座等。

学生准备：不同规格的灯泡、各种小电器或者各种用电器的说明书。

【教学过程】

一、创设情境，激趣导入

1. 出示一系列用电器的铭牌，让学生寻找、发现铭牌上的信息（或者课前布置学生自行查找），提出疑难问题，引起对额定功率的关注。

2. 提问：学完电能和电能表后，谁观察过电能表的转动情况？不同时刻、不同家庭的电能表转动得一样快吗？与用电器的电功率有什么关系呢？

3. 演示：在电能表后分别接入不同的灯泡，一只灯泡上标有"220V 15W"，另一只灯泡上标着"220V　100W"。接通电源，发现后者比较亮，电能表的转盘转动得快，而前者比较暗，电能表的转盘转动得慢。

同是灯泡，为什么有的做功快，有的做功慢呢？为了描述用电器做功时的这种差别，引入一个新的物理量——电功率。（板书课题）

二、自主学习，感受新知

请同学们带着下面几个问题阅读课文：

1. 电功率是表示什么的物理量？

2. 我们是怎样定义电功率的？定义公式怎么写？电功率单位是什么？

3. 除了定义式之外，还有什么计算电功率的公式？

4. 什么是额定电压和额定功率？

三、合作探究，突破重点

（一）什么是电功率

教师：电能表是用来测量用电器消耗电能多少的。电能表转得快说明了什么？转得慢又说明了什么？

学生：电能表转得快说明用电器做功快，转得慢说明用电器做功慢。

教师：用电器做功的快慢需要用一个物理量来表示，它就是电功率；以前我们学习过哪些表示物体快慢的物理量？

学生：速度。

学生：功率。

教师：功率是表示什么的物理量呢？又是如何定义的？

学生：功率是表示物体做功快慢的物理量，功与做功所用时间之比叫作功率。

教师：那下面请同学们类比"功率"来学习"电功率"。

学生讨论：电功率是表示什么的物理量？人们如何定义它？

学生：因为带电，所以电功率应该是用来表示电流做功快慢的物理量。

学生：电流做的功与通电时间之比叫作电功率。

教师：功率的定义式怎么写？电功率的定义公式又怎么写呢？下面请同学们类比功率的定义式写出电功率的定义式来。

学生演排：找两三个学生到黑板前写出电功率的定义式：$P=W/t$。

教师：根据定义公式，知道了电功和通电时间，就可以计算出电功率了。我们在上一节学习了电功的公式，把电功的公式代入电功率的定义式推导一下，大家看看会有什么新的公式。

【学生讨论、推导】

同样找两三个学生到黑板前进行推导：$P=W/t=UIt/t=UI$

教师：物理计算既包括数字的计算，又包括单位的计算，我们来看看上述公式中的单位。

【学生讨论并回答】

教师总结：电功率的单位有两个，一个是导出单位焦/秒（J/s）；另一个是国际单位制中的单位瓦特，简称"瓦"，单位符号是"W"；它们的换算关系为 $1W = 1J/s$。

电功率的更大单位还有千瓦（kW），$1kW = 10^3 W$。在计算过程中，只有单位对应一致才能进行计算。

学生观察课本中部分用电器的铭牌上的电功率，教师讲解单位的意义。

（二）千瓦时的来历

教师：我们上一节学习电功时，学习了"千瓦时"这个单位，大家还记得 1 千瓦时等于多少焦耳吗？

学生：$1kW \cdot h = 3.6 \times 10^6 J$

教师：假如有一个用电器的功率是 1000W，正常通电 1h，该用电器消耗的电能是多少呢？

学生计算：找两三个同学到黑板前演算。师生一起评判演排是否正确。

教师：我们可以看出功率为 1kW 的用电器正常使用 1h 所消耗的电能是 $3.6 \times 10^6 J$，也就是 $1kW \cdot h$，千瓦是电功率的单位，小时是时间的单位，故千瓦时就是电功率乘时间，即电功的单位。

（三）额定功率

演示：取出两个不同的灯泡，让学生观察铭牌，一个灯泡上标有"220V　40W"，另一只灯泡上标着"220V　100W"，分别将两个灯泡接入家庭电路，观察灯泡的亮度。

学生：100W 的灯泡更亮。

教师：100W 的灯泡发光比 40W 的灯泡发光要明亮得多。大家注意到没有，这个瓦数前面还有一个 220V，它是什么意思呢？

学生："220V"可能是灯泡工作时两端的电压。

教师：讲解额定电压和额定功率。用电器正常工作时的电压叫作额定电压，灯泡在额定电压下发光的功率叫作额定功率。用电器铭牌上标示的电压均为额定电压，标示的功率均为额定功率。

教师提问：假如这两个灯泡不在额定电压下工作，会出现什么情况呢？比如我们把两个灯泡串联接入电路，每个灯泡要分掉一部分电压，这样两个灯泡的实际工作电压都比额定电压小，大家猜猜哪个灯泡会亮一些呢？

学生猜测：两种情况都有学生猜测。

教师演示：把两个灯泡串联接入电路，学生观察两个灯泡的发光情况，并与前两次比较。

学生：100W 的灯泡发光为什么会比 40W 的暗一些呢？

学生：两个灯泡都比原来 220V 时要暗一些。

教师：讲解额定功率与实际功率的区别。

额定电压、额定功率具有唯一性，只有一个值，而实际电压、实际功率可以有很多个，可以比额定的大，也可以比额定的小，还可以相等。

额定功率和实际功率的关系如下：

当 $U_实 > U_额$ 时，则 $P_实 > P_额$，灯很亮，易烧坏；

当 $U_实 < U_额$ 时，则 $P_实 < P_额$，灯很暗；

当 $U_实 = U_额$ 时，则 $P_实 = P_额$，正常发光。

（四）电功率的测量

教师讲解：电功率与电流、电压间的关系为 $P = UI$，要测量用电器的电功率，需要哪些测量工具？

学生讨论：电压用电压表测量，电流用电流表测量，然后用推导公式 $P = UI$ 进行计算。

四、知识运用，化解难点

（1）让学生先阅读课本例题，然后将课本第 8 页"例题"更换几个数值，让学生先练习，再找学生演排。（如将 150W 改为 200W，将 3h 改为 4h）

（2）将一个"220V　40W"的灯泡接入 110V 的电路中，其实际工作时的电功率是多少？

先让学生思考分析，教师再讲解思路，强调电阻不变，再让学生练习，教师给予指导。

五、课堂小结，形成系统

教师：额定功率是用电器的一个非常重要的参数，我们在生活中购买或了解一些家用电器时都要关注它。同学们可以课后去调查一下你家里的用电器的额定功率值分别是多少，做个排序。这节课你最大的收获是什么？

学生：在回答中完成本节课的知识梳理。

（1）电功率的定义。

（2）额定电压和额定功率。

（3）电功率的计算和测量。

六、课堂作业，巩固新知

完成课本第 95 页"动手动脑学物理"中的 1、2、3、4 题。

【板书设计】

（一）电功率

1. 意义：表示消耗电能快慢的物理量。

2. 定义：电功与时间之比。

3. 定义式：$P = W/t$

4. 推导公式：$P = UI$

（二）千瓦时的来历

$1kW \cdot h = 1kW \times 1h = 1000W \times 3600s = 3.6 \times 10^6 J$

（三）额定电压和额定功率

1. 额定电压：用电器正常工作时的电压。

2. 额定功率：用电器在电压下的功率。

3. 额定功率与实际功率的区别。

（四）电功率的测量

1. 根据定义式 $P = W/t$ 进行测量。

2. 利用推导公式 $P = UI$ 进行测量。

【教学反思】

电功率是初中电学的重点和难点，由于内容较多、计算较复杂，因此只能在有限的时间内尽量使学生理解和掌握电功率。

这节课的难点是学生对额定电压、额定功率与实际电压、实际功率混淆不清，解题中需把电功率公式和欧姆定律公式反复运用，学生理解起来非常困难。解决这一困难，一是要把有标示的灯泡接入不同电压的演示实验做好，二是解题中要分步计算，把每一步的已知什么求什么讲清楚，练习应以直接用公式的简单计算为主。

至于 $P = U^2/R$、$P = I^2R$ 公式，因为学生理解起来有很大的困难，会让学生感到混乱，本节新授课暂不涉及，待复习课再来推导并运用。

"测量小灯泡的电功率"教学设计

【内容来源】

人教版义务教育教科书《物理》九年级全一册第十八章第三节。

【教学目标】

（一）知识与技能

1. 会用电压表和电流表测小灯泡的电功率。

2. 通过实验、比较，进一步理解额定功率和实际功率的区别。

3. 知道灯泡的亮度是由其实际功率决定的。

（二）过程与方法

1. 让学生依据实验原理自行设计实验电路、选用实验器材、设计实验记录表格，有序地做实验、读取数据、计算小灯泡的功率。

2. 体验小灯泡的电功率随两端电压的改变而改变，并发现其变化的规律。

（三）情感态度与价值观

1. 通过讨论和交流，培养合作学习的意识和态度。

2. 认识用电器正常工作和不正常工作时对用电器的影响，培养科学使用用电器的意识以及节约用电的意识。

【教学重点】

1. 测量小灯泡电功率的方法。

2. 对实际功率和额定功率的理解。

【教学难点】

学生自己设计实验电路和实验步骤。

重点突破：本课通过"伏安法"测小电灯电功率实验的设置，强调了由感官来认识物质世界的重要性，根据学生的思维特点，结合"科学探究的七步骤"逐步引导学生进行实验并分析。实验中，让小灯泡两端的电压分别小于、等于、略大于额定电压，观察小灯泡的明暗情况，让学生亲身体验、见证额定功率和实际功率的区别，认知额定功率和实际功率。

难点突破：通过与"伏安法测小灯泡电阻"实验进行对比分析，让学生尽快熟悉本实验电路和实验步骤，仅仅在实验原理和处理数据上有所不同。最后再通过一个实验设计来训练学生的学习迁移能力，达到迅速化解难点的目的。

【教学方法】

对比法、启发式教学法、实验探究法等。

【学习方法】

实验法、自主—合作—探究法、对比法。

【教学准备】

教师准备：投影仪、自制 PPT 课件。

学生准备（4 个人一组，每组一套）：小灯泡（2.5V　0.3A）、电流表（0~0.6A 和 0~3A）、电压表（0~3V 和 0~15V）、干电池（3 节）、滑动变阻器、开关、导线若干等。

【教学过程】

一、创设情境，引入新课

教师：我们每个家庭都会使用灯泡，家里的灯泡一般是晚上 7、8 点钟较暗，半夜 11、12 点较亮，有时候还会出现忽明忽暗的情况，那么灯泡的亮度取决于什么条件呢？

学生：灯泡的亮度取决于灯泡的额定电功率。

教师：灯泡的亮度取决于灯泡的额定电功率吗？我在前面可没有讲过。大家想想我们家的同一个灯头下的灯泡额定功率相同吗？

学生：额定功率相同。

教师：是啊！这说明灯泡的亮度不是取决于灯泡的额定电功率。究竟取决于什么呢？下面让我们一起来实际测量一下小灯泡的电功率。测小灯泡的电功率有哪些方法呢？

学生：有两种方法。

学生：可以利用电能表和钟表测量。

学生：也可以利用公式 $P=UI$ 测出电压和电流，计算出电功率。

教师：如果要测我们桌上小灯泡的电功率，用哪种方法呢？

学生：小灯泡不能接在家庭电路上，看来不能用第一种方法。

学生：小灯泡不能接在家庭电路上，应该用第二种办法。

二、自主学习，设计电路

让学生带着下面几个问题阅读课本，观察实验桌上提供的器材，在回顾"测量小灯泡的电阻"实验的基础上完成本实验电路的设计。

（1）桌上摆放的小灯泡额定电压是多少？额定功率是多少？如果要用该灯泡做实验，应该由几节干电池串联供电？

（2）根据实验要求，如何设计电路？

（3）桌上提供的实验器材够不够用，各个器材的作用是什么？正确的使用方法又是什么呢？

（4）根据课本上的实验要求，应该分别测量哪几种情况下的实际功率。

三、合作探究，突破重点

（一）实验准备

教师：首先请同小组的同学互相检查实验电路，判断是否符合实验要求，并进行修正。投影显示设计电路，让学生检查是否和老师的投影一样，如果不一样，是否正确？（其他正确也可，小组内无法判断的交给教师处理）

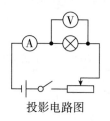

投影电路图

教师：刚才我们设计了实验电路，设计的电路测量电功率的原理依据是什么？

学生讨论：伏安法测电功率的原理依据公式 $P = UI$，分别用电压表和电流表测量出小灯泡两端的电压和通过的电流，代入公式计算即可。

教师：实验过程中，我们调节滑动变阻器，可以改变小灯泡两端的实际电压，那么小灯泡的实际功率会变化吗？为了全面地弄清小灯泡的电功率是否变化，我们需要测量多种情况下的实际功率大小，故选取有代表性的电压条件进行测量，现分别测量以下三种电压下的实际功率。

（1）使小灯泡在额定电压下发光，测出其功率，观察小灯泡亮度。

（2）使小灯泡两端电压是额定电压的 1.2 倍，测出其功率，并观察小灯泡亮度。

（3）使小灯泡两端电压低于额定电压，测出其功率，并观察小灯泡亮度。

（二）设计实验步骤

教师提示各小组在"测量小灯泡的电阻"实验基础上进行讨论、交流，每个小组指定一个同学执笔，写出同组拟定本实验合适的实验步骤，画出实验记录表格。（比一比，看哪个组拟定的步骤最快、最符合要求。）

拟定好的小组将实验步骤交给教师检查后即可开始实验。等几个小组均检查完后，教师投影显示比较完整的实验步骤和记录表格。

（三）实验步骤

（1）按照电路图连接好电路；

（2）使小灯泡两端的电压为 2V，观察小灯泡的亮度，读出电流表的示数；

（3）使小灯泡两端的电压为 2.5V，观察小灯泡的亮度，读出电流表的示数；

（4）使小灯泡两端的电压为 3V，观察小灯泡的亮度，读出电流表的示数；

（5）整理实验器材，分别计算出各组的实验的电功率。

（四）记录表格

实验次数	小灯泡规格	电压 U/V	电流 I/A	电功率 P/W	灯泡亮度
1					
2	$U_{额} = 2.5V$				
3					

（五）进行实验

要求各组组长将实验步骤给教师检查后开始组织小组实验，在学生实验过程中，教师巡回指导并强调下列问题：

（1）连接电路过程中，开关应始终处于断开状态。

（2）根据小灯泡的额定电压值，估计电路中电流、电压的最大值，选择合适的量程，并注意正负接线柱的连接及滑动变阻器的正确接法。

（3）合上开关前，应检查滑动变阻器滑片是否在最大值的位置上。若不是，要弄清楚什么位置是最大位置并调整。

（4）调节滑动变阻器的过程中，首先要明白向什么方向移动滑片可以使变阻器阻值连入电路中的电阻值变大或变小，怎么调节能使小灯泡两端电压变大或变小。

（5）各组电路连接完成之后，要让教师检查之后，才能继续进行下一步的实验。

（6）在实验过程中，要认真读取、记录实验数据并计算。

（六）分析论证

实验完毕，让各组同学围绕下面三个问题进行分析：

（1）你观察到什么现象？

（2）小灯泡发光的功率分别是多大？

（3）实验得出的结论是什么？

（七）分析的结论

同一个灯泡在不同电压下的电功率不同，发光情况也不同。只有在实际电压等于额定电压时，灯泡的实际电功率才等于铭牌上所标的额定电功率，灯泡正常发光；实际电压偏低时，灯泡实际功率也偏低，此时灯泡发光较暗；实际电压偏高时，灯泡的实际功率也偏高，灯泡发光较亮。

（八）评估

让学生说出本小组实验中出现的故障，说说是如何排除故障的。

（九）可能的故障

（1）灯泡不亮。

（2）滑动变阻器不能改变小灯泡两端的电压。

（3）电压表或电流表的指针反偏。

（4）电压表或电流表无示数等。

（十）交流

交流的问题：小灯泡的亮暗跟什么有关？

（十一）交流的结论

（1）不同电压下，小灯泡的功率不同，实际电压越大，小灯泡功率越大。

（2）小灯泡的亮度由小灯泡的实际功率决定，实际功率越大，小灯泡越亮。

四、展示提高，化解难点

教师：通过刚才的实验，大家想想我们这个实验的电路图在哪里用过？

学生：在"伏安法测量小灯泡的电阻"实验中用过。

　　教师：都是伏安法，两个实验有相同之处，也有不同之处，大家找找这两个实验的异同。

　　学生：电路图相同。

　　学生：原理不同，一个是 $P=UI$，一个是 $R=U/I$。

　　学生：要测量的物理量相同，都是电压和电流。

　　学生：实验步骤不同。

　　教师：实验步骤真的不同吗？

　　学生：有说相同的，也有说不同的。

　　教师：总结学生的发言。应该说步骤也基本相同，只是数据的处理方式不同。在测电阻的实验中，可以采取"多次测量求平均值"来求小灯泡的电阻值吗？在测电功率的实验中，能否采取"多次测量求平均值"的方法求小灯泡的平均电功率？为什么？

　　学生：讨论后回答。不能，因为灯泡的实际电功率的变化不是由于误差产生的。

　　教师：对于实验电路的设计及实验步骤的拟定，应该紧扣实验原理进行，然后根据原理处理数据。（教师接着组织学生围绕下列实验要求进行设计并讨论交流。）

　　实验要求：现有一个 6V 的电源、一个 3.8V 的小灯泡、一个开关、一个电压表（只有 0~3V 一个量程）、一个电流表、一个滑动变阻器和若干导线，你能利用这些器材设计实验，巧妙而准确地测出此灯泡的额定功率吗？

　　（1）画出实验电路图。

　　（2）写出实验步骤。

　　（3）导出计算灯泡额定功率的表达式。

　　学生：小组讨论、演排，教师适当点拨。

　　相应答案：

　　1. 电路图见下图。

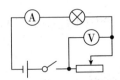

　　2.（1）按照电路图连接好电路。（2）使电压表示数电压为 2.2V，观察小灯泡的亮度，读出电流表的示数 I。（3）整理实验器材，计算出额定电功率。

　　3. 额定功率为 $P=U_{灯}I=(U_{源}-U_{滑})I=(6V-2.2V)I=3.8VI$

五、课堂小结，形成系统

从测小灯泡的电功率的原理、电路图、实验结论等方面和有关探究实验的方法引导学生进行小结。

六、课堂作业，巩固新知

完成课本第97~98页"动手动脑学物理"中的1、2、3题。

【板书展示】

（一）设计实验

1. 实验原理：$P = UI$（伏安法）。

2. 设计实验电路图（见投影）。

3. 记录表格（见投影）。

（二）实验步骤（见投影）

（三）分析论证

$U_实 < U_额$时，$P_实 < P_额$；

$U_实 = U_额$时，$P_实 = P_额$；

$U_实 > U_额$时，$P_实 > P_额$。

实际电压越大，实际功率越大，亮度越亮。

【教学反思】

本节课是电学中最重要的一个学生实验，主要学习测量电功率的方法，感受实际电压下实际功率与额定功率间的关系。它涉及的器材最多、操作步骤最复杂，可以放手让学生独立操作完成。但是让学生独立完成难度较大，因此在实验前，首先要理顺实验原理、计算公式、实验器材、电路图、各器材的作用、表格的设计等，为实验扫清障碍。在实验自主学习和合作探究过程中，教师要给予适当的引导、启发，对一些关键性的问题给予必要的提示和适时的检查，这样学生实验的正确率才会明显提高，实验才能比较顺利地完成。

很多学生实验的失误出现在对电表的使用上，包括电表的连接、量程的选取、数值的读出等，所以电表和滑动变阻器的使用仍是实验的关键。对电路故障的排除，尽量让学生自己去解决，教师只提供可能的位置和方法，让学生学会根据现象排除故障，进一步加深对电路的通路、短路和断路的理解和体会。

"焦耳定律" 教学设计

【内容来源】

人教版义务教育教科书《物理》九年级全一册第十八章第四节。

【教学目标】

（一）知识与技能

1. 知道电流的热效应。

2. 通过实验，探究并了解焦耳定律。

3. 能用焦耳定律解释生产、生活中的一些现象。

（二）过程与方法

通过实验探究，进一步分析、归纳总结出焦耳定律。

（三）情感态度与价值观

1. 在实验和交流中培养学生初步的实验探究能力和勇于发表自己观点的意识。

2. 通过对相关现象的解释和讨论，引导学生勇于探索生活中的物理道理，树立将科学技术应用于日常生活和社会实践的意识。

【教学重点】

通过实验，探究并推导出焦耳定律

【教学难点】

应用焦耳定律解释有关电热的问题。

重点突破：根据新课程基本理念中的"注重科学探究，提倡学习方式多样化"，在本节课教学中，采用"提出问题—实验探究—交流评价"的物理课堂教学模式，通过对实验现象的观察、分析、讨论，启发学生发现知识，找出规律，培养学生的观察能力和思维能力。

难点突破：教学活动是教与学相互促进的活动，为了调动学生学习的主动性，使学生在课堂教学过程中积极思考，发展思维，做到课堂教学面向全体学生，针对本课内容特点和教法，采用的学法如下：发现问题—提出假设和猜想—设计实验—验证假设—交流评价—分析归纳—练习应用。

【教学方法】

实验法、归纳法、讲授法。

【学习方法】

实验法、自主—合作—探究法、对比法。

【教学准备】

教师准备：投影仪、自制 PPT 课件、火柴、电阻、电源、电炉、电熨斗、"热得快"等电热器。

学生准备（4个人一组，每组一套）：电炉、测空气温度实验装置（两个 4Ω 的电阻，分别可以处于密闭的容器内，内置温度计）、两个学生电源、导线若干、烧瓶、温度计、铜丝、电炉丝、煤油、电源。

【教学过程】

一、创设情境，激趣导入

演示实验：将一根螺旋状电阻丝上夹一根火柴，电阻丝接触火柴头的磷，用一根长导线将电阻丝接入学生电源上，让一个学生帮忙拿着导线并将电阻丝举起，合上开关，让学生观察看到的现象：一会儿，火柴冒烟并点着火，断开电源，让学生吹灭火焰。

教师：在实验中，火柴为什么会燃烧起来？

学生：通电了。

学生：电流的热效应。

教师：电流通过电阻丝产生热，这种现象叫作电流的热效应，电热使和电阻丝接触的火柴温度升高，到达燃点，从而燃烧。

询问刚才帮助实验的同学：刚才拿着导线，有没有感觉到导线的温度升高？

学生：没有。

教师：电阻丝的温度升高到可以点燃火柴了，而与它相连的导线却几乎没有发热，为什么会形成这么大的差异呢？今天我们就来学习这个问题。

板书课题：焦耳定律。

二、自主学习，感受新知

下面请同学们带着这样几个问题阅读课本，进行预习：

（1）什么是电流的热效应？电流热效应过程中的能量是怎样转化的？

（2）焦耳定律的内容是怎样叙述的？公式怎么写？

（3）你家里有哪些利用电流热效应工作的电器？

三、合作探究，突破重点

（一）电流的热效应

教师：什么叫电流的热效应？

学生回答：电流通过导体时电能转化为内能的现象。

教师：现象应该是电流通过导体时产生热，实质是电能转化为内能。

教师：生活中许多用电器接通电源后都伴有热现象，请同学们举出生活中电能转化成热能的例子。

学生：热水器、电炉、电熨斗、电饭锅、"热得快"等。

教师：举出讲桌上有的物品，课件也同时展示一些电器的图片。

（二）电流热效应的影响因素

教师：我们知道了电流的热效应，那么电流通过导体产生热量的多少跟哪些因素有关呢？请同学们根据刚才的实验和日常生活中应用电热的经历，说出你的猜想。

学生先分组讨论，每组派一名学生上台板书猜想：电流，电压，电阻，通电时间，等等。（让学生尽量说和写，但要说出猜想的依据。）

师生一起整合猜想：今天我们只来研究电流产生的热量与电流、电阻和时间的关系。大家想一想，研究多个变量的关系时我们常用的实验方法是什么？

学生：控制变量法。

教师提出下列问题，学生回答。

问题1：要研究电流通过导体产生的热量 Q 与电阻 R 的关系，应该怎么做？

学生回答：控制电流 I 和通电时间 t 不变，让两个电阻的阻值不同。

问题2：要研究电流通过导体产生的热量 Q 与通过的电流 I 的关系，应该怎么做?

学生回答:要控制导体的电阻 R 和通电时间 t 不变,加大电路中的电流。

教师要引导学生理解:只把一个电阻接入电路、利用滑动变阻器改变电流,是为了保证电阻、时间相同。

问题3:要研究电流通过导体产生的热量 Q 与通过电流的时间关系,应该怎么做?

学生回答:控制电流 I 和导体的电阻 R 不变,通电时间 t 越长,电流产生的热量越多。

教师:下面我们先来研究电流通过导体产生的热量与电阻的关系。并对照实验装置进行介绍(课本图18.4-2的装置)。我们在哪里见过 U 形管?我们通过什么来知道电流通过电阻产生的热量不同?

学生讨论并回答:探究液体压强的特点。通过观察液面的高度差来判断。

问题1:两根电热丝是如何连接的?闭合开关后,两根电热丝的电流大小和通电时间有什么关系?

学生回答:串联,保证电流和通电时间相同。(教师要引导学生理解:两个阻值不同的电阻串联在电路中是为了保证电流、时间相同这个条件的成立。)

教师:闭合开关后,哪一边 U 形管中的液面上升得高?这说明了什么?

学生根据实验现象回答:右边 U 形管中的液面上升得高,说明10Ω电阻比5Ω产生的热量多。

教师进一步引导学生完善结论:在电流 I 和通电时间 t 相同的情况下,电阻越大,产生的热量就越多。

教师:下面我们再来研究电流通过导体产生的热量与电流的关系,并对照实验装置进行介绍(课本图18.4-3的装置)。在右边电阻上并联一个相同的5Ω的电阻,根据并联电路的分流作用,使得通过密闭容器中5Ω的电阻的电流减小,达到改变电流的作用。

教师:闭合开关后,哪一边 U 形管中的液面上升得高?这说明了什么?

学生根据实验现象回答:左边 U 形管中的液面上升得高,说明左边电阻产生的热量多。

教师进一步引导学生完善结论：在电阻 R 和通电时间 t 相同的情况下，通过的电流越大，产生的热量就越多。

教师：下面我们来探讨电流通过导体产生的热量与通电时间的关系。我们能否从上面的实验中找到答案呢？

学生：在上面两个实验中，实验时间越长，也就是通电时间越长，U 形管中液面升得就越高。

教师：正确。比如家用电水壶烧一壶相同质量的水，烧的时间越长，水温就越高。

教师引导学生归纳影响电流热效应的因素，学生回答。

（三）焦耳定律

教师：我们前面学习了电功的公式，哪个同学上来写一下？其他同学写在草稿纸上。

学生写：$W = UIt$

教师：电流通过导体时，如果消耗的电能全部转化为热，而没有同时转化为其他形式的能量，那么电流产生的热量 Q 就等于消耗的电能 W。大家把这个等式写出来，再结合欧姆定律进行以下推导：$Q = W = UIt = IRIt = I^2Rt$。

大家看一下这个公式和我们课本上的焦耳定律的公式相同吗？

学生看书，惊讶：一样的。

教师：好，下面大家把这个定律读两遍，争取能够记下来。

教师强调：

（1）焦耳定律是一个实验定律，是焦耳通过大量的实验总结出来的。定律揭示了电流通过导体时产生热效应的规律，实质是定量的表示电能向内能转化的规律。

（2）$Q = I^2Rt$ 中的各物理量都是对同一段电路或同一导体而言的，要分清 Q、I、R、t 各个量的单位，进行公式变形。

（3）我们从理论上也推导出了焦耳定律，要注意适用条件：电能全部用来产生热量，电功的计算公式也适用于电热的计算。如果电流通过导体消耗的电能不是全部用来产生热量，就只能用焦耳定律计算电热。

教师：我们学习了焦耳定律，再回头讨论前面"电阻丝能够让火柴燃烧而导线不怎么发热"的问题。

学生分析讨论：通过的电流和通电时间相同，导线电阻远小于电炉丝电阻，故产生的热量少。

（四）电热的利用和防止

教师：在生活中，我们经常要利用电流的热效应，请大家举几个课本以外的实例。

学生：（举例）。

教师：刚才大家说的这些电器大多是电热器，电热器就是利用电能来加热的设备，电热器的主要组成部分是发热体，发热体是由电阻率大、熔点高的电阻丝绕在绝缘体材料上而形成的。

教师（播放火灾现场的视频）：电热在为我们服务的同时，也给我们带来了危害，我们可以采取什么措施来防止电热产生的危害呢？

学生讨论：

（1）加大散热面积。

（2）加速发热部位空气的对流。

教师：播放正确利用电热的宣传短片。

四、知识运用，化解难点

（教师出示例题，学生先练习，找学生上台演排，然后师生一起分析订正。）

例1：一根 60Ω 的电阻丝接在 36V 的电源上，在 5 分钟内共产生多少热量？

解题思路：先利用欧姆定律计算出通过电阻丝的电流，再用焦耳定律公式计算电流产生的热量。

解：通过电阻丝的电流为 $I = U/R = 36V/60\Omega = 0.6A$

电流产生的热量为 $Q = I^2Rt = (0.6A)^2 \times 60\Omega \times 5 \times 60s = 6480J$

例2：（课本第17页"动手动脑学物理"）一只额定功率是450W的电饭锅，在额定电压下使用，每分钟产生多少热量？

解题思路：因为电饭锅工作时将电能全部转化为内能，已知电饭锅的额定功率和工作时间，根据公式 $W = Pt$ 可求消耗的电能等于产生的热量。对不少同学先计算电流，再算电阻，最后利用 $Q = I^2Rt$ 的思路也给予肯定。平时训练要尽量做到"一题多解"，以提升学生的思维能力，开始时尽可能用最简单的方法解题。

解：$Q = W = Pt = 450\text{W} \times 60\text{s} = 27000\text{J}$

五、课堂小结，形成系统

让学生回答本节课学到了什么？

（1）学了哪些新知识？

（2）用到了哪些科学方法和学习方法？

六、课堂作业，巩固新知

完成课本第17页"动手动脑学物理"中的1、2、3题。

【板书展示】

1. 电流的热效应：电能转化为内能。

2. 焦耳定律：$Q = I^2 Rt$。

3. 电热的利用与危险的防止。

走进农家学物理

——物理实践课案例设计

一、课题确定的原因和目的

我校地处城郊，是湖北省荆州市中心城市郊区唯一的一所完全中学，学生大多数来自农村，我们选择"走进农家学物理"这一课题，以学生熟悉的生活环境为研究对象，将生活中的常见现象用物理学原理来解释，激发同学们对身边小事的关心和兴趣，培养同学们仔细观察、自主学习、独立思考的习惯，提升同学们参与实践、学以致用的能力，同时也培养同学们的社会交际能力。

二、总课题与子课题

总课题（由教师提出）：走进农家学物理。
子课题（由学生讨论提出）：
（1）生活用品中的物理学知识。
（2）农业用具中的物理学形式。
（3）厨房里的物理学知识。
（4）客厅（农村叫堂屋）里的物理学知识。
（5）其他的物理学知识。

三、课题实践活动的地点

学校附近的岑河村和桂花村的 10 位同学的家中除卧室以外的地方。

四、课题活动的时间

两节课。

五、课题研究采用的方法和研究过程

（一）由教师提出实践的课题

教师初步定下总课题研究范围：到农村家庭寻找，看看哪些东西、哪些地方用到了物理知识，并给予解释。要求学生讨论并自行设计分课题及活动方案、步骤，并努力在活动中不断改进。基本按照初期方案进行活动。

（二）学生分组安排

由上述两村中的 10 位同学（小组负责人），每人带领五六名同学到自己家中寻找，看看哪些东西、哪些地方用到了物理知识。

（三）课题研究的方法和过程

1. 回忆和想象

农村的学生首先根据自己的回忆，写出自己知道的家中可能运用的物理知识；城镇的学生想象一下农家可能运用的物理知识。

2. 进行小组活动

开始前教师要反复强调活动纪律和注意事项。

（1）实地观察和访问：重视实地调查，进行有计划的科学观察，收集和辨别资料。

（2）小组讨论：根据所得具体事物与理论材料分析，课题小组成员进行集体讨论，不断明确研究对象的作用和原理，继续深入调查研究。

（3）现场实物解释：由发现新的物理知识的同学讲解或者小组辩论事物中含有的物理知识。

（4）完成小组报告：课题组每一个成员对于已取得的成果再次进行集体研讨，找出错误与不足之处进行改进，各抒己见，力求提出新的见解，完善报告。

3. 集体交流讨论

全班同学集中起来，在实物举证及理论说明的基础上运用演绎法、归纳法和综合法，力求解决活动提出的问题。

4. 教师再次提出问题，作为课外实践的补充

将学生还没有学习到的、没有注意的或者是由于季节性问题没有出现的物理知识给予必要的补充说明，让学生在课下再进行一些研究。

六、成果形式

以问答形式反映的专题活动报告，活动摄影作品。

七、学生活动心得和教学心得

通过研究，使学生在实践中学到了丰富的知识，了解到生活中的物理知识无处不在，了解到物理知识在农业生产、农村生活中的重大作用，激发了学生对身边小事的兴趣。在这次研究课题中，事实也告诉学生，只有经过自己辛勤的劳动，才会有收获；只有经过探讨，才能懂得前人发现的某些定律及规律的真正含义，书本上的知识才能更好地被运用。生活中处处存在着物理现象，只要细心体会，多思考，多提问，生活中许多秘密就能迎刃而解。

通过对身边物理现象的观察、比较、实验、测量，对物理现象进行定性或半定性的分析，学生们自主操作、团结协作，通过多渠道获取有用信息，改变了学习方式，发展了学生的个性，培养了学生的特长，让学生学会学习、学会做人、学会做事、学会团结协作，培养学生终身学习的能力。同时也让学生看到了农村的发展和现状，感受到了国家的进步和人民生活水平的提高，坚定了改造家乡面貌的信心和决心。

第五章 『活物理』教育之

课堂实录

"声的利用"课堂实录及赏析

【教学絮语】

"声的利用"是 2012 年人教版初中物理八年级上册第二章第三节的内容，属于科学内容中"运动和相互作用"的范畴，课标仅要求"了解现代技术中声学知识的一些应用""列举超声的应用实例"，大多数教师在教学中只要求学生找出课本中"声的利用"实例，进行一系列的类似"下列实例中利用（或没有利用）声传递信息（或传递能量）的是（　　）"的选择、填空训练。这样的教学也可在考试时不丢分，但学生的眼界是否打开了？思维是否得到了发展？这显然不是笔者希望的科学教育。

本节课从"活"与"真"两方面进行尝试，综观整个课堂"以活激趣""以活促学"，课堂气氛和谐，学生脸上始终洋溢着笑容，显示着学习的愉悦，彰显着生命的活力。这节课一路过关斩将，最终荣获教育部优课大奖。

【内容来源】

2012 版人教版义务教育教科书《物理》八年级上册第二章第三节。

【教学目标】

目标"一"为老生常谈，目标"二""三"则别出心裁。

（一）知识与技能

1. 知道声能传播信息。

2. 知道声能传递能量。

（二）过程与方法

1. 通过自主学习、合作学习、观看动画、实验观察等途径，探究有关声传递信息和传递能量的利用。

2. 通过"声的利用"的探究科学研究和创新的一些方法。

（三）情感态度与价值观

1. 通过探究声在现代技术和生产生活中的应用，培养学生对科学的热情。

2. 通过声的利用实例分析，消除学生心中科技创新的神秘感，克服科技创新的畏难情绪，激发学生对科技创新的兴趣和热情。

【课堂实录】

一、温故知新

教师：前面学习了一些声学的知识，下面我们一起来温故知新。大家先看投影出示两个老问题。还是老规矩：同桌的两个同学互问互查，然后教师抽查。

1. 声音是怎样产生的？声音又是怎样传播的呢？

2. 什么是超声波？什么是次声波？

（学生互问互查，1分钟后教师抽查）

二、自主学习

教师：学习知识的目的是为社会服务。这节课我们就来一起学习"声的利用"，在课前，老师已经给大家布置了预习任务，大家预习得怎么样？下面进行预习成果展示。

（投影出示学习要求）

1. 课前预习：课前布置学生阅读教材，找出教材中全部"声的利用"的实例。

2. 预习成果展示：让学生找出教材或写出教材中、生活中所知道的声的利用实例，比一比哪个小组的同学找得多、写得多。

教师：我们采取"击鼓传花"的形式在每个组选取一位同学上台找实例。在古代有"击鼓助阵"和"鸣锣收兵"的做法，我们今天也采取这种方法。我击鼓，同学们开始传花，我鸣锣时，花在谁手上，谁就上台来板书展示，大家听明白了吗？

（击鼓，鸣锣，确定展示的同学，将课本上的三页书投影到白板，学生上台在白板上画线，师生一起找出课本中声的利用的全部实例。）

教师：我们找出了这些声的利用实例，这些实例又是怎样利用声的呢？我们既要知其然，还要知其所以然。下面我们一起来合作探究。

三、合作探究

活动一：声与信息的探究

1. 声音传递信息的实例分析。

教师：请大家闭上眼睛，仅仅凭听觉感受我们教室内发生了哪些事情。

教师完成下列动作：叫一位同学上来帮忙、教师击鼓、用手机放歌、让课本掉到地上、教师敲锣。

教师：请大家睁开眼，谁来回答刚才教室内发生的事情？

学生回答，师生一起分析，得出结论：从听到的声音中直接获取信息。

投影出示三张图片并显示文字：医生通过听诊器诊断疾病；汽车修理师傅听汽车发动机的声音判断故障；铁路工人用铁锤敲击钢轨，从异常的声音中发现螺栓松动了。

插入一个超链接"凤凰网2015年4月18日的一则新闻"：女乘客听出飞机异响，经检查发现机身严重故障。

师生一起分析，得出结论：从异常的声音中获得信息。

教师：刚才讨论的都是"声音的应用"，而课题是"声的利用"，声和声音有什么区别和联系呢？下面开始小组讨论。

2. 声与声音的辨析。

学生讨论后回答，教师给予肯定和补充。

教师：我们分析了声音的利用，下面来一起探究超声波和次声波的利用。

3. 超声波传递信息的实例分析。

投影出示海狮表演的图片。

教师：我们在动物园看过海狮表演，海狮为什么要听工作人员的指挥完成这么多表演呢？

师生分析得出结论：利用超声波传递信息。

播放"声与信息"的微课视频，在适当位置暂停提示。

教师：我们着重探讨一下声呐系统。对声呐系统的研究源于一艘著名的轮船"泰坦尼克号"，这艘轮船首航时因在夜晚碰到冰山而沉没，死了很多人。人们应该怎样解决这个问题呢？逃避不是办法，应针对性提出问题，然后研究问题。人们从蝙蝠的飞行中受到了启发，最后解决了这个问题。

学生阅读"声呐的工作原理"。投影出示声呐探测海底深度、鱼群位置的图片。

学生讨论：如果要测量海洋的深度或鱼群的深度，应该知道哪个物理量？又需要测量哪个物理量呢？学生在讨论之后回答并找一位同学上黑板前板书。

教师：把声呐安装在轮船上，可以探测海底的深度、鱼群的位置，夜晚可以探测前方冰山的距离。那么能否把声呐系统安装在别的地方呢？

学生充分讨论：倒车雷达和超声波导盲仪。投影出示图片并介绍"倒车雷达""超声波导盲仪"，并提出能不能安装在飞机上？

学生充分讨论，教师指出：在"声的利用"过程中能否悟出一种发明创造的方法呢？学生再讨论。

4. 次声波传递信息的实例分析。

投影出示大象图片，师生分析得出：大象直接利用次声波交流传递信息。

接着播放一段印尼海啸的视频，强调灾难的严重性，然后文字介绍水母耳风暴仪。

教师：从蝙蝠到声呐，从水母到水母耳风暴仪，大家有没有什么发现呢？

学生讨论：都是模仿动物。

教师：人类从蝙蝠、水母等动物的身上获得灵感，通过模仿生物而制造出了对人类有用的科学设备，这门学问叫作仿生学。希望同学们也能做生活中的有心人，为人类社会的进步做出自己的贡献。

活动二：声与能量的探究

教师：在生活中我们可能有这样的经历，走在河边或湖边，把一块石头扔进去，会听到"咚"的一声响。

1. 投影出示：把一块石头扔进水里，可以看到_____向四周散去，水面上的树叶也随之起伏，这说明石头的_____通过水波传给了树叶。说明水波能够传递_____。

学生讨论之后回答上面的问题。

2. 视频感知：播放"最强大脑"中"狮吼功震破玻璃杯"的视频。

教师：这个表演者能够用声音将玻璃杯震破说明了什么问题？

学生讨论后回答：声音响度大，具有能量。

3. 实验探究：去掉饮料瓶的瓶底，在开口处蒙上橡皮膜并扎紧，封口的一端正对着火焰敲击橡皮膜，观察火焰的情况。

教师先介绍做法，提出只要做生活中的有心人，身边的物品都可以成为我们的实验器材。然后让学生做实验，并写下实验现象、分析结论。

4. 声波传递能量实例分析

（1）超声波传递能量实例分析。

播放一段"声与能量"的微课视频，在播放过程中适当暂停，介绍视频内容。

教师：能否将清洗机中的眼镜换成其他物品呢？

学生讨论后回答：水果、衣服、碗。

（投影出示上述物体的图片）教师：刚才同学们的回答很正确，将眼镜换成瓜果、衣服、碗，就成了超声波瓜果清洗机、超声波洗衣机、超声波洗碗机，同学们能否从这个利用过程中悟出另一种发明创新的方法呢？（学生讨论）

教师（笑）：大家再想一下，能否用超声波洗人呢？

学生（疑惑）异口同声：不能！

教师（笑）：我看可以，有的地方就洗人呢！

学生惊讶，投影出示超声波牙刷，教师介绍；再投影介绍超声波碎石，教师简单讲解。

（2）次声波传递信息实例分析。

学生阅读投影上的一则"次声波杀人"的旧闻。

教师：次声波能够杀人，说明次声波具有能量这一原理，科学家们利用次声波具有能量制造出了次声波武器。

教师（投影出示两张次声波武器的图片）：次声波杀人无形，如果大家以后有机会保家卫国，在使用武器时，一定要慎重，因为它事关生命啊！

四、课堂反馈

（投影出示4道练习题）

（1）前3道题采取"击鼓传花"的方式确定回答者，即问即答。

（2）第4道题学生练习，一位同学上台演排。教师进行部分面批，先批阅的同学承担本组其他同学的批阅任务。

同样采取"击鼓传花"的方法确定前三道题的回答者，要求读题、说答案，讲简单的理由。第4道题，学生在草稿纸上练习，教师批阅每个组两个，然后出示答案。

五、新课小结

教师：这节课我们学习了哪些内容呢？下面我们从两个方面进行小结。

1. 知识小结

表格出示按不同类别分类的"声的利用"的实例，并进行说明，因为人类的活动都可以归结为信息和能量，这样的分类更加接近事物的本质，更科学。

2. 方法小结

（1）科学的分类方法。

教师：这个刚才已经讲了，只有按信息和能量进行分类才能更接近事物的本质。

（2）科学的创造方法。投影出示新物品演绎出来的过程、上课教师本人一篇关于科技创新的文章，并简单讲解。

教师：这是一个创新的时代，并不是要大家（现在就）做出什么大的贡献，而是希望大家要有这方面的意识，还要掌握科技创新的一些方法，争做创新的人才。

（3）科学的对待问题的方法。

教师：每当出现问题的时候，不能选择逃避，我们要有正确对待问题的方法。（边投影边讲解方法）

六、布置作业

教师：今天的作业是课本第 41 页"动手动脑学物理"中的 1、2、3 题。

（如果时间允许，则插入两个超链接：一则是课上教师已经发表的一篇关于声音利用的文章，另一则视频为央视《我爱发明》中一个关于声音利用的发明）

【自我赏析】

本节课有两大亮点：

一、实行了把"人"放在首位的"活物理"教学

1. 创造性地"活"用教材

这节课应该是"用教材教"的一个范例。

课堂开始，从课本进入，让学生自主阅读，展示时让学生找出课本中"声的利用"的实例，到结尾又回归课本上的"动手动脑学物理"，合作探究阶段课本素材与教学素材始终穿插。其中，教学素材来源于以下四个方面。

教学素材还来自学生的生活。海狮表演、听诊器诊病、小石块扔进水中等现象都是学生常常见到的生活现象。物理知识来源于人类的生活，课本是学习的素材，学生的生活实际是最重要的素材。

教学素材还包括教师。教师的生活体验和经验远高于学生，教学本来

就是一种传承，是教师将个人经验和生活体验传授给学生的过程。因此，在教学中两次出现上课教师发表在报刊上"声的利用"的科普文，可以让学生"亲其师，信其道"。

教学素材还有网络。点击链接打开网页，让学生阅读一则凤凰网上最新的新闻以及寻找有关次声波的旧闻等。

教学素材还取自电视。让学生观看《最强大脑》，节目中表演者表演用声音震破玻璃杯，这个现象可以让学生感知声音的能量。同时也要求学生观看《我爱发明》的电视节目。

2. 恰当地"活"用信息技术

"一师一优课"的目的是打造信息技术应用于课堂的经典范例，以便资源共享。任何先进的教学设备中都包含着物理学进步的成果，这也是诠释"物理学有用"的一个好时机。

声的范围比较广泛，有人类能够正常听见的声音，也包括人类无法直接感知的超声波、次声波。对于不能直接感知的超声波、次声波，教师应通过"微课视频"让学生感知。

可以利用的教学设备还有投影，投影虽不精美，但简洁明了；还可以在交互式电子白板上让学生写字、画线、作图等；或者让学生打开网页链接，观看最新的"声的利用"的新闻；以及给学生播放电视节目等，都能够有效地显示学习内容和调动学生学习情绪，激发学生的学习兴趣。

3. 尽力地让学生在嘴"活"、手"活"、脑"活"的学习中绽放生命的"活"力

传统的物理（包括所有的理科）课堂，教师一味地让学生做题，认为只有通过做题才能提高考试分数。笔者一直认为：如果一切教学活动都围绕分数和考试进行，这样的教育有什么意义呢？"活物理教学"主张在课堂上要想方设法让学习的人"活"起来。

首先要让学生的嘴巴"活"起来，要让学生敢动嘴说话，逐步培养学生会说话，最后培养学生能说话！在课堂上，从"温故知新"开始，在每一个教学环节，都有同桌、前后桌同学之间的小讨论，也有全班同学参与的大讨论；有小组的小展示，也有班级的大展示；有个人的小质疑、小答辩，或者让学生上台阅读；等等。

物理学是一门以观察和实验为基础的科学。课本中有一个"扬声器发声让火焰摇动"的演示实验，用来说明"声音传递能量"，在课堂上可以将其改进为"学生实验"：去掉饮料瓶的瓶底，在开口处蒙上橡皮膜并扎紧，

封口的一端正对着火焰。敲击橡皮膜，观察火焰的情况，学生动手实验的效果也不错。对于"声音传递信息"课本上没有实验，笔者是这样设计的，让学生闭上眼睛，教师在教室内进行一系列活动，让学生仅凭听觉感知教师在教室内活动，亲身体验声音所传递的信息。

本次课还设计两个游戏环节，在一头（自主学习展示时）一尾（课堂反馈练习时）通过"击鼓传花"的方式确定展示的同学，"击鼓传花"本身就是声音传递信息的很好利用，一方面可以通过游戏活跃课堂的气氛，另一方面，因为以"击鼓传花"的方式确定的发言同学并不固定，每个同学都可能成为发言者，从而让每个学生都能够集中精力学习和思考。

同时设置让学生上台动手画线、板书展示、动笔演算、批改等环节，在课堂上让学生的手"活"起来，身体动起来，让学生敢动手、能动手，最后达到会动手的目的。

通过学生显性的"动嘴""动手"，必然会让学生"三思而后说""三思而后行"，从而促使学生"动脑"，把学生培养成思维活跃、理性而善于表达的人。

二、实施以"创新"为主题的"真科学"教育

传统的物理课堂立足已有科学知识体系的传承，教师讲授学生接受，然后学生利用知识解题，反复训练，以达到考试得高分的目的。

在笔者看来，科学学科的教育既要传承，更要创新。没有创新，人类就没有进步，而学校教育既有可能为创新提供发展的契机，成为其发展的动力，也有可能阻碍甚至扼杀创新意识的形成和创新能力的发展。

本节课最大的亮点在于将科学创新的思想和方法不间断地传递给学生，在教学中三番五次涉及发明创造的思想和方法。

第一次是在介绍超声波传递信息时，由声呐系统应用于轮船，让学生想一想，能否将声呐系统放入其他的地方应用？学生通过阅读教材和讨论得出，可以应用于"汽车"制成"倒车雷达"、应用于"盲人"制成"超声波导盲仪"。教师提出能否应用于飞机，学生讨论得出结论。

第二次是在介绍水母耳风暴仪时，联想到通过研究蝙蝠而发现的声呐系统，让学生了解一些模仿动物（生物）制造出的对人类有用的新产品。

第三次是在介绍"超声波传递能量"清洗物体时，由清洗眼镜开始，让学生思考能否将其他物品放入清洗机中，学生在阅读、交流、讨论之后得出可以将水果、衣服、饭碗等放入清洗机，或利用这一原理制造出水果

清洗机、超声波洗衣机、超声波洗碗机等,让学生感受另一种不同的发明创造方法。

第四次是在课堂小结环节,总结出三种不同的科技创新和发明的方法,并提出希望同学们要有发明创造的意识。

第五次是在布置作业时,由"动手动脑学物理"中的第 3 题引入,由教师介绍《我爱发明》中一则对声音的利用的发明,又一次提及科技创新。

这些创新素材来源于教材,又高于教材。让貌似很神秘的科技创新和发明看起来不再高深,让学生感觉科技创新和发明创造触手可及,将科学创新的思想和方法春风化雨般地传播经学生……可以说,这样的课堂的立意相当高远,笔者认为只有这样的物理教学才是"真"的科学教育。

"质量"课堂实录

【教材来源】

2012 年人教版义务教育教科书《物理》八年级上册第六章第一节。

【教学目标】

（一）知识与技能

1. 初步认识质量的概念。

2. 知道质量的单位及其单位换算。

3. 会用天平测量物体的质量。

（二）过程与方法

1. 体验物体的质量，对一些常见物体的质量有估测的能力。

2. 通过用天平测量常见的固体和液体的质量，掌握天平的使用方法。

3. 通过观察、实验，认识质量不随物体的形状、状态、空间位置的变化而变化。

（三）情感态度与价值观

1. 通过活动培养学生"帮助他人，快乐自己"的思想，同时获取帮助别人获得成功的喜悦。

2. 通过天平使用的技能训练，培养学生严谨的科学态度与协作精神。

【学习重点】

正确使用天平测物体的质量

【学习难点】

1. 质量概念的建立。

2. 托盘天平的正确使用方法。

【教学方法】

阅读自学法、合作探究法、实验法

【教学器材】

托盘天平、被测物体、多媒体课件等

【教学过程】

一、课堂导入

教师：同学们好！大家看我手上有一个苹果，苹果和牛顿的关系大家都知道吧！这个苹果我们今天就叫它"牛顿苹果"，现在请一位同学帮助我举起这个牛顿苹果，估算这个牛顿苹果有多重？

学生：二两。

教师：其他同学也猜一猜这个牛顿苹果有多重？

学生：三两、半斤、一两、0.01吨。

教师：我们生活中所说的物体有多重，在物理学中称之为质量，这节课我们就来学习质量。这个牛顿苹果的质量有多大呢？让我们一起走进今天的学习。

这节课有三个学习任务：一是希望通过同学们的学习活动帮助老师"牛"起来，二是进行苹果及神秘礼物大派送，三是准确、科学地测量出牛顿苹果及神秘礼物的质量。大家有信心完成学习任务吗？

学生：有！

二、自主学习

教师：好！下面我们开始相关知识的准备，请同学们开始自主学习，大家注意学习要求。

（教师投影出示自主学习的要求。）

（1）请同学们先阅读课文，把你认为重点的地方做上记号；

（2）完成导学案中知识点的填空；

（3）完成了的同学请举手示意；

（4）请同学们展示自主学习的成果。

（投影出示自主学习的内容。）

知识点一：质量的概念与单位

1. 一切物体都是由_____组成的。物理学中把_____叫质量，用字母_____来表示。

2. 质量的国际主单位是_____，符号是_____。常用的单位还有_____、_____、_____。

换算关系为：1t =_____kg；1kg =_____g；1g =_____mg

知识点二：质量的测量工具

3. 日常生活中测量质量的工具有_____、_____等，在实验室中测量质量的常用工具是_____。

4. 托盘天平的使用

（1）使用托盘天平时，应首先把托盘天平放置在_____。

（2）把游码拨到标尺左端的_____刻度线处，调节_____，使天平横梁平衡。

（3）把被测物体放在_____盘，用镊子向_____盘增减砝码，并调节游码，使天平再次平衡。

（4）读取质量：被测物体的质量 $m_{物}$ = _____。

（学生自主学习，教师巡回指导。时间大约为6分钟。）

教师：大部分同学已经完成了，下面请同学展示自主学习的成果！

学生：回答1、2两题。

教师：展示得很好，这个牛顿苹果送给你！

学生：回答3、4两题。

教师：展示得非常完美，这个牛顿苹果也送给你！

教师：通过刚才的自主学习，同学们对质量知识有了初步的了解，肯定也存在不少疑惑，下面我们一起来"合作探究"，解开这些疑惑。

三、合作探究

投影出示学习要求：

（1）通过同桌间（或对桌）的学习讨论或者小组内的合作探究完成学习任务，完成任务的小组或同学举手示意。

（2）请同学展示合作交流的结果。

（3）上述同学展示完毕，其他同学可以提出自己的意见。

（4）最终达到理解重点、突破难点的目的。

学习内容一：理解质量

投影出示活动1。

请同学们试着将下列物体进行分类：小铁钉、木制课桌、大铁锤、木凳。其中_____分为一类，另一类有_____。分类的理由是_____。

学生：小铁钉、大铁锤分为一类，木制课桌、木凳分为另一类。分类的理由是铁钉和铁锤都是由铁制成的物体，课桌和木凳都是由木材制成的物体。

教师：大家有异议没有？（教师回顾四周）这位同学分类正确，把这个牛顿苹果也送给你。那我们进行下面的活动。

投影出示活动2。

请同学们想一想、议一议物体、物质、质量的关系：

比较铁钉和铁锤，铁钉和铁锤都是_____，_____是物质，两个物体都由铁这种物质组成，只是所含铁的多少不同，铁锤比铁钉含有的铁物质_____（选填"多"或"少"），铁锤的质量_____（选填"大"或"小"）。

比较课桌和木凳，课桌和木凳都是_____，_____是物质，两个物体都由木材这种物质组成，只是所含木材的多少不同，课桌比木凳含有的木材物质_____，课桌的质量_____。

学生：回答上面的问题。

教师：这位同学回答得也很正确，我这里也有木制的物品送给你——书签，愿我们的同学能够以书签为桨，在书海中畅游。

教师强调：为了描述物体所含物质的多少这个物理量，引入"质量"这个概念。

学习内容二：感知质量

教师：物体所含的物质究竟有多少呢？我们开始下面的活动。

投影出示活动1。

同学们掂一掂：用手掂量一下桌子上几种物品的质量，估一估这些物品的质量是多大？

学生：用手掂量一下桌上放置的袋装食盐、板蓝根、洗衣粉等，并将自己估计的结果写在纸上。

教师：同学们估计得准不准呢？请大家看一看这些商品袋上的标示。

投影出示活动2。

请同学们找一找：

物品的包装上面标示的质量是多少？你估计得准吗？写下来并进行单位换算：

一包食盐的质量是_____g =_____t；

一袋板蓝根的质量是 10_____=_____mg；

一袋洗衣粉的质量是_____g =_____kg。

教师：请一个同学告诉我们，你们组找的结果。

学生：一包食盐的质量是 500g = 5×10^{-4}t，一袋板蓝根的质量是 10g =

10^4mg，一袋洗衣粉的质量是 $152g=0.152kg$。

教师：大家有异议没有？

学生：没有。

教师：一般食品、药品的包装袋上都有相关质量的标示，我们在购买商品时要留意这个标示。将这个商品送给这位同学。

教师：娃哈哈矿泉水。读书、回答问题口干了，可以润润喉。（见该同学在瓶身上面找什么）矿泉水的瓶身没有质量的标示，只有一个体积的标示。1550mL，那么这一瓶矿泉水的质量有多大呢？我们一起来测一测。

学习内容三：测量质量

投影出示 1. 生活中的质量工具。

教师：要测量物体的质量，则先要了解质量测量的工具，这些是我们生活中常用的质量测量工具，大家叫得出它们的名字吗？

学生齐答：知道。

教师：请一名同学告诉我们 3 和 6 是什么工具？

学生：3 是案秤，6 是磅秤。

教师：正确，这瓶矿泉水送给你。

投影出示 2. 实验室里质量的测量工具——托盘天平图片。

教师：请同学们再次观察课本第 110 页插图 6.1-2 和桌面上的天平，我们认识它的构造。（边指示边讲解）标尺、指针、分度盘、左右托盘等，还有砝码、镊子。

投影出示 3. 请大家了解天平使用的注意事项：

1. 被测物体_____（选填"要"或者"不要"）超过称量。

2. 向盘中加减砝码、移动游码时，不能用手接触，要使用_____，而且要轻拿轻放。

3. 不能把砝码弄湿、弄脏，潮湿的物体和化学药品_____（选填"能"或者"不能"）直接放在天平的托盘中。

教师：除了弄清楚注意事项外，还要大致了解为什么要有这些注意事项。

学生：第一个空填"不要"，因为任何测量工具都有一定的测量范围，如果超过这个范围不但测不出来，而且会损坏测量工具。

学生：第二个空填"镊子"。原因不清楚。

教师：其他同学有清楚的吗？（见无人回应）大家还记得我们学校食堂的招牌上写着一句什么话吗？

学生：谁知盘中餐，粒粒皆辛苦。

学生：讲究卫生，饭前洗手。

教师：对，为什么要饭前洗手？因为手接触各种各样的物品，手上会附有一些其他的物质，如果用手拿砝码，则会增加砝码的质量。

学生：第三个空填"不能"，因为化学药品会腐蚀托盘，水、粉末会粘在托盘上增加托盘的质量。

教师：同学们回答得很正确。这瓶水送给第一个回答的同学，后面两位同学会得到书签。

投影出示活动4。请同学们实际测一测下列物体的质量：

（1）一个苹果的质量；

（2）两块橡皮泥的质量；

（3）一张书签的质量；

（4）从娃哈哈瓶中倒一部分水到杯子中，测量倒入杯中水的质量。

教师：实验前我们一起来读一下托盘天平的使用步骤。

学生齐读托盘天平的使用步骤：

第一步：把托盘天平放置在水平桌面上；

第二步：把游码拨到标尺左端的零刻度线处，调节平衡螺母，使指针指在分度盘中线处，使天平横梁平衡；

第三步：把被测物体放在左盘，用镊子向右盘增减砝码，并调节游码，使天平再次平衡；

第四步：读取被测物体的质量：$m_物 = m_砝 + m_游$。

教师：请各组组长上来抽签决定本组测量的问题。如果桌上器材不够，可以找老师借。

投影出示要求：

（1）实验时间约6分钟。

（2）首先完成本组的测量实验，本组探究完成后可以做其他组的实验，待所有小组完成之后，小组指派一位同学展示本组风采，告诉其他小组本组的实验步骤。展示的格式为：本组探究的实验是_____，我们的实验步骤是_____（最多说四步），这个物体的质量是_____。

四、展示质疑

教师：现在所有的小组的实验基本完成。下面从第一组开始，分别展示你们的实验成果。

第一组：我们组的任务是测量一个苹果的质量。

实验步骤：

（1）将托盘天平放置在水平台上；

（2）把游码拨到标尺左端的0刻度线处，调节平衡螺母，使指针指在分度盘的中线处，使天平平衡；

（3）把苹果放在左盘，向右盘增减砝码，并调节游码，使天平再次平衡；

（4）读出苹果的质量：286g。

教师投影实验步骤。

教师：大家看，测量固体的质量方法是不是很简单？

第二组：我们组的任务是测量两块橡皮泥的质量。

实验步骤：

（1）将托盘天平放置在水平台上；

（2）把游码拨到标尺左端的0刻度线处，调节平衡螺母，使指针指在分度盘的中线处，使天平平衡；

（3）把橡皮泥放在左盘，向右盘增减砝码，并调节游码，使天平再次平衡；

（4）读出橡皮泥的质量：12g。

教师：我们请这组同学到讲台上来重新测一测（在该组同学移动过程中，教师将橡皮泥捏一下）。

学生实验，教师强调移动之后要重新调整托盘天平。

学生：和刚才的结果一样。

教师：是一样的吗？

学生：是的。

教师：我看不一样。你们组的同学仔细看一看，有什么不一样？

学生：形状。

教师：对，橡皮泥的形状变了，质量有没有发生变化呢？

投影"新发现1"橡皮泥的形状改变，质量不变。

教师：大家还有其他的新发现吗？

学生：橡皮泥的位置改变，质量不变。

投影新发现2：橡皮泥的位置改变，质量不变。

投影出示推理的问题："假如把我们实验剩下的半瓶水的盖子拧好，放入冰箱的冷冻室，待其完全结冰，其物质变化了吗？其质量增加还是减小了呢?"

学生：状态变了，质量没有变化。

投影出示一个重要结论：物体的质量不随形状、状态、位置的改变而改变!

第三组：我们组的任务是测量一张书签的质量。实验步骤为：

（1）按要求放置并调节好天平；

（2）测量 20 张书签的质量 $m = 38g$；

（3）计算 1 张书签的质量 $m_0 = m/N = 1.9g$。

教师：我们等第四组展示之后一起来看。

第四组：我们组的任务是测量一张书签的质量，实验步骤和第三组是一样的，我们先测量 10 张书签的质量，再计算一张书签的质量。我们测出来 10 张书签的质量是 18g，那么得出一张书签的质量为 1.8g。

教师：两组同学测量的结果有点差异，但应该在误差范围之内。对于质量微小，甚至小于托盘最小测量值的物体，我们可以采取这样的方法来测量，类似我们前面测量微小长度一样。这种方法是什么?

学生：累积法。

第五组：我们组的任务是从娃哈哈瓶中倒出一部分水到杯子中，测量出倒入杯中的水的质量。实验步骤为：

（1）按要求放置并调节好天平；

（2）测量空杯的质量 $m_1 = 178g$；

（3）将水倒入空杯，测量杯与水的总质量 $m_2 = 260g$；

（4）计算水的质量 $m = m_2 - m_1 = 82g$。

教师：我们等第六组展示之后一起来看。

第六组：我们组的任务和第五组一样。实验步骤为：

（1）按要求放置并调节好天平；

（2）测量一瓶矿泉水的质量 $m_1 = 575g$；

（3）将水倒入空杯，测量剩余的瓶中矿泉水的质量 $m_2 = 463$ 克；

（4）计算水的质量 $m = m_2 - m_1 = 112g$。

教师：两组同学的测量步骤略有不同，测量结果也不一样，但两组同学采取的方法是一样的。水是不能直接放在托盘中测量的，对于这样的物品怎么测量呢? 需要借助容器进行多次测量，这样的方法叫作间接法。

教师：六组同学测量了四种物品，用了四种不同的方法，希望大家课下可以再测一测。我们今天学习的内容是什么? 现在让我们来检测一下。

投影出示检测题，并出示学习要求。

采取击鼓传花的方式确定发言同学，该同学读题、说答案、讲简单的道理，如果你赞同他的观点请鼓掌。

五、检测反馈

练一练：

1. 2013 年 12 月 2 日，举世瞩目的搭载中国首款月球车的"嫦娥三号"月球探测器成功发射，14 日登陆月球，15 日中国完全自主研制的"玉兔号"月球车漫步月球表面，实现了中国人探索月球的夙愿。右图是"玉兔号"月球车，其在地球上的质量是 140kg，合_____mg。当其在月球表面行走时，其质量_____（选填"变大""变小"或"不变"）。

学生：$1.4×10^8$　不变。第一问的单位，从千克到毫克是一千进制。第二问，因为物体的质量不随物体的形状、状态、位置而改变，这里是位置变了，质量不变。

（学生鼓掌）

2. 给下列物体的质量填上合适的单位

（1）一名中学生的质量大约是 45_____；

（2）一头大象的质量大约是 5.8_____；

（3）物理课本的质量大约是 320_____。

学生：kg　t　g。因为一个中学生的质量大约 100 斤，合 50 公斤，即 50kg，大象的质量超过 1t，而课本质量不足 1kg。

（学生鼓掌）

3. 小刚同学用调节好的天平称一个物体的质量，当右盘中放一个 50g 和两个 20g 的砝码，并且将游码移置如图所示位置时，天平平衡，则该物体的质量是（　　）。

　　A. 90g　　　　　B. 93.0g　　　　　C. 92.6g　　　　　D. 92.3g

学生：C。物体的质量等于盘中砝码的质量加上游码所对应的刻度，三

个砝码为 20+20+50，关键是游码所对应的刻度，两大格是 2g，1 小格是 0.2g，3 小格为 0.6g。

（学生鼓掌）

4. 小明发现天平的指针在分度盘上的位置如右图所示，则若在调平过程中，小明应该_____；若在称量过程中，又应该_____。

学生：_____将平衡螺母向右移动_____将游码向右移动。在测量前，如果天平横梁不平衡，可以调节平衡螺母，指针向左边偏，说明右边质量小了，所以把平衡螺母往右移动；而在测量过程中，不能移动平衡螺母，只能调节游码，指针向左边偏，说明右边质量小了，只能往右边增加小砝码，即移动游码。

（学生鼓掌）

5. 小强同学在使用托盘天平称牛顿苹果质量时，采用了如下步骤：

（1）把天平放在水平桌面上，把游码放在标尺左端的零刻度线上。

（2）调节天平横梁右端的平衡螺母。

（3）将苹果放在右盘。

（4）先估计一下苹果的质量，再用手拿相应的砝码放在天平的左盘里，然后移动游码直至横梁平衡。

（5）计算砝码的总质量，并观察游码所对应的刻度值，得出苹果的质量。

（6）称量完毕将砝码放回盒内。

以上有两个步骤有遗漏或错误。请在横线前的括号内写上遗漏或错误的步骤序号，并在后面的横线上进行补充或纠正：

（　　）_____；

（　　）_____。

学生：第一个错误是第（3）步，根据"左物右码"的原则，应该改为将牛顿苹果放在左盘；第二个错误在是经（4）步，加减砝码和移动右码应该用镊子，所以应该改为根据估计用镊子拿砝码放在天平右盘，再移动游码直至横梁平衡。

（学生鼓掌）

教师：刚才同学们的表现异常精彩，下面我们来把这节课的内容梳理一下！通过这节课，大家掌握了哪些知识？同学们来说一说！

学生：质量的定义、质量的单位、质量的测量。

学生：天平的使用。

教师：大家还有哪些不懂的地方？

教师：这节课大家好像没有疑问，以后我们在学习过程中还要不断发现问题，不断解决问题。

教师：现在还有点时间，请大家理一理，评一评，要求整理导学案，看谁的导学案做得好！请先进行自我评价，然后再请小组进行评价。

教师：最后我们来检查一下今天的学习任务的完成情况。

投影出示上课开始阶段的三个任务。

任务一：通过同学们的学习活动帮助老师"牛"起来。　　　　（　　）

教师：老师认为第一个任务已经完成了（打上钩）。

任务二：进行苹果及神秘礼物大派送。　　　　（　　）

教师：老师认为第二个任务也完成了。（打上钩！）

任务三：准确、科学地测量出苹果及神秘礼物的质量。　　　（　　）

教师：大家认为第三个任务完成没有？

学生：完成啦！

教师：好，也打上钩。苹果最光辉的一刻就是砸在牛顿头上的时候！愿我们今天的苹果能够砸出更多的牛顿！祝同学们学习快乐，健康成长！再见！

"电阻" 课堂实录

【教材来源】

2012 年人教版义务教育教科书《物理》九年级全册第十六章第三节。

【教学目标】

（一） 知识与技能

1. 知道什么是电阻，理解电阻是导体本身的一种属性。

2. 知道电阻单位及其换算。

3. 理解电阻的大小与导体的材料、长度、横截面积有关。

（二） 过程与方法

探究决定因素的过程中，体会用控制变量方法研究物理问题，感知电阻大小的知识。

（三） 情感态度与价值观

激发学生对"电阻与哪些因素有关"产生兴趣，积极动手进行实验或观察实验。

【教学重点】

电阻大小的影响因素。

【教学难点】

电阻概念。

【教学过程】

一、课堂引入

教师：同学们好！

我们来做一个游戏：先请六位同学到前面来，分为两组，每三个人一组，两组同学进行一个比赛，大家想不想看？

同学们吼了起来：想！

教师：两组同学请听清楚，每组的三个同学一起向前出发，通过组与组间的过道（预先设置：一个过道宽，一个过道窄），到达教室的另一边，摸一下墙再沿原路回到起点，我们看哪一组完成得快。各组听清楚要求没有？

六位同学：听清楚了！

教师：好，下面请体育委员发出出发的口令！

体育委员：各就各位，预备，走！

两组同学开始从前往后走，然后折返回来，其他同学观察。

教师：哪一组先完成？

学生：走宽过道的一组先完成。

教师：为什么走窄过道的一组同学走得慢呢？

学生：因为过道窄一些。

教师：过道窄是表面现象，我们要透过现象认识本质。我们每个人都走过路，在走路过程中会遇到阻力。

学生：过道窄，受到的阻力大，所以前进得慢；反之，过道宽，受到的阻力小，前进得就快。

教师：这是我们以前学习过的力学知识，现在我们继续学习电学。大家看我手中拿了一根什么东西？

学生齐喊：电线！

教师：电线，我们也可以把它说成是导线。导线是电流的通道，当电荷在导线中移动时，会不会遇到阻力呢？如果会，这个阻力跟哪些因素有关系呢？这节课我们就来解决这两个问题。

教师板书：电阻。

二、自主学习

教师：下面给大家8分钟时间，请同学们阅读课本第63～65页相关内容，进行自主学习，把你认为重点的地方做上记号，等会儿我们一起交流。

（学生进行自主学习，教师巡视一遍学生的学习情况。）

教师：自主学习时间结束，下面请同学们展示一下学习的成果。通过自主学习，你了解了哪些电阻的知识？

学生甲：我觉得电阻的概念比较重要。课本第63～64页是这么说的：电阻表示导体对电流的阻碍作用的大小。导体的电阻越大，表示导体对电流的阻碍作用越大。

学生乙：我觉得电阻的单位及单位换算很重要。电阻用字母 R 表示，电阻的国际单位是欧姆，简称欧，符号是 Ω，比较大的单位还有千欧、兆欧，符号分别为 kΩ、MΩ，它们的换算关系是：1MΩ＝1000kΩ；1kΩ＝1000Ω。

（教师在黑板上写"电阻"，旁边写上 R，然后写出 Ω，告诉大家读法：omega）

学生丙：定值电阻也叫电阻器，简称电阻，在电路中的符号是─▭─。

教师：好，请你到黑板上画出来。（学生上台画，教师给予评价。）

学生丁：我认为课本的最后一段比较重要。电阻是导体本身的一种性质，它的大小与导体的材料、长度和横截面积等因素有关。

教师：刚才四位同学汇报了自己自主学习的成果，大家收获了这些成果吗？对这些成果能够理解吗？下面我们通过合作探究来理解新知。

三、合作探究

（教师投影出示问题，分发实验器材，各组组长抽签决定展示内容。）

问题1：你们组是怎样理解"电阻"这个词的？

问题2：电阻的大小与导体的材料有关系吗？你们是怎么证明的？请说出并演示你们的做法。

问题3：电阻的大小与导体的长度有关系吗？是什么关系？你们是怎么证明的？请说出并演示你们的做法。

问题4：电阻的大小与导体的横截面积有关系吗？是什么关系？你们是怎么证明的？请说出并演示你们的做法。

问题5：电阻的大小还可能与哪些因素有关？请说出你们的依据。

问题6：导体的电阻与导体两端的电压和通过的电流有关系吗？说说你们的看法。

教师投影出示学习要求。

合作探究时：

（1）先讨论实验方案，然后再开始实验。

（2）实验过程中要分工负责。

（3）选定展示的同学，准备展示的同学在小组内先进行一次试讲，其他同学进行质疑等，形成本组最优的解决方案。

展示质疑时：

（1）我们组展示的问题：（　　　）

（2）我们组采取的研究方法：（　　　）

（3）讲明本组的实验过程、现象（测量数据），可以边说边做。

（4）我们组的分析：（　　　）

（5）我们组的结论：（　　）

学生分组进行探究实验（教师强调，大家可以按照课本 64 页的"实验"完成所有步骤，但只展示抽签得到的题目）。并进行小组内小展示，教师巡视、指导，并进行部分答疑。

四、展示质疑

教师：通过刚才的合作探究，同学们对"电阻"的知识应该有了进一步的认知，大家理解的程度怎么样呢？下面请各组代表进行展示。请按照题号的顺序进行，下面请抽到 1 号签的小组代表展示。

第三组学生：我们组展示的问题是"你们组怎么样理解'电阻'这个词"。我们在课本第 63 页的电路基础上，接入电流表，分别把两根不同的导体与小灯泡和电流表串联接入电路，闭合开关，因为灯泡亮度的变化不大，但是读出电流表示数有变化。我们觉得可以从两方面理解电阻：一是导体对电流的阻碍作用有大有小；二是可以把电阻看成是一个具有一定电阻值的电子元件，我们手中有两个电阻，一个是 5Ω，一个是 10Ω。

教师：大家看看桌上的两个电阻元件是多少欧。

学生：15Ω、20Ω、30Ω、100Ω。

教师：这两个结论很正确，大家对电阻还有其他不同的理解吗？（见无人应答，教师继续）刚才在游戏中，同学们在前进的道路上都受到了阻力，一组前进得快，是因为受到的阻力小；另一组前进得慢，是因为受到的阻力大。也就是说人在前进过程中，受到的阻力越大，前进得越缓慢。

实验中，闭合开关，正电荷从电源正极出来，开始沿导线定向移动，电荷看不见、摸不着，我们可以把过道看作导线，电荷看作在过道上向前运动的同学，同学在过道中行走会遇到阻碍。同样，电荷在导体中运动也会受到阻力。电荷受到的阻力越大，电荷的定向移动就越慢；电荷定向移动得越慢，电流就越小。也就是说，导线对电荷的阻碍作用大时，电路中电流就小；反之，导线对电荷的阻碍作用小时，电路中的电流就大。所以教师觉得提到电阻这两个字，可以首先理解为"导体对电流的一种阻碍作用"，而且这种阻碍作用有大有小，这就是对电阻概念的含义。不知道大家理解没有？

投影出示：电阻的三层含义：

（1）导体对电流的阻碍作用。

（2）导体对电流的阻碍作用有大有小。

（3）具有一定电阻值的电子元件。

教师：下面请抽到第 2 号题的小组代表展示。

第二组学生：我们组展示的问题是"电阻的大小与导体的材料有关系吗"。我们采取的研究方法是"控制变量法"，选用其他都相同仅材料不同的导线进行实验。在课本第 64 页的电路基础上接入电流表，分别把两根不同的导体与小灯泡和电流表串联接入电路，观察电路中小灯泡的亮度，并读出电流表示数。我们观察到的现象是：电路中接入铜丝时小灯泡发光较亮、电流表示数较大；电路中接入镍铬合金丝时小灯泡发光较暗、电流表示数较小。当电流表示数大时，说明电路中电阻小；反之，电流表示数小，则说明电路中电阻大。因为导线的长度、粗细相同，一根是铜丝，另一根是镍铬合金丝，只有材料不一样。所以我们组得到的结论是：导体的电阻大小与导体的材料有关系。

（教师投影出示该结论）

教师：我们同学大部分都住在农村，以前我们回家，特别是下雨天，走在泥巴路上深一脚浅一脚的，走起来十分吃力，行动得很缓慢；随着"村村通工程"的建设，现在我们回家都走在水泥路上，无论晴天还是下雨，走起来都会比较顺畅，这是因为泥巴路和水泥路的路面材料不一样。大家刚才的实验是这样的吗？大家还有什么疑问吗？如果没有，请下一小组进行展示。

第五组学生：我们组展示的问题是"电阻的大小与导体的长度有关系吗"。我们采取的也是"控制变量法"，选用其他都相同仅长度不同的导线进行实验，我们只需要在前一组实验的基础上将镍铬合金丝一半接入电路，观察电路中小灯泡的亮度并读出电流表示数。我们观察的现象为：电路中接入一半镍铬合金丝时，小灯泡发光较亮、电流表示数较大；电路中接入全部镍铬合金丝时，小灯泡发光较暗、电流表示数较小。电流小，说明电阻大。因为都是镍铬合金丝，即材料相同，粗细也一样，一根是整段镍铬合金丝，一根只有半截镍铬合金丝。所以我们得到的结论是：电阻大小与导体的长度有关。

教师追问：是什么关系呢？

学生：长度越长，电阻越大。

教师：是不是还欠缺点什么呢？

学生：在其他条件相同的情况下。

教师投影出示结论：

导体的电阻大小与导体的长度有关系：在其他条件相同时，长度越大，导体的电阻越大。

教师：同样宽度的泥巴路，一段泥巴路很长，一段泥巴路很短，大家都有切身感受吧！长度越大，走起来越费力。

第六组学生：我们组展示的问题是"电阻的大小与导体的横截面积的关系"。我们在问题1的基础上，将两根相同的镍铬合金丝合并成一股接入电路，观察电路中小灯泡的亮度并读出电流表示数，与只接入一根时进行比较。我们同样采取的是"控制变量法"，选用其他都相同仅横截面积不同的导线进行实验。

我们观察到的现象是：电路中接入一根镍铬合金丝时，小灯泡发光较暗、电流表示数较小；电路中接入两根合股的镍铬合金丝时，小灯泡发光较亮、电流表示数较大。分析如下：电流大，说明电阻小。因为都是镍铬合金丝，即材料相同，长度一样，一根是单根镍铬合金丝，另一根为双根镍铬合金丝。所以我们得到的结论是：导体的电阻大小与导体的横截面积有关系，在其他条件相同时，横截面积越大，导体的电阻越小。

教师：在刚才的游戏当中，为什么其中一组前进很困难呢？就是因为道路很窄，也就是横截面积小造成的。

教师：我们将上述所做演示实验的结论综合一下，影响导体电阻的因素有哪些呢？

学生：有材料、长度、横截面积。

教师：同学们猜想一下，你认为导体的电阻还可能跟什么有关？下面我们请下一组同学进行展示。

第二组学生：我们组展示的问题是"电阻的大小还可能与哪些因素有关系吗"。我们觉得可能与导体的温度有关。因为课本第66页提到超导体，某些物质在很低温度时，电阻就变成了0。

教师：大多数导体的电阻随温度的升高而增大，但有少数导体的电阻随温度的升高而减小。比如我们使用的白炽灯泡，通电后温度升高，其电阻就会显著增加；而我们教室内的玻璃，如果加热到一定程度，其电阻就会明显减小，玻璃就会变成导体。

教师：这组的同学很细心，从课本中找出了依据。那你们认为导体的电阻还可能与什么因素有关？

学生举手：可能跟形状有关。

教师：大家将镍铬合金丝做成各种形状试一试。

(学生实验：将导线做成各种形状，观察小灯泡亮度和电流表的示数。)

教师：大家看到了什么现象？

(学生观察：电流表示数不变，小灯泡亮度不变。)

学生分析回答：与导线的形状无关。

教师：我们请最后一组同学展示。

第六组学生：我们组展示的问题是"导体的电阻与导体的两端电压和通过的电流有关系吗"。我们组讨论的结论是没有关系。因为导体的电阻是导体本身的一种性质，其大小只跟自身的因素有关，即只跟导体的材料、长度、横截面积有关，有时也可能跟温度有关，而与电压、电流等外界因素无关。

教师：回答正确。因为"导体的电阻是导体本身的一种性质"，而电压和电流是外加的，不是导体本身所具有的。

教师：经过刚才的自主学习和合作探究及展示质疑，我们一起来整理一下这节课学习的内容。

第一个问题：你学到了哪些知识？

学生：我知道了导体的电阻是指导体的电流阻碍作用的大小，还知道了影响导体电阻的因素。

教师：你经历的实验过程用到了什么研究方法？

学生：控制变量法。

教师：你掌握了哪种学习方法？

学生：(在教师的启发下)类比法。

教师：大家还有疑问吗？(停顿半分钟)大家没有，我还有疑问。你们不提，我来提，你们来答。第一个疑问：我们通过演示实验探究出来的结论准确吗？

学生：准确。

学生：不准确，因为都只做了一组对比实验，实验结果具有偶然性。

教师：回答得很正确，我们由于实验条件的限制，只做了一组对比实验。而要得到正确的实验结论，应该进行多次对比实验，比如研究电阻跟材料的关系时，应该换用同长度、同粗细的不同材料的导线进行多次实验。

教师：很好。现在我的疑问没有了。下面我们来做几道练习题（见导学案），巩固一下新学的知识，谁先完成，举手示意。

五、检查反馈

（学生练习 3 分钟后，开始让学生回答。学生先读试题，再说答案，最后说明解答理由。）

1. 下列关于电阻的说法中正确的是（　　　）。

　　A. 导体中不通电流时，不可能对电流有阻碍作用，此时导体没有电阻

　　B. 导体中通过的电流越大，导体的电阻越小

　　C. 某导体两端电压增大时，导体的电阻不变

　　D. 某导体两端电压减小时，导体的电阻增大

学生：选 B，因为电流越大，说明阻碍作用越小，电阻就小。

学生：选 C，因为电阻是导体本身的一组性质，只跟导体的材料、长度、横截面积有关，与电压、电流均无关。（学生鼓掌）

2. 有一段导线，下列哪一种方法可以减小它的电阻？（　　　）。

　　A. 把导线对折合在一起

　　B. 减小通过导线的电流

　　C. 增大导线两端的电压

　　D. 把导线拉长一些

学生：选 A，一段导线要减小电阻，材料是无法改变的，可以将导线对折，减小导线的长度。

学生：减小长度的同时，也增加了横截面积，这也可以减小电阻。

教师：将两个同学的意见综合一下就非常完美了。

3. 将一根镍铬合金丝均匀拉长接入电路，其电阻将_____。（选填"增大""减小"或"不变"）

学生：填增大。将镍铬合金丝拉长，就增加了长度，增大了电阻。

学生：拉长的同时，也减小了横截面积，采用这两种方法都能增大电阻。

4. 用导线把电池、小灯泡和一段粗细均匀的电阻丝连接起来。当金属夹从电阻丝上的某点沿电阻丝向右移动的过程中，小灯泡亮度逐渐变暗，这表明导体电阻的大小跟导体的_____有关。（说明：此题的设置是为下节课的滑动变阻器做铺垫。）

学生：应填长度。向右移动过程中，导线的长度逐渐增大，电流变小，电阻变大。

5. 在做"决定电阻大小的因素"的实验时，需要在电压相同的条件下比较通过不同导线的电流，发现决定电阻大小的因素，下表是几种实验用的导线的参数。

导线代号	A	B	C	D	E	F	G
长度/m	1.0	0.5	1.5	1.0	1.2	1.5	0.5
横截面积/mm²	3.2	0.8	1.2	0.8	1.2	1.2	1.2
材料	锰铜	钨	镍铬	锰铜	钨	锰铜	镍铬

（1）为了研究电阻与导体的材料有关，应在上表中选用导线_____和导线_____。

（2）为了研究电阻与导线的长度有关，应在上表中选用导线_____和导线_____。

（3）为了研究电阻和导体的横截面积有关，应在上表中选用导线_____和导线_____。

（4）上述研究方法在物理学中叫作_____法。

学生：要研究电阻与材料的关系，除了材料不同，其他的因素都应该一样，因此应选长度和横截面积都一样的导线，表格中只有 C 和 F 符合条件。

学生：要研究电阻与长度的关系，除了长度不同，其他的因素都应该一样，因此应选材料和横截面积都一样的导线，表格中只有 C 和 G 符合条件。

学生：要研究电阻与横截面积的关系，除了横截面积不同，材料和长度都一样的导线只有 A 和 D 符合条件。

学生：应用了控制变量法。

教师：同学们很好地完成了练习，最后让我们回到课本最前面的问题，有能够告诉我们为什么？

学生：因为铜导线比铁导线电阻小。

学生：应该说同样规格的铜导线和铁导线，由于材料不同，铜导线的电阻小得多。

教师：回答得很正确，还有一点时间，请大家整理一下导学案，还有什么不懂的问题可以问同学，也可以问老师。

【教后记】

（1）课本出示的实验中，都采用了小灯泡，因为在实验中，当电阻变化较小时，灯泡的亮度变化并不明显，因此在实验中都串联了电流表，这样只要有细微的变化，学生就能够感觉到。

（2）六个小组都需要完成课本中的实验，而在展示时，每个小组只需要展示本组抽签抽到的问题。

（3）本次课较好地运用了类比法：一是把同学类比为电荷，把电荷的定向移动类比为几个同学在过道中的运动。同学在过道中运动要受到阻力，同样，电荷在通道上运动也要受到阻力，这样让学生很容易理解电阻的概念。二是通过"道路"类比"导线"，道路是让人行走的，导体是让电荷通行的，道路不同，对人的阻力也就不同。同样，导线的材料不同，对电荷的阻力也不同，材料对电阻的影响，学生很容易理解。三是通过道路的长短类比导线的长短对运动的阻碍作用，学生也容易理解。

"认识电功率"课堂实录

【教材来源】

2012版沪粤版义务教育教科书《物理》九年级上册第十五章第二节。

【教学目标】

(一)知识与技能

1. 了解电功率的概念,知道电功率是表示电流做功快慢的物理量。

2. 知道电功率的单位是瓦和千瓦。

3. 理解电功率和电流、电压之间的关系,并能进行简单计算。

(二)过程与方法

通过实验,探究在电流一定时,导体消耗的电功率与导体两端电压的关系;探究在电压一定时,导体消耗的电功率与通过导体的电流的关系。

(三)情感态度与价值观

1. 通过认识用电器铭牌上的电功率,培养学生学以致用、理论联系实际的观念和能力。

2. 通过探究影响电功率因素的实验,培养学生养成良好的实验操作习惯和勇于科学探究的精神。

【课堂实录】

一、课堂引入

教师活动:出示几种不同的用电器,让学生认识各种电器铭牌。

学生活动:观察几种电器(白炽灯泡、电风扇、电饭煲等)的铭牌。

教师提示:在我们使用的用电器的铭牌上,都标有一些数值,其中有15W、25W、40W、1000W,大家找到没有?这个"W"是什么意思?有什么意义呢?通过下面的学习,我们就会对它有所认识。

二、新课教学

(一)关于"什么是电功率"的教学

教师演示:将标有"220V 15W"和"220V 100W"的两只灯泡同时

并联接到家庭电路中，观察哪一只灯泡更亮。

学生观察并回答：100W 的灯泡亮一些。

教师演示：将两只灯泡先后分别接入家庭电路中，将电能表接入该电路，闭合开关后，观察哪只灯泡亮一些？观察电能表的表盘转动情况有什么不同？

学生观察并回答：100W 的灯泡亮一些，接入 100W 的灯泡时，电能表的表盘转动快一些。

教师讲解：电能表表盘转动不同，说明在相同时间内，不同的电器所消耗的电能多少是不同的。接入 100W 灯泡时，电能表表盘转动快，说明它消耗电能快；接入 15W 的灯泡时，电能表表盘转动慢，说明它消耗电能慢。人们在选用电器时，更加关注的是电流做功的快慢，这就是我们今天要学习的电功率。

教师提问：刚才我们说到速度，速度是表示什么的物理量，又是怎样定义的呢？

学生回答：速度是表示物体运动快慢的物理量；物体在某段时间运动的路程跟这段时间的比值叫作速度。

教师讲解：下面我们对比速度来学习电功率，电功率是用来表示电流做功快慢的物理量。在物理学中把电流在某段时间所做的电功跟这段时间的比值叫作电功率。

学生活动：对比口述"速度"和"电功率"的意义及定义。

教师提出：速度的定义公式为 $v = s/t$。请同学们对比速度定义公式写出电功率的定义公式。

学生活动：学生在草稿纸上写电功率的定义公式，找两个学生上黑板前写 $P = W/t$。

教师强调各物理量的单位：P-W、W-J，t-s，单位统一之后才能计算。另一个较大单位是 kW，关系为 $1 \text{kW} = 1000 \text{W}$。

教师提问：现在你知道电器铭牌上的 15W、100W 是什么意思了吧？

学生回答：该用电器正常工作 1s 做的电功是 15J（或者 100J）。

教师提问：为什么不同电器的电功率一般不同呢？

学生回答：不同的用电器消耗电能的快慢不同。

教师强调：对定义公式 $P = W/t$ 进行变形：

（1）$W = Pt$，可以用来计算电功（消耗电能）的大小；

（2）$t = W/P$，可以用来计算电流做功的时间。

学生活动：教师出示"针对练"训练题，学生在草稿纸上完成，找三个学生上台演排，教师巡视，找出学生存在的问题。

1. 一个用电器 40h 消耗的电功为 1kW，该用电器的电功率是多大？

2. 一个标有"220V 100W"的白炽灯正常工作 5h 用电多少度？

3. 1kW 的电能可以供（　　　）。

  A. 80W 的电视机工作 25h   B. 40W 的日光灯工作 60h

  C. 100W 的电烙铁工作 10h   D. 1000W 的碘钨灯工作 5h

教师评讲：针对学生练习中存在的问题进行讲解，强调公式变形、解题格式、单位换算等。

（二）关于"实验探究电流做功的快慢与哪些因素有关"的教学

教师提出：在前面我们学习了电功率的意义和定义，一个用电器的电功率究竟与哪些因素有关呢？你的猜想与假设是什么呢？

学生议论并回答：或与电压有关；或与电流有关；或与电阻有关；……

师生综合，并出示两种猜想与假设：

猜想与假设 1：跟电压有关，电压越高，电功率越大。

猜想与假设 2：跟电流有关，电流越大，电功率越大。

教师：下面我们来分六组探究这两个猜想与假设，请各组制订实验计划并设计实验。1、3、5 组探究猜想与假设 1，2、4、6 组探究猜想与假设 2。

学生活动：学生根据分组情况开始制订计划与设计实验。

教师提示：要研究电功率跟电压的关系时，应设法控制电流不变；要研究电功率跟电流的关系时，应设法控制电压不变。

教师：学生活动期间教师进行巡视和指导，学生将实验计划和方案让教师检查无误后，方可开始连接电路进行下一步实验操作。等 4、5 个小组完成探究实验后，让学生展示自己小组的探究情况。

学生展示 1：对猜想与假设 1 的展示

（1）实验方案：要保证电流相同时，应把两个规格不同的灯泡串联在电路中，因为在串联电路中电流处处相等，观察比较灯泡两端的电压和灯泡的亮度。

（2）电路图如右图所示。

（3）记录数据的表格（当通过两个灯泡的电流相同时）。

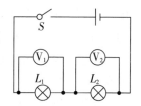

	电压 U/V	灯泡亮度（明或暗）
灯泡 L_1	$U_1 =$	
灯泡 L_2	$U_2 =$	

（4）实验现象、数据和初步结论：（数据根据实际情况，具体见表格）
当电流相同时，灯泡两端电压越大，灯泡的亮度就越大。

学生展示2：对猜想与假设2的展示

（1）实验方案：保证电压相同时，应把两个规格不同的灯泡并联在电路中，在并联电路中，各支路两端电压相等，观察比较通过灯泡的电流和灯泡的亮度。

（2）电路图如下图所示。

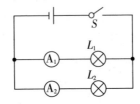

（3）记录数据的表格（当加在两个灯泡两端的电压相同时）。

	电流 I/A	灯泡亮度（明或暗）
灯泡 L_1	$I_1 =$	
灯泡 L_2	$I_2 =$	

（4）实验现象、数据和初步结论（数据根据实际情况，具体见表格）：
当电压相等时，通过灯泡的电流越大，灯泡的亮度越大。

师生一起分析与论证：引导学生根据实验数据和实验现象进行分析和论证，将灯泡换成用电器，电功率的大小跟通过用电器两端的电压、通过的电流有关。在用电器两端电压相等时，通过的电流越大，电功率就越大；在通过的电流相等时，加在用电器两端的电压越高，电功率就越大。

教师讲解：在电压相等时，电流越大，电功率就越大；在电流相等时，电压越高，电功率就越大。我们把两次实验中灯泡两端的电压和通过灯泡的电流值相乘，大家看有没有新的发现？

学生活动：将实验中对应的加在灯泡两端的电压和通过灯泡的电流值相乘。

学生回答：（惊讶地发现）电压和电流乘积大的时候灯泡就亮。

教师强调：灯泡亮，说明灯泡的电功率大。科学家们经过精确的实验，证明电功率等于电压 U 与电流 I 的乘积，即 $P=UI$。指出单位分别为 U—V；I—A；P—W。

学生活动：对 $P=UI$ 进行变形，让学生在草稿纸上完成，找两个学生上台演排。

教师强调：根据变形公式 $U=P/I$ 可以计算电压；根据 $I=P/U$ 可以计算电流。指出单位统一之后才能计算。

学生活动：教师出示"针对练"训练题，学生在草稿纸上完成，找两个学生上台演排，教师巡视，找出学生中存在的问题。

1. 一个 4Ω 的电阻接到 8V 的电路上消耗的电功率是多少？

2. 一个节能型日光灯接入家庭电路中，已知其额定功率为 22W，则正常使用时通过日光灯的电流是多少？

教师评讲：针对学生练习存在的问题进行讲解，强调格式、单位等。

三、当堂巩固

完成课本第 94 页"自我评价与作业"中的 1、2、3、4 题，教师检查每个组前两三个先做完的同学的答案正确与否，然后让这些同学帮助检查其他同学的答案。

四、课堂小结

通过本节课的学习，一要认识电功率，包括让学生回答电功率的定义和意义，了解两个公式：$P=W/t=UI$，一个是定义式，适合任何条件；一个是测量式，有条件地适用。二要了解影响电功率大小的因素，包括电功率的大小跟通过灯泡的电流有关，在电压相等时，电流越大，电功率就越大；电功率的大小跟灯泡两端的电压有关，在电流相等时，电压越高，电功率就越大。

五、布置作业

1. 家中有一台电视机，电功率是 250W，每天使用 4h，则该台电视机一个月（按 30 天计算）用电多少度？

2. 学校实验室有一个电炉，上面标有"220V 800W"字样，该电炉正常工作时，电阻丝的电阻有多大？

"电磁铁" 课堂实录

【教材来源】

2001 版人教版义务教育教科书《物理》八年级下册第八章第四节。

【学习目标】

1. 知道什么是电磁铁，了解电磁铁的工作原理。

2. 正确理解电磁铁的磁性强弱与电流的大小、线圈的匝数和有无铁芯有关。

3. 了解电磁铁的优点，知道在日常生活和生产中哪些地方用到了电磁铁。

【课堂实录】

一、引入新课

教师：同学们好！我们在前面学习了奥斯特实验，人们为了得到更强的磁场，把导线做成线圈的形状，但是通电螺线管的磁场也不太强，不具备实用价值，怎样让电流的磁场具有实用价值呢？这就是我们今天要学习的内容。

二、自主学习阶段

教师：下面请同学们打开课本，先阅读导学案中指定的地方，并将你自己认为重要的内容做上记号，然后对照导学案完成相应的问题。

导学案中的内容一：

一、自主学习阶段：请同学们阅读课本第 72 ~ 74 页，了解下列问题。

1. 观看图片电磁起重机搬运铁块的过程。

猜想：图中主要用到了起重机的哪个部件工作的？＿＿＿＿＿＿＿

2. 小制作：把一根导线绕成＿＿＿＿＿＿，再给螺线管内插入＿＿＿＿＿＿＿，当有电流通过它时，也可以像＿＿＿＿＿＿那样工作。这种

磁体，在有电流通过时有＿＿＿＿＿＿＿＿，没有电流时就失去磁性，这种
磁体叫作＿＿＿＿＿＿＿＿。

3. 通过学习我知道：＿＿＿＿＿＿＿＿＿＿＿＿＿＿＿＿＿＿＿＿叫电
磁铁。

4. 电磁铁的特点：通电时＿＿＿＿＿＿，断电时＿＿＿＿磁性。

5. 电磁铁的原理是电流的＿＿＿＿＿效应。

6. 电磁铁在日常生活中有哪些应用？说出三种以上应用了电磁铁的
设备。

学生活动：先阅读课本指定地方，并将自己认为重要的内容做好记号，然后完成导学案中1~6题。

教师（5分钟后）：大部分同学已经完成了自主学习阶段的内容，下面我们一起来交流一下，还是按老规矩，每组出一个同学自告奋勇汇报自己的自主学习成果。

学生1：观看图片电磁起重机搬运铁块的过程，我猜想图中起重机工作时，主要用到了电磁铁。（学生鼓掌通过，教师在黑板上自主学习栏计入2分）

学生2：把一根导线绕成螺线管，再给螺线管内插入铁芯，当有电流通过它时，也可以像永久磁铁那样工作。这种磁体，在有电流通过时有磁性，没有电流时就失去磁性，这种磁体叫作电磁铁。（学生鼓掌通过，教师在黑板上自主学习栏计入2分）

学生3：我认为插入铁芯的通电螺线管叫电磁铁。（学生鼓掌通过，教师在黑板上自主学习栏计入2分）

教师：电磁铁和通电螺线管有区别吗？区别在哪里？

学生4：一个有铁芯，一个无铁芯。（学生鼓掌，教师在对抗质疑栏给该组计入2分）

学生5：电磁铁的工作特点是通电时有磁性，断电时无磁性。（学生鼓掌通过，教师在黑板上自主学习栏计入2分）

学生6：电磁铁的原理是电流的磁效应。（学生鼓掌通过，教师在黑板上自主学习栏计入2分）

学生7：我们生活中，洗衣机、冰箱、吸尘器等都用到了电磁铁。（学生鼓掌通过，教师在黑板上自主学习栏计入2分）

教师：通过自主学习，我们了解了电磁铁的一些基本知识，下面我们一起来更深地探究电磁铁的相关知识，给大家三分钟时间，请阅读并思想合作探究阶段的问题。

导学案中的内容二：

【合作探究阶段】

1. 你认为"探究影响电磁铁磁性强弱因素的实验"中主要的研究方法是：_____法和_____法。

如何比较出电磁铁的磁性强弱：_____。

如何改变电流大小：_____。

2. 请设计出一个探究电流和匝数影响电磁铁磁性的实验电路图。

3. 滑动变阻器是不是电磁铁？为什么？

4. 电磁铁中的铁芯能不能用钢芯或铜芯代替？为什么？

5. 实验结论探讨。

实验步骤	维持不变的因素	调节变化的因素	实验现象	结论
1	线圈匝数、电流大小、有铁芯	通电/断电		
2	线圈匝数、有铁芯	电流大小		
3	电流大小、有铁芯	线圈匝数		
4	线圈匝数、电流大小	有/无铁芯		

6. 电磁铁有什么优点？

教师（3分钟后）：大家对需要交流合作的问题已经有了大致的了解，下面我来分配对应的问题，按照小组顺序和题号顺序对应的原则进行合作交流，要求是每位同学都能够正确说清楚相关问题，把自己小组的任务完成后，再探究其他小组的问题，时间是10分钟。

学生进行交流讨论，教师参与3、4小组的讨论，其间，第二小组上黑板画图。

教师（10分钟后）：好，下面大家安静下来，我们就按照小组的顺序展示，其他小组的同学进行对抗质疑。

学生8（由教师指定学科成绩较差的同学作答，6个问题均相同）：我代表一组进行展示，我们组讨论的结果是"探究影响电磁铁磁性强弱因素的实验"中用到的主要研究方法是控制变量法和转换法，因为影响电磁铁磁性强弱的因素有许多，为了探究某一个因素对电磁铁磁性强弱的影响，必须控制其他因素，同时电磁铁的磁性看不见摸不着，怎么知道它的磁性强弱呢？就需要根据电磁铁吸引大头针的数目来判断，这也是第三空的答案。要改变电流大小，在电路中串联一个滑动变阻器即可。我的展示完毕，请本组补充，请同学们质疑，请老师点评。

教师巡视四周，有学生跃跃欲试。

学生9：我认为实验中还采取了比较法，没有比较，怎么能够知道电磁铁磁性强弱呢？

教师：大家说他补充得对不对？（稍作停顿）我认为他补充得非常好，本实验用到了三种研究方法，但是题目问的是主要研究方法，所以我认为有三种方法，但是主要的有两种。

（给该小组在展示栏中计入2分，在对抗质疑栏中，给补充的同学所在小组计入3分）

学生10（走到黑板前）：这是我们组设计的一个探究电流和匝数影响电磁铁磁性的实验电路图。电路中需要有电源、开关、导线，为了改变电流大小，电路中加装了一个滑动变阻器，为了改变线圈匝数，我们设计了两个开关。当开关打到1时，线圈匝数增多，当开关打到2时，线圈匝数减少。我的展示完毕，请本组补充，请同学们质疑，请老师点评。

学生所画电路图

教师（环视四周，见无同学补充）：假如我们要探究电流对电磁铁磁性强弱的影响，该怎么做？

学生11（插嘴，未站立）：移动滑动变阻器。

教师：假如我们要探究线圈匝数对电磁铁磁性强弱的影响，又该怎么做？

学生12（插嘴，未站立）：滑动变阻器不动，将开关由1打到2。

（给该小组在展示栏中计入2分，说明：由于刚才两位同学未站立起来对抗质疑，故不给分。）

学生13：滑动变阻器不是电磁铁，因为滑动变阻器的线圈内是瓷筒而不是铁芯，瓷筒不能被磁化，不能增强磁场。

教师：对他的展示大家有没有不同意见，没有意见该怎么办？

（学生鼓掌，教师给该小组在展示栏中计入2分）

学生14：电磁铁中的铁芯不能用钢芯代替，也不能用铜芯代替。因为钢被磁化后磁性能够长期保持，这样就无法做到通电时有磁性，断电时无磁性。而铜不能被磁化，和上题的瓷筒一样，无法增强磁场。

（学生鼓掌，教师给该小组在展示栏中计入 2 分。）

学生 15：当线圈匝数、电流大小一定，有铁芯时，接通电源后，看到的实验现象是电磁铁能够吸引大头针；断电时，不能吸引大头针。结论是电磁铁通电时有磁性，断电时无磁性。当线圈匝数一定、有铁芯时，看到的现象是：电流越大，吸引的大头针数目越多，电流越小，吸引的大头针数目越少。结论是电磁铁磁性强弱跟电流大小有关。当电流大小一定、有铁芯时，看到的现象是：线圈匝数越多，吸引的大头针数目越多，线圈匝数越少，吸引的大头针数目越少，结论是电磁铁磁性强弱跟线圈匝数有关。当线圈匝数、电流大小一定时，看到的现象是：有铁芯时，吸引的大头针数目越多，无铁芯时，吸引的大头针数目越少。结论是电磁铁磁性强弱跟铁芯有无有关。

（学生鼓掌，教师给该小组在展示栏中计入 3 分。）

教师：大家要注意，实验现象是我们能够看得见、摸得着或者是闻得见的，而结论是看不见、摸不着、闻不到的。我们说电磁铁磁性强弱跟电流大小有关，那么是什么关系呢？

学生 16（插嘴）：是成正比的关系。

教师：是成正比吗？

学生 17：应该说，在其他条件相同时，电流越大，电磁铁的磁性越强，反之越弱。

（学生鼓掌，教师给该同学所在小组在对抗质疑栏中计入 3 分。）

教师：还有实验步骤 2、3、4，简单地说，电磁铁磁性强弱跟它们有关系，能否具体地说说是什么关系呢？

学生 18：应该说，在其他条件相同时，线圈匝数越多越大，电磁铁的磁性越强，反之越弱。

（学生鼓掌，教师给该同学所在小组在对抗质疑栏中计入 3 分。）

学生 19：应该说，在其他条件相同时，有铁芯时电磁铁的磁性越强，无铁芯时电磁铁磁性弱。

（学生鼓掌，教师给该同学所在小组在对抗质疑栏中计入 3 分。）

教师：下面我们来看最后一个问题。

学生 20：我代表 6 组向大家展示，根据前面第五问，我们可以知道电磁铁通电时有磁性、断电时无磁性，所以说电磁铁的优点之一就是磁性有无可以控制，根据第五问的2、3、4步骤，电磁铁的磁性强弱也可以控制。

教师：我们了解了电磁铁的基本知识，也清楚影响电磁铁磁性强弱的因素，这节课你学习了哪些知识，还有哪些想知道的知识，请同学们提出来。（顿了顿）课堂上没有同学提出来，希望大家在课下交流时提出来。下面我们来做几道简单的测试题，复习一下本节课的知识点。请大家看"成功体验阶段"的几道习题，大家先自主完成，完成了的同学举手示意。

导学案中的内容三：

【体验成功阶段】

1. 通电螺线管插入铁芯后，它的_____会明显增强，内部带有_____的通电螺线管叫作电磁铁。

2. 电磁铁与永久磁铁相比具有以下两个优点：（1）电磁铁磁性的有无，可以由_____来控制；（2）电磁铁磁性的强弱可以由_____来控制。

3. 下列办法中不能改变电磁铁磁性强弱的是（　　）。

    A. 改变线圈中电流的大小　　　B. 改变线圈的匝数

    C. 改变线圈中电流的方向　　　D. 在通电螺线管中插入铁芯

4. 如图所示是研究"电磁铁磁性强弱"的实验电路图。开关的_____可控制磁性的有无；要改变通过电磁铁中的电流大小，可通过改变_____实现；要判断电磁铁的磁性强弱，可通过观察电磁铁吸引大头针的_____来确定。

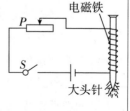

5. 如图所示的电路中，当闭合开关S，将滑动变阻器的滑片P向左移动时，图中电磁铁（　　）。

    A. a端是N极，磁性增强

    B. a端是S极，磁性增强

    C. b端是N极，磁性减弱

    D. b端是S极，磁性减弱

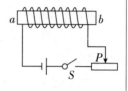

教师（3分钟后）：现在大部分同学都举手了，下面我们来交流一下。

学生21：通电螺线管插入铁芯后，它的磁性会明显增强，内部带有铁芯的通电螺线管叫作电磁铁。

（学生鼓掌，教师给该小组在作业栏中计入2分。）

学生22：电磁铁与永久磁铁相比具有以下两个优点：（1）电磁铁磁性的有无，可以由电流通断来控制；（2）电磁铁磁性的强弱可以由电流大小来控制。

（学生鼓掌，教师给该小组在作业栏中计入2分。）

学生23：电磁铁磁性的强弱还可以由线圈匝数来控制。

学生24：电磁铁磁性的强弱还可以由有无铁芯来控制。

教师：影响电磁铁磁性强弱的因素有电流大小、线圈匝数和有无铁芯。大家想一想，线圈匝数容易改变吗？

学生齐答：不容易。

教师：如果没有了铁芯，还能叫电磁铁吗？

学生齐答：不叫。

教师：那么这个空填什么好呢？

学生齐答：电流大小。

（教师给刚才质疑的小组对抗质疑栏中分别计入1分。）

学生25：下列办法中不能改变电磁铁磁性强弱的是C项，改变线圈中电流的方向，磁场的方向会改变。

（学生鼓掌，教师给该小组在作业栏中计入2分。）

学生26：如图所示是研究"电磁铁磁性强弱"的实验电路图。开关的通断可控制磁性的有无；要改变通过电磁铁中的电流大小，可通过改变滑动变阻器的滑片实现；要判断电磁铁的磁性强弱，可通过观察电磁铁吸引大头针的数目多少来确定。

（学生鼓掌，教师给该小组在作业栏中计入2分。）

学生27：如图所示的电路中，当闭合开关 S，将滑动变阻器的滑片 P 向左移动时，图中电磁铁 a 端是N极，磁性增强，选A。首先在图中标明电流方向，根据安培定则，a 端是N极；将滑动变阻器的滑片 P 向左移动时，连入电路中电阻丝的长度减小，电阻减小，电路中电流变大，磁性变强。

（学生鼓掌，教师给该小组在作业栏中计入3分。）

教师：本次课我们学习了电磁铁的制作、原理、影响磁性强弱的因素以及应用。剩余的时间，大家先整理导学案，对电磁铁的有关知识还有疑问的，可以提出来，也可以在小组内交流。

【教学后记】

（一）给学生一点空间，学生会还你一片惊喜

本节课基本"把学生的学习还给学生"，学生也给了我一些惊喜。

惊喜一：学生的思维活跃，在讨论"探究电磁铁影响因素的方法"时，一般只考虑"控制变量法"和"转换法"，即在研究电流对电磁铁磁性强弱的影响时，要控制线圈匝数等因素；而电磁铁磁性的强弱看不见摸不着，此时可以看它吸引铁钉数目的多少，采用了转换法。而在对抗质疑中有学生提出还有"比较法"，即通过比较两个电磁铁吸引铁钉数目的多少，这位同学补充得很到位。

惊喜二：本节课展示的同学都是平时学科成绩不好的，而这些同学现在能够勇敢地站起来，或到黑板上展示，说明他们已经克服了自卑的心理，开始走向自信。

惊喜三：原来不愿意展示的学生主动站起来展示，如第六小组的刘同学。这位学生平时不爱学习，既然他想讲，老师就给他机会让他展示，他的回答有理有据，是本次课我认为展示最好的。

（二）教学模式不是一成不变的

本节课上，笔者分别在自主学习阶段、合作交流阶段、课堂反馈阶段采用了三次自主学习；在自主学习阶段、展示对抗阶段、成功体验阶段采用了三次展示；在自主学习阶段、展示对抗阶段、成功体验阶段采用了三次对抗质疑，每个阶段都进行了适当点拨。

（三）教师的作用如何更大地发挥

教师的作用是什么？笔者个人的理解是：在学生百思不得其解时，给学生以点拨，笔者赞成"学生会的不需要讲"的做法。学生会的也讲，就是浪费学生宝贵的时间。在课堂设置的四个主要环节中，教师要做如下工作：比如在自主学习阶段，给学生以提示；在合作交流阶段，教师要和学生合作，合作交流应包括学生与学生之间的合作交流，也应包括教师和学生之间的合作交流，其实整节课都是教师和学生合作的一个过程，只是分工不同而已。

（四）如何有效帮助学生巩固学习成果

课堂上学生活跃了许多，敢于发言了，敢于质疑了，答题也头头是道，可是过两天再去问他，却都忘记了，考试成绩也不是很理想，这也是困扰笔者的问题。是否是训练量不够？如果增大训练量，是否会增加学生的学习负担？因为学生的时间是有限的，增加了物理学科的学习时间，其他学科的学习时间或学生玩耍的时间就会减少。笔者在这里提出这一问题，希望能够得到同行们的指点和指教。

公 开 课 之 后

教师们大多重视公开课前的备课：反复阅读课文，仔细研读课标，大量学习他人教案、学案、课件，在网络上观看该课视频，然后收集上课素材、准备上课用具，精心撰写教案、学案、制作课件，这样"万事俱备"只等上课。

今年校内的公开课笔者本来准备上第四节"变阻器"，因此两周来一直在构思与之相关的教学，只等到周末动笔撰写教案、学案。上课前一周，由于课时调整，将上课内容改为第三节"电阻"，之前所做的工作只得推倒重来。周五的公开课，我忐忑不安地开始上课，最后微笑着结束课程。

美国心理学家波斯纳认为：没有经过反思的经验是狭隘的经验。意识性不够，系统性不强，理论性不足，只能形成肤浅的认识，容易导致教师产生封闭的心态，不仅无助于甚至可能阻碍教师的专业成长。只有经过不断反思，使原始的经验不断地处于被审视、被修正、被强化、被否定等思维加工中，去粗存精，去伪存真，经验才会得到提炼和升华，教师的专业技能才能不断提高。因此他提出了一个教师成长公式：教师成长=经验+反思。我国华东师大的叶澜教授也认为，一个教师写一辈子教案不一定成为名师，如果一个教师写三年教学反思就有可能成为名师。

大多数教师上完公开课之后就"万事大吉"了——学校布置的任务完成了，可以松口气了。而基于对专家思想的认可，笔者更加重视公开课之后的反思环节，因此每次公开课之后，笔者都要完成一系列工作。

公开课之后的第一个物理晚自习，同学们起立之后，我深深地鞠了一躬，不少学生看在眼里，说老师这一躬太真诚了。当初课堂上的笑容就是对学生的充分肯定，现在笔者深深一躬，既是表达对学生的赞许，也希冀借此拉近师生的距离。

晚上10点回家，我躺在床上把整节课像播放电影一样在脑海中又过了一遍。周六上午，我首先完成本节公开课的课堂实录。说是课堂实录，其实也有细微的改变，但99%遵照原课堂，只在个别用语上有所变化，或者说在文字上做了一些修饰。有专家说写课堂实录一定要是优质课，笔者则认为：只要是课堂，都可以写课堂实录，教师写自己的课堂实录，实际上是一个重新审视自我的过程，可以更加有效地发掘自己的优点，找出自己的缺点或不足。

下午笔者完成了本次课的课后说课稿。其实，说课稿上课前已经完成，课后说课稿只是在之前的基础上多了一个教学反思，目的是让教师总结自己这节课的得失，也是对教学过程的修正，笔者自己总结了本节课的三大亮点：重视学习方法和科学的研究方法的教育；注重科学探究的评估；课堂充分体现了"从生活走向物理，从物理走向社会"的思想。

校内公开课，其实也是随堂课，课堂上也有许多随意的地方，比如板书的不工整、课堂语言的组织不够精细等。

到了晚上，笔者再次思量这节课，课堂上的四个"类比"可以让学生轻松理解电荷的运动以及材料、长度和横截面积对导体电阻的影响，让学生能够较好地把形象思维转化为理性思维，于是《巧用类比法轻松搭建感性认识和理性思维的桥梁》一文产生了。

笔者一向认为"物理物理"就是一门"以物说理"的课程。本节课所学习的"电阻"是导体本身的一种性质，只有自身的材料变了、长度改变了、横截面积改变了，导体的电阻才会改变。而电压是外界电源强加给导体的，电流是由于电压形成的，由此联想到"内因是变化的根本，外因是变化的条件"的哲学命题，由此引申，《他律、自律和自觉》一文因此诞生。

第二天下午，笔者将公开课前前后后进行了总结，完成了《公开课之后》这篇文章，希望对广大同行有所启迪。

记不清楚人们有多少次当面或背后夸笔者是一个优秀的教师。其实，笔者常常感觉自己是一个笨拙的人，只有"勤能补拙"，故笔者常常告诫自己："即使成不了最优秀的教师之一，也要做一个最勤奋的教师之一。"让自己在勤奋中收获充实，努力使自己的教育生涯更有意义。

展 示 课 之 憾

有人说，"课堂教学是一门遗憾的艺术"，最近的一次经历让笔者深有体会。

2013年的双十二，沙市初中物理"我的模式·我的课"展示评比活动如期在实验中学举行，笔者作为学校代表参加了展示，需要展现的是我校初中物理"四三三"课堂教学模式。

"四"是指课堂教学环节中学生活动的四个基本步骤：自主学习、合作交流、展示质疑、检查反馈；第一个"三"是指课堂上的三次学情调查和检查：第一查，在学生自主学习时检查学生的预习情况；第二查，在班级大展示时检查学生合作交流后，学习情况；第三查，在课堂反馈阶段，要求检查学生完成反馈练习、整理导学案等的情况。第二个"三"是指课堂上的三次校正，即在每一查后督查学生及时校正。

笔者上课的章节是人教版八年级物理第六章第一节的《质量》，课前经过了认真备课，但因为学校没有足够的开齐六组实验的托盘天平，未能带学生试讲。笔者是第一个展示者。一节课下来，自我评价是"龙头蛇尾"，前30分钟虎虎有生气，学生自主学习、师生和生生合作交流、学生展示等环节均给予了学生充分发挥的空间和时间，在过程与方法、情感态度与价值观的目标达成上自认为十分成功，然而后10分钟火急火燎，学生质疑和反馈练习未能够当堂完成。

上课前，笔者看到实验中学贴出的作息时间，一节课40分钟，遂向教研室谭老师反映，谭老师说可以适当延长时间。40分钟的课基本把我校实施的"四三三"课堂教学模式展示出来，但未能如期在下课时按预定方案结束授课，不能不说是留下了一个极大的遗憾；第二个遗憾是知识点方面的，本来准备在展示环节提出，由于赶时间而草率收兵，未能向学生及时提出观察本次使用天平的称量及最小测量值。

如何让遗憾也成为一种财富呢？笔者只得静下心来找一找主客观方面的原因。客观因素前面已提到一点：预设45分钟的课，临时给出的时间是

40分钟；第二个客观原因是笔者对于班班通设备、学校的铃声等都不是很熟悉，以至上课广播响起两三分钟才开始授课。

当然更多的是主观因素，即备课不够充分，对于知识点之外的因素考虑不够周全；课堂预设不够完美，有些环节未能进行细致的考虑；而且缺乏课堂机智，课堂生成能力不足。

问题1：未能进行有效的小组合作，学习短暂的现场培训。学生在学习过程中独立性太强，缺乏团队合作意识。对于小组中各个成员的职责、每个学习环节学生该做什么，未能对未开展过该模式学习的学生及小组进行有效的、短暂的现场指导和培训。

问题2：未能进行有效的实验指导。在学生实验前，未能强调托盘天平的使用步骤，以至学生开始实验时，不知所措。假如有机会第二次展示这节内容，笔者会在任务布置之后，学生实验动手之前，让全体学生一起朗读一遍托盘天平的实验步骤。

在实验进行中，由于小组培训未到位，出现大多数学生都抱着好玩的心态进行，你拿这个东西，他拿那个东西，未能形成统一的指挥系统，实验过程出现了一团糟的状态。假如再上这节课，笔者会在实验开始前让小组内学生先分工明确，谁是操盘手，谁是记录员，谁是观察者，谁进行展示，等等；二是在实验动手之前，设计好实验方案，将实验步骤规范为几步，具体步骤则让学生自由发挥。

由于小组合作探究之后的环节是"展示质疑阶段"，笔者会在实验环节把展示的要求出示，比如展示的格式：先说我们这个组测量的是什么物体的质量，这个物体的质量是多少？我们的思路是什么？我们的实验步骤各是什么？并让学生在小组内进行模拟展示和质疑。

回家之后，笔者将上课用课件分三天进行了三次修正，每改一遍就按照新的思路进行一次无学生试讲，不知道还有没有机会再次对外展示这节"质量"课。

言物说理

逆风也是好风力

在生活中，顺风顺水，表示有人帮助你、支持你，或者是你置身于一个好的生活和工作环境中。"逆风"则是环境对己不利，或者没有人能够帮助你。因此不少人抱怨：这儿对自己不好，领导不重视，英雄无用武之地；那儿对自己不利，没有发展的空间。

有哲人说过："如果一个人不知道他要驶向哪个码头，那么任何风都不会是顺风。"① 一个没有目标的人，不知道自己去何方，就无所谓对他实现目标是否有帮助，如果本来就没有目标，那么任何助力都是没有意义的。在现实生活的"顺风"中成功的例子举不胜举，同样在逆境中做出一番事业的更是大有人在。

暑假里笔者一直有这样一个习惯性安排：先花上半个月时间在网络上收集本年度的各地中考物理试卷，然后从中选择100道个人认为经典的试题，再进行解题分析。当笔者看到2013年山西省的中考第13题时，立刻有一种把这个题目拿到任教班上测试一下的冲动。

笔者是一个上课喜欢东扯西拉的人，在上"电流和电路"这节课时，笔者终于有了机会，因为电流看不见、摸不着，只能通过它显示出来的效应来感知它的存在。由此类比到空气，也看不见、摸不着，但可以通过"风吹红旗飘"等现象来感知空气的存在。笔者询问学生流动的风具有什么能，这是八年级物理下册学习的内容，学生很快答到"具有动能"。如果我们要乘船去远行，应该怎么做呢？"当然应该顺风顺水，这样风的动能就会转移到船上，从而使船航行得更快。""不是有个成语叫'扬帆远航'吗？风帆扬起时，风的动能转移到风帆上，成为船前进的动力！"

"是不是一定顺风就是好风呢？"笔者接

---

① 塞涅卡. 幸福而短促的人生 [M]. 赵又春，张建军，译. 上海：三联书店，1989.

着询问学生，学生默不作声。

"我来念一道题大家答答。"于是笔者把今年山西中考第 13 题念给学生听。题目是这样的：如图是"辽宁号"航母指挥员正在用"走你"的动作指挥飞机起飞的情景。飞行员看到指挥员向后退去，是以_____为参照物，飞机_____风（填"顺"或"逆"）时更容易起飞。

对于第一问，学生没有迟疑；第二问，学生就纠缠不清了。

笔者接着启发学生回顾学过的知识：前面学过流体的压强与流速的关系，结论是什么呢？有学生小声答道："在气体和液体中，流速越大的位置，压强越小。""是啊！这就是著名的伯努利定理的主要内容，也是八年级下册的内容。"笔者接着和学生一起回顾。

飞机的最主要特点是有一对采用特殊剖面形状的机翼，典型的机翼形状呈上凸下平，就是通常人们说的"流线型"。

当飞机在长长的跑道上加速滑行时，空气流到机翼前缘，分成上、下两股气流，分别沿机翼上、下表面流过，在机翼后缘重新汇合向后流去。两股气流在相同时间通过的路程不同，机翼上表面比较凸出，流速较快，流速快的地方压强小，故机翼的上表面受到的压力减小；机翼下表面，气流受阻挡作用，流速较慢，流速慢的地方压强大，因此下表面受到空气的压力变大，这样在机翼上、下表面出现了压力差，正是这个压力差成了机翼的升力。当飞机滑行的速度达到一定值时，机翼所受的升力大于飞机自身重力时，飞机就起飞了。

当飞机逆风起飞时，飞机的速度不需要特别快，飞机就可以相对空气有一个较大的相对速度，从而获得足够的升力起飞，因此逆风更有利于飞机的起飞。

除了飞机之外，风筝也是靠风力飞上天的。

大家有没有看见过顺风放风筝的呢？放风筝时，人们总是牵着风筝线，迎着风奔跑相当一段路。风筝在空中时，空气会分为上、下流层，此时通过风筝下层的空气受风筝面的阻塞，流速减低；上层的空气流通舒畅，流速增大，这样上、下层产生了压力差把风筝送上高空。当然，如果风力不大或角度不对，或绳子的角度拴得不好，风筝就会掉下来。

看来，无论什么风，只要你自身有足够的动力，把握好方向，就可以前进得更快更远；逆风时，你可以飞得更高更稳健。

"好风凭借力，送我上青云。"只要你运用得好，逆风也可以是帮助你成长和成功的好风。

负重才能前行

笔者生活和工作的初级中学地处城市边缘地带，读小学时成绩略好一点的学生在中学时有一部分去了城市中心学校，留下来到我校就读的学生多是留守儿童，父母在外打工，由爷爷奶奶或者其他亲友当其监护人。而留守学生由于从小没有父母的管教，学习能力大多不能正常跟进，学习从小就掉了队，多半对学习抱着无所谓的态度，有一部分学生到学校来无所事事，甚至言出：我父母说了，现在读了大学也找不到工作，反正读了书也没有用；你读书也不行，再读两年初中毕业就出去打工。故时常听同事们感叹："现在的孩子们一点压力也没有。"

前一段时间和学生一起学习摩擦力：两个互相接触的物体，当它们做相对运动或者将发生相对运动时，在接触面上产生的一种阻碍相对运动的力，我们把这种力叫作摩擦力。分析摩擦力的三要素之一——方向时，发现摩擦力仅仅是阻碍物体的相对运动，有时和物体绝对运动的方向相反，而有时则可能与物体的绝对运动方向相同，也就是说，有时看似阻力的摩擦力其实成了物体前进的动力。

接着和学生一起做影响滑动摩擦力大小的实验，实验得出的结论是：影响滑动摩擦力大小的因素主要有压力大小和接触面的粗糙程度两种。要增大摩擦力，在接触面不变的情况下，可以增加压力；也可以在压力不变的情况下，增加接触面的粗糙程度。而要减小滑动摩擦，则可以采取减小压力，或者减小接触面的粗糙程度，或者改滑动为滚动，或者使接触面彼此分离等方法。

学习完课本知识之后，笔者提出了"假如没有摩擦，我们的生活会出现什么情况"的问题，学生纷纷发言："不能走路""不能写字""不能吃饭"等，道理也讲得很清楚，因为没有摩擦力，脚和地面之间没有力的作用，没有力的作用，脚的运动状态就不能改变。

笔者顺势提出，假如走路时摩擦力比较大，会出现怎么样的情况？学生说，走起路来很吃亏。有的说，会行路难。笔者又提出，走路时，如果摩擦力比较小，会出现什么样的情况？学生说会摔跤，并举例进行了说明：下雨天、下雪后，人必须小心翼翼地走路，否则稍不留神就可能摔得"人仰马翻"。也就是说，生活中必须要有摩擦力，而且摩擦力必须适度，太大、太小都不行。

现在学生的学习环境差不多，教师的要求也差不多，父母提供的金钱、物质帮助也差不多，也就是说我们学习生活中的"接触面"几乎是一样的。俗话说"万物理相通"，那么根据力学知识可知，在接触面的粗糙程度一样时，要增大"促进前进"的摩擦力，则需要增加压力，所以笔者告诉学生：学习生活中还是需要有一定的压力，没有压力，摩擦力就会减小或者消失。摩擦力减小，就可能摔跤，没有了摩擦力就没有前进的动力，根本无法前进。

那么，怎样施加这个适度的"压力"呢？压力无外乎有三种：一是家庭给予一定的压力，二是社会和学校施加一定的压力，三是自加压力。这三种压力中，最有效的压力就是自加的压力，因为内因是事物变化的根本原因。当然这三种压力如果能够整合形成适度的合力则会更好，这样才能在学习的道路上，产生大小适合的摩擦力，使自己在学习的道路上稳健地"行走"，不至于寸步难行或者摔跤。

学习如此，人生的道路也是如此。

弹簧测力计的启示

　　学校实验室的墙壁上挂着几个已经损坏的弹簧测力计。根据弹簧测力计的使用规则：在使用的时候，加在弹簧测力计上的力不能超过它的量程；一旦超过它的量程，弹簧就有可能超过其弹性限度发生非弹性形变而无法恢复，从而破坏弹簧测力计。这一点教师和学生在使用中都非常注意，因此弹簧测力计不可能是因为拉力超过量程而造成的损坏。那么这个弹簧测力计是怎样被破坏的呢？

　　由于笔者所在学校条件的限制，上物理实验课时只能由科任教师到实验室拿出仪器，做完演示或学生做完实验后再由教师归还到实验室。科任教师们的课程都比较重，将实验仪器还到实验室的时候，一般难以及时将实验仪器归还到原位，只是在每学期由理化生的科任教师抽一两天的时间把实验室整理一次。那次，当笔者上完课把弹簧测力计归还到实验室的时候，弹簧测力计上还挂着钩码，因为急着要上下一节课，笔者进了实验室就把弹簧测力计连同钩码一起挂在了实验室的墙壁上。

　　前不久，和同事们一起去整理实验室，笔者准备把挂在墙上的弹簧测力计收起来归位，当把钩码取下来后，却发现这个弹簧测力计的弹簧已经发生了非弹性形变，因而不能恢复原状。怎么会出现这种情况呢？我努力回忆：在使用过程中根本就没有出现什么差错啊！因为弹簧测力计是做演示时用的，做演示实验时笔者都是特别注意的。

　　钩码的重力在弹簧测力计的量程范围之内，会不会是这个持续不断的、在量程之内的外力长久地加在弹簧测力计上，从而迫使弹簧发生了塑性形变呢？带着这个疑惑，笔者思考良久。想到我们坐过的沙发，坐久了的沙发里的弹簧会发生不可恢复的非弹性形变，我们骑的自行车座板上的弹簧也在使用中会不知不觉地发生非弹性形变。可见，答案是肯定的，对于弹簧测力计的使用，除了要遵守课本上所说的使用规则之外，还应该注意，在该撤去外力的时候，一定要撤去外力；如果外力作用太久，也是会损坏的。对于完好无损的弹簧测力计，当把外力撤去后，弹簧能够很快恢复到原来的状态，从而保持弹性不变以利于下一次使用。

现在想想，学习、工作其实也是一样的道理。看看现在的教师和学生，哪一个不是疲惫不堪啊？学校从进入新的学年就开始把所有的压力加在教师身上，教师则拼命地、持久地把这个压力转加在学生身上，于是大家都加班加点，周末不休息，假日要补课，搞得师生身体累、精神疲，因而时常有关于学生因为过度紧张而出现事故的报道。

当一个强加的外力超过学生的承受范围（量程），学生甚至教师都有可能出现身体和精神崩溃的状况，这一点目前已经有了共识，不少学校和教师做得也比较好；但是对于一个有限的、适度的、在量程范围之内的压力，却没有引起人们特别的注意和重视。当这样一个看似不大的压力长期强加在学生身上，长久之后学生的身体也会疲惫，精神也会疲倦，对学生的身心发展也是不利的，这也是目前抑郁症呈上升趋势的重要原因。

作为学校和教师，不妨按照教育教学规律和人的生理规律、心理规律去做教育，适度地让学生身心放松，在节假日时给学生放个假，每天让学生睡个好觉，每周让学生能够自由玩耍，让学生有时间完全撤去压力，恢复身体和精神到最原始的状态，这样有利于迎接新的一天、新的一周，在该用力的时候、该使用的时候能够正常使用。教师和学生个人，也要善于自我调节，在节假日里彻底给自己的身体和精神放个假，什么也不干，什么也不想，让我们的身体和精神都取得短暂的恢复，以利于我们迎接下一个压力的到来。

那些在学习、工作之后能够得到很好休息的人，在开始新的一天、一周的学习和工作时总是劲头十足，就是这样的道理。疲劳战术当休矣，劳逸结合最适合！

寻找教育"力的作用点"

如今的中小学班主任可以说是"全能"的人，既要教书育人，又要协调各方面的关系，还要做一些电工、木工、瓦工的活，班级里有什么东西损坏了，绝大多数都是班主任自己动手修理。

前几天值行政班，路过一个教室时，看见一位班主任教师正在帮学生修理损坏了的凳子，开始用羊角锤钉钉子时，怎么也钉不进去。原来，他将钉子钉到了原本就有钉子的地方，铁碰铁，所以钉不进去；第二次钉的时候也很费力，钉了一半，又把它拔了出来，对学生说这个地方的木质不好；又换了一个地方，才把钉子钉进去。

生活中，时常听见教师抱怨："我工作很努力，为什么总是看不到成绩？总是得不到领导和同事的认可？"是啊！在我们身边确实有不少教师，工作很努力，一辈子都在勤勤恳恳"老黄牛"般地工作着；而且努力的方向也对，每节课都在认真地教书，每个作业本都在认真批改，每个学生都在认真辅导，希望把学生教好，但是一辈子仍然碌碌无为，没有什么成绩或成就可言。

把看到的现象和听到的抱怨联系起来，笔者不由得想到所教授的物理学知识。物理学知识告诉我们：力的大小、方向、作用点是力的三要素，其中任何一要素的改变都会影响力的作用效果。根据力的三要素可知，在用力大小、用力方向两个因素相同的条件下，影响力的作用效果的就是第三个因素，这第三个因素就是"力的作用点"。班主任钉钉子的时候，用力的大小差不多，用力的方向也完全正确，而前两次由于没有找准力的作用点，钉子没有钉进木头里去，即没有达到力的作用效果，而第三次由于力的作用点找得好，所以一下子就钉进去了，效果非常明显，由此可见力的作用点对力的作用效果影响很大。

同样是做教书育人的工作，工作中同样卖力，努力的方向也是一样的，为什么有的教师工作能够出成绩而有的教师工作不能出成绩呢？这是因为在教育工作中，有的教师很快找到了力的作用点，所以努力工作后能够很快出现效果（成绩），而有的教师没有能够找到力的作用点，到处平均使力，也就是工作不得法，结果在努力工作后，也很难出现效果（成绩）。为了更好、更快地达到力的效果，作为教师，必须努力寻找自己工作中"力的作用点"，也就是突破点。

那么，如何寻找教育工作中"力的作用点"呢？

做生意强调寻求"市场的空白点"，即把别人还没有开发的市场开发出来；或者在别人还没有做类似生意的地方去做这种生意，即寻找"区域空白点"。这些空白点就是做生意时"力的作用点"，做教育的也是这样，教育中"力的作用点"也就是"教育的空白点"。

教育的空白点在哪里呢？在教师个人的教育生活实践中，在其他教师没有研究的教育领域内，在教师个人的教育活动出现的实际问题中，在教师个人教育过程出现的困惑中。当班主任的教师就应该把班级管理作为自己教育的"着力点"，做学科教学工作的教师就应该把学科教学作为"力的作用点"，搞教育管理的就应该把管理科学作为自己的"用力点"。把其中一点做实、做透、做强、做大，做成系统，作为一名教育工作者，成功就在眼前了。

每个教师都渴望成功。当我们静下心来准备全身心地投入教育事业中的时候，不妨先仔细找好教育"力的作用点"，然后在这个着力点上坚持不懈地努力工作吧！

寻找正确认识自己的方法

从理论上讲，人眼的远点在无限远，而现实中，由于各种条件的限制，人眼对远处的物体是无法看清楚的。人眼不但不能看得远，而且也看不见非常近的物体。正常人的近点大约在 10cm 处，也就是说正常人最多只能看清离自己眼睛 10cm 处的物体，10cm 以内的物体是无法看清的。远视眼连 10cm 处的物体也看不清楚，近视眼的近点略小于 10cm。如果再近一点，人眼能否看清楚呢？笔者经常进行试验。

笔者隔三岔五就要刮一次胡子，每次都努力想用自己的眼睛看见自己的胡子，可是每次都徒劳无功。看来人不借助外界物体是无法看见自己的脸相的，自己究竟长得丑还是美，自己是无法直接看见的。

从人生的角度看，人是难以看清和认识自我。一个人要想认识自己，要想知道自己究竟长得"美"还是"丑"，要么"照镜子"，要么听别人评说自己。

先说"照镜子"。

笔者常常对着平面镜刮胡子，因为平面镜能够成"等大等距的像"。这时候笔者就想起古人说过的一句话："以铜为镜，可以正衣冠；以人为镜，可以明得失。"意思是说，用铜作镜子，可以端正自己的穿衣戴帽；用人作镜子，可以明白自己有哪些得失。

前一句好理解，后一句说"以人为镜"，那么什么人能够作为我们的"镜子"呢？笔者认为，作为从事教育工作的人来说，就是身边优秀的教师，因为太远的"平面镜"会使我们的视角变小，产生某种错觉。我们要比照身边的优秀教师，我的课是否和他的课一样生动，一样吸引学生？我对学生的关爱是否做得和他一样细致入微？我对教育教学行为的反思是否有他那般深刻？是否如他那般经常化？等等。

当然镜子不能只有一面，至少在自己的前后左右放上四面镜子，让你的前后左右都呈现在镜子中，因为在你正前方放置的镜子只能反映你正面的情况，反映不了你背后的实况。如果只放一面镜子，则会产生"盲人摸象"的感觉。

为了避免犯"盲人摸象"的错误，我们不妨时常找出几面镜子多照照自己，这样可以明白自己的得失，明白自己的优点在哪里，自己的缺点是什么，以利于我们日后工作的改进。

再说"听人言"。

人看不见自己，正是所谓"当局者迷，旁观者清"，别人可以看见你，那就听别人说说你吧。古人云："兼听则明，偏听则暗。"偏听，仅仅是一家之言，有可能是片面之词。因为离你近的人，你在他眼中也许比较"伟岸"，他可能说你的优点；距离你远的人，你在他眼中也许很"猥琐"，他可能尽说你的缺点；正对你的人，看到的是你的正面，说的是你的正面形象；你背后的人看到的是你的背面，说的是你的负面形象。偏听任何一方都不会明了，听就要兼听，就应该听不同的人对你的看法和意见，既要听距离你远的人说的，也要听距离你近的人说的；既要听正面的话，更要听负面的信息，尤其是批评自己的话，这样才能全面地了解自己。

人最难的是认识自己，"闻过则喜"，"有则改之无则加勉"。人生就是一个不断挑战自我、不断成长的过程，让我们在"照镜子""听人言"中不断认识自我、完善自我，努力做最好的自己吧！

他律、自律和自觉

公开课年年有，抱怨声年年不断。笔者认为，一个教师一年上一次公开课应该不是什么难事，主要是给同行提供一个学习交流的机会。前几年笔者负责学校的听评课工作，把学校的教师分成两部分，一部分教师上学期上公开课，另一部分教师下学期上公开课，这样上课的教师一年精心准备一次，听课的教师一两周听一次，也不感觉累人。

最近两三年，由于"课内比教学"活动的开展，变成了集中听课和评课，去年、前年笔者都是打头阵，今年由于有事情耽误，活动接近尾声时笔者才上"电阻"一课。这节课笔者由游戏开头，采取了自主学习、实验探究、合作交流等形式，其中最让笔者满意的是在课堂整理环节，笔者设置了四个要整理的内容：今天你学到了什么知识？今天你学到了什么研究方法？今天你主要运用了什么学习方法？通过这节课的学习，你对电阻知识还有什么疑问和疑惑？

前三个问题学生回答得比较顺利，到第四个问题时，其中有一个学生提出了"导体的电阻与温度有关系吗？"这一问题，笔者将此问题作为家庭作业布置下去。接着笔者询问大家："还有疑问吗？"略停顿半分钟，见没有学生反映，笔者说："大家没有，我还有疑问，你们不提，我来提，你们来答。第一个疑问是我们通过演示实验探究出来的结论准确吗？"

学生们就这个问题进行交流之后，给予了正确的回答。笔者接着提出第二个疑问："我们在前面学习了电流和电压，导体的电阻跟电流、电压有关系吗？"

这时候有的学生说有，有的学生说没有。

最后经过讨论达成一致意见，书上有句话是这么说的，"导体的电阻是导体本身的一种性质"，而电压和电流是外加的，不是导体本身所具有的。

笔者由此引申开来，电阻是导体本身的一种性质，只有自身的材料变了、自身的长度改变了、自身的横截面积改变了，电阻才会改变，而电压是电源强加给导体的，电流是由于电压形成的，可见内因（材料、长度、横截面积）是电阻变化的根本，外因（电压、电流）对电阻的变化影响不大。

于是笔者说，我们不少同学常常抱怨，学习环境不好、学习条件差，这些都是学习的外因，那么学习的内因是什么呢？是你自己想不想学，自己有没有想办法去学。我想，只要你自己想学，一定会学得好的。关键是你自己想怎么样，你自己的想法就好比导线的材料，你想学，想办法学了，自然就变成了导体，知识会很顺畅地流进你的大脑；你不想学习，不想办法学，你就变成了知识的绝缘体，知识在你这里断路了，你的学习之路也就走完了。

其实学习有三种状态：第一种是他律型的，这个主要表现为小学生，需要教师和家长来督促他、强迫他；第二种是自律型的，自己能够管住自己，该学习的时候就认真学习，该休息的时候就认真玩；第三种是最高的境界——自觉型的，长久的自律，最终会形成自觉的行为，会把学习当作一种应该的事情。作为学生谁最先从他律走向自律、自觉，谁就掌握了学习的主动性，那些被动学习的学生有几个学习成功了呢？

有同学说我基础差、底子薄，没有办法学好了。其实，基础差、底子薄也不是学不好、不想学的原因，而是你学习困难的内因，但是你也可以改变这个内因，如可以增加自己的学习时间，可以改变自己的学习方法。你增加学习时间，就好比增加了导体的长度，在其他条件不变的情况下，电阻自然会增加，你的学习基础自然会打好；你改变了学习方法，就好比增加了导体的横截面积，你的学习方法越多，学习起来困难就越少，你学习的效果自然会提高。

对于学生谈学习，对于教师就是谈工作。其实，工作也是这样，有人为领导工作，有领导时他表现得很卖力；有人为生计工作，他处于半自愿半被动的工作状态；有人为事业忙活，这类人积极主动地投入工作中，时刻享受着工作的乐趣。

你为什么而工作呢？这就是你工作的内因，它是你获得快乐的根源。

"磨刀"与"校本教研"

最近看到这样一个故事：有一个人承包了一片树林的砍伐任务，业主问砍伐者需要多少天能够完成，那时没有电锯，只有斧头这类简单的伐树工具。砍伐者对业主说，你先看我第一天砍多少棵树，以后按这个计算就可以了。他这样说，自己暗想："我来给自己打点埋伏。"第一天，这个人轻轻松松砍了 10 棵树，于是两人商定就按这个速度，一天 10 棵树，100 棵树 10 天就可以砍完了。工期决定了，砍伐者想，从第二天开始，我早点起来，争取多砍几棵，力争早点完成工期，自己也好休息几天。于是第二天天不亮他就起床了，拼命地砍啊砍，结果第二天也只砍了 10 棵树；第三天他又和第二天一样天不亮就起床了，拼命地砍啊砍，结果只砍了 9 棵树；第四天，只砍了 8 棵树。他想："这树怎么越来越难砍了啊！是不是树有什么问题啊！"

看到这里大家一定笑了，为什么这人砍树的速度越来越慢了？原来他只顾砍树，而忘记了磨刀，于是刀越用越钝。中国有句古话叫作"磨刀不误砍柴工"，说的就是这个道理，笔者觉得"磨刀不误砍柴工"也正好说明"校本教研"与"教育教学"的关系。

在学校里工作，由于笔者的工作性质，常常听见教师们的抱怨声："校本教研起什么作用啊？""完全是浪费我们的时间。""我们又不是没有上课！"听到这些话，有时真的无言以对。

如果把教育教学比喻成砍树，那么校本教研就是磨刀。现在常常听到教师们说："现在的学生越来越难教了！""怎么回事？我以前也是这么讲的，一讲学生就明白了。现在还是这么讲，结果没有几个学生搞懂的！唉！""这道题考前不知道讲过多少遍，一考试还是做不好，现在的学生啊！"

为什么原来的学生教师一教他就会了，现在的学生老教不会呢？原来你年轻，浑身有使不完的劲，加上刚从学校出来，你学的教育教学方面的知识刚好是最新的、最先进的，也正好对那时学生的路子，就好像一把刚买的斧头，刀刃锋利着呢！根据压力和压强的知识可知，在压力一定时，刀刃越锋利，即受力面积越小，作用越明显。可是经过几年的教育教学实践，你的知识、方法已经陈旧了，你的学生也已经发生了变化，而你又不善于学习和研究解决问题的新知识、新方法，用的那把旧斧头（旧知识、旧方法）的刀刃已经卷了，受力面积增大了，你即使还用原来那么大的力，力的效果还是会大大减弱，怎么能砍得动树（教好现在的学生）呢？所以把"校本教研"比喻成"磨刀"，把"教育教学"比喻成"砍柴"，笔者觉得还是很贴切的。

今天有些教师不善于学习和研究，从来不看教育教学方面的书籍，看得最多的也就是一两本教参，学生成绩不佳或者出了问题，只是一味地责怪学生，或者把问题推给大环境、小环境，而自己从来不主动做校本教研，甚至被动的校本教研也不搞，这又怎么能够适应时代的进步，做到"与时俱进"呢！

最朴素的教学法告诉我们，教师上课前应该备课，备课的方式既有闭门造车式的备课，也应该有集大家智慧的集体备课。备课的内容应该包括三个方面：备教材、备学生、备方法。而现在更多的教师仅仅停留在备教材的层面，很少有"备学生"的，也很少有针对学生而备方法的。不管这个知识你讲多少遍，你只是研究了教材、研究了知识。而知识的受众是什么知识水平？接受能力怎么样？你能否有效地在知识和学生之间搭建一座沟通的桥梁呢？这些就是校本研究的内容。

其实，校本教研的过程就是备学生、备方法的过程，就是针对学生在学习过程中出现的问题寻找最有效的解决问题办法的过程。作为教师，研究并熟悉自己的学生，针对学生选择最适合他们的教育教学方法，这个研究就是有价值的，而且不会耽误教师的教育教学效率。与其讲了多少遍学生却没有掌握，不如只讲一遍，或者不讲就让学生记忆深刻，这就是校本教研的功效和作用。

"磨刀不误砍柴工"，希望我们时常磨一磨"校本教研"这把刀，这样在砍柴——"教育教学"过程中，手头始终有一把锋利的斧子——最适合学生的教育教学思想和方法，相信我们的收获会越来越多，我们的教育会越来越成功！

"卧冰求鲤"说熔化

在我国山东省临沂市城北，有一个白沙埠镇，一条东西流向的小河穿镇而过，它就是"卧冰求鲤"故事的发生地——孝河。

"卧冰求鲤"的故事被推为"二十四孝"之首，最早出自东晋著名文学家、史学家干宝的《搜神记》。故事内容是我国东晋时期，有一个叫王祥的小孩，他的亲生母亲生病去世后，父亲又娶了妻子，这个继母只喜欢自己的亲生儿子，很不喜欢王祥，常常在王祥的父亲面前说王祥的是非。

有一年冬天，王祥的继母忽然感到胸口忧闷，很不舒服。父亲叫来医生给继母把脉，医生开出的药方中有一味鲤鱼汤，说要治好这种病，只有喝鲤鱼汤才会见效。可是在寒冷的北方冬季，市场上根本就没有鲤鱼卖，到哪儿去买鲤鱼呢？大家都为此发愁。这时，王祥二话没说，便往屋外走去。

"王祥，这么冷的天，你到哪儿去？"父亲厉声呵斥道。

王祥说："我去村外河边看看。"

父亲不耐烦地说："大冬天河里都结了厚厚的冰，你去那里干什么？"

王祥说："就去看看呀！"

王祥走后，继母很生气地说："你看看，要这孩子有啥用？我看是白养了。我重病在身，他竟然跑到河边去溜冰，真是不孝之子！"

王祥来到河边，只见河面结了一层厚厚的冰。他毫不犹豫地脱掉了上衣，然后躺在冰上。不一会儿，他浑身冻得通红，为了抗寒，他在冰上不停地祷告。正在他祷告之时，右边的冰突然开裂，从冰缝中跳出两条活蹦乱跳的鲤鱼。

"哪儿来的鲤鱼？"见王祥带着两条鲤鱼回家，父亲感到莫名其妙。

王祥详细地介绍了得到鱼的过程，王祥的父母颇受感动，尤其是继母羞愧不已，拉着王祥的手说："祥儿，你真是个好孩子，以前是我错怪了你，以后我再也不会嫌弃你了。"至此，一家人开开心心地生活在一起。

大家知道，水结成冰属于凝固现象，冰化成水属于熔化现象。冰是晶体，冰化成水要满足两个条件：一是达到熔点，二是要继续吸热。

鲤鱼生活在水中，水的最低温度是0℃。北方的冬天很寒冷，气温远低于0℃，河面的水结成厚厚的冰。人是恒温动物，体温维持在37℃左右，人体和冰面接触，高温的人体放出热量，低温的冰吸收热量，冰的温度逐渐升高。当冰的温度升高到0℃，即达到冰的熔点时，还能继续从人体吸收热量，满足冰熔化的两个条件，因此冰能够熔化。冰熔化后，这个地方的水面和空气接触，供氧充足，在冰封的河水中憋得难受的鲤鱼为了呼吸新鲜的氧气，都向这个有窟窿的地方游来，甚至跳起来。这样，王祥便抓住了两条跳上冰面的鲤鱼。

这个故事在今天看来不可思议。我们今天讲孝道，并不是提倡大家去"卧冰求鲤"，而是要学习王祥这种孝顺父母、孝敬长辈的精神，将中华民族的传统孝文化发扬光大。

分数、名次、热情

考试分数有用吗？笔者不止一次在考试后的评析课堂上和学生讨论。笔者对学生说：考试分数在我们的中学学习过程中只有两次有用，一次是中考，一次是高考，其他任何时候的分数均没有意义。对于一些考试失利的学生，笔者告诉他们：有时候分数低倒是好事情，因为这次考试暴露了你在学习过程中存在的问题，只有把学习中存在的问题暴露出来并迅速加以解决，把不会的东西变成会的，才是真正的学习。

和分数紧密联系的是名次，名次重要吗？先看看下面的故事。

1948年，一名15岁的英国中学生在学校同年级的250名学生当中，生物科成绩垫底，其他学科成绩排名也非常靠后，被同学讥笑为"蠢材"。他为了看毛毛虫如何变成飞蛾，竟然在学校养了上千只毛毛虫，引起老师们的强烈反感。在成绩报告单上，老师这样评价他："我相信戈登想成为科学家，但以他目前的学业表现，这个想法非常荒谬，他连简单的生物知识都学不会，根本不可能成为专家，对于他个人以及想教导他的人来说，这根本是浪费时间。"

如今，这份成绩报告一直放在一个人的办公桌上，偶尔用来娱乐一下。"每当遇到什么麻烦，如实验无法进行下去等情况时，我都会看看这份评价，来提醒自己要努力坚持，不然真的就被以前的老师说中了。"就是这样一名成绩差、不被老师看好的学生，获得了2012年的诺贝尔生理学或医学奖，他就是"克隆教父"——英国医学教授约翰·戈登。

无独有偶，在1973年诺贝尔物理学奖授奖仪式上，人们以崇敬的目光注视着踏上讲台的一位中年人。这位中年人说："在一份奥斯陆报纸上，看到一个最新的大字标题，大致是说，物理学几乎考不及格的台球和桥牌能手得了诺贝尔奖金。这份报纸说的是我的学生时代，我必须承认这篇报道是相当精确的，因而我不想隐瞒，还要承认在数学方面我也几乎考不及格……"这位诺贝尔奖得主就是发现超导体中"隧道"现象的挪威科学家贾埃弗。

排名垫底和经常考试不及格的学生能够获得诺贝尔奖，被老师和同学们认为"蠢材"的同学成了世界著名的科学家，这种现象不能不引人深思。它说明名次和分数不是制约人发展和进步的障碍，名次和分数在人的成长道路上并不是十分重要。

尽管成绩垫底，但戈登始终被生物学深深吸引着，不管受多大打击，对生物学的热爱从来没有减少过。如果没有对科学的热情，没有正确对待学习和科学的态度，戈登不可能走向成功。

当下我国实施的新课改，在教学环节的最大变化就是将教学目标进行了三维细化，把"知识与技能目标"放在教学目标的首位，因此我国的中学生基础知识相对扎实，在国际中学生各类学科竞赛中屡屡获奖，但是中学生屡屡获奖的国家至今还没有培养出一位真正的科学拔尖人才，乃至出现"钱学森之问"。而欧美学生在中学阶段知识水平远低于我们，而到大学后期，其可持续发展的能力远远超过我国的学生。笔者常常想，为什么会这样呢？究其原因，我们在学生刚开始学习的阶段，只注重知识的灌输，只注重学生的分数和名次，在每一次分数和名次面前，不经意间把学习和热爱科学的热情浇灭了，使得学生不得不怀着"功利"的思想去学习，一旦"高中金榜"就彻底放弃中学时代努力拼搏的精神，每年培养出来成百的高考状元最终销声匿迹，在科学上没有很大的建树。比较不同国家的教育之后，笔者更倾向于把三维教学目标的排序倒过来，即把"情感、态度与价值观目标"放在首位，把"过程与方法目标"放在第二位。

作为教师，让我们也抛弃名利的思想，用我们的热情去点燃学生对科学的兴趣和热情，让分数和名次见鬼去吧！